완벽하게 전해주는 범죄이야기

곽대훈 · 송영일

정독
DEEP READING

머리말

'범죄'라는 단어는 우리 사회에서 흔히 두려움과 불안을 동반합니다. 강력 사건, 조직 범죄, 사이버 범죄와 같은 뉴스 속 이야기들은 범죄를 마치 일상과는 거리가 먼, 극단적이고 이질적인 현상으로 인식하게 만듭니다. 하지만 과연 우리가 알고 있는 범죄의 모습은 실제와 얼마나 일치할까요? 범죄란 정확히 무엇이며, 왜 발생하는 걸까요? 그리고 우리는 그것에 어떻게 대응해야 할까요?

이 책은 이러한 질문을 던지며 시작합니다. 특히, 대중이 뉴스, 영화, 드라마 등 다양한 매체를 통해 접해온 범죄에 대한 오해와 고정관념을 비판적으로 살펴봅니다. "범죄는 무작위로 발생하는가?", "범죄자는 태어나는가?", "살인은 계획적이고 타인에 의해 발생하는가?", "연쇄살인범은 모두 사이코패스일까?", "성범죄자들은 일반인과 다른가?", "프로파일링은 과학적 연구방법인가?", "범죄는 예방 가능한가?"와 같은 실제적인 물음을 중심으로, 범죄 현상에 대한 사실 기반의 해석과 학문적 통찰을 제공합니다.

대학은 지식의 축적만이 아니라, 기존의 통념을 비판적으로 성찰하고 새로운 시각을 갖추는 훈련의 장입니다. 이 책은 범죄라는 주제를 통해 법, 사회, 심리, 경제 등 다양한 학문적 렌즈를 접목시키며 범죄를 입체적으로 이해하고자 합니다. 단순히 범죄의 정의나 유형을 나열하는 데 그치지 않고, 범죄가 발생하는 구조적 배경과 사회가 이에 대응하는 방식, 그리고 형사사법 제도의 역할과 한계를 함께 고찰합니다.

우리는 종종 범죄자를 '나쁜 사람'으로 단순화하지만, 많은 범죄는 개인의 특성뿐 아니라 사회적 불평등, 빈곤, 교육 격차, 정신건강 문제 등 복합적인 요인과 맞물려 있습니다. 따라서 범죄 문제에 접근할 때는 도덕적 판단을 넘어서 구조적 이해가 필요합니다.

이 책은 범죄학 이론과 실제 사례를 연결하여, 범죄를 단죄의 대상이 아니라 이해와 해결의 대상으로 접근할 수 있도록 돕습니다. 독자 여러분이 이 책을 통해 범죄에 대한 기존의 인식을 점검하고, 더 넓고 균형 잡힌 시각을 갖게 되기를 바랍니다. 그것이야말로, 더 정의롭고 안전한 사회를 만들어가기 위한 첫걸음이 될 것입니다.

2025년 8월

곽대훈·송영일

차 례

PART 01

범죄 및 형사사법시스템

CHAPTER

01 범죄란 무엇인가?

1. 범죄를 바라보는 다양한 관점: 법적, 사회적, 심리적 이해

범죄는 단순히 법을 어기는 행위로만 정의될 수 없습니다. 이는 사회적 규범, 경제적 환경, 심리적 요인 등 다양한 요소와 깊이 연결되어 있으며, 이를 다각도로 이해하는 것이 범죄 예방과 사회 안정에 필수적입니다.

(1) 법적 관점: 국가가 규정한 금지된 행위

법적 관점에서 범죄는 '국가가 법으로 금지하고, 위반 시 처벌할 수 있도록 규정한 행위'를 의미합니다. 국가는 사회 질서를 유지하고 공공의 안전을 보장하기 위해 법률을 제정하며, 그 법을 어기는 행위에 대해 형사처벌 등의 제재를 가합니다. 법은 사회 구성원 간의 갈등을 조정하고, 공동체 내부의 규범을 정립하는 기준 역할을 합니다. 이런 점에서 범죄라는 개념은 법률과 분리해서 이해하기 어렵습니다.

하지만 법이라는 기준은 절대적인 것이 아닙니다. 범죄로 규정되는 행위는 시대와 사회에 따라 달라질 수 있으며, 실제로 동일한 행위가 어떤 나라에서는 합법이고 다른 나라에서는 범죄로 간주되는 경우도 있습니다. 예를 들어, 대마초와 같은 특정 마약류는 일부 국가에서는 의료적 혹은 개인적 사용을 허용하지만, 다른 국가에서는 여전히 엄격하게 금지하고 있습니다.

이러한 차이는 법이 고정된 규칙이 아니라 사회적 합의와 가치관의 변화를 반영하는 유동적인 기준임을 보여줍니다. 과거에는 전혀 문제시되지 않았던 행위가 오늘날에는 범죄로 간주되기도 하고, 반대로 과거에는 범죄로 처벌되던 행위가 현대에는 허용되기도 합니다. 여성의 사회참여, 성소수자의 권리, 표현의 자유와 관련된 법적 규범의 변화는 이러한 시대적 변화를 잘 보여주는 사례입니다.

따라서 범죄에 대한 법적 정의를 이해하기 위해서는 단순히 법조문을 읽는 데 그치지 않고, 그 법이 형성된 사회적 가치와 역사적 맥락을 함께 살펴보는 것이 필요합니다. 법은 사회의 거울인 동시에, 그 사회가 어떤 방향으로 나아가고자 하는지를 보여주는 지표이기도 합니다.

(2) 사회적 관점: 규범과 도덕의 위반

범죄는 단순히 법을 어기는 행위만을 의미하지 않습니다. 사회적 관점에서는 범죄를 '사회적 규범을 위반하는 행위'로 정의할 수 있습니다. 이는 반드시 법적인 처벌을 수반하지 않더라도, 도덕적 비난이나 사회적 제재의 대상이 될 수 있는 행위를 포함합니다. 다시 말해, 범죄는 법의 문제이기 이전에 사회적 관계와 가치, 규범의 문제이기도 합니다.

예를 들어, 공공장소에서의 무례한 행동은 법적으로는 제재를 받지 않지만, 사회적으로는 부적절하고 비난받을 수 있습니다. 이러한 행위는 '사회적 일탈'로 간주되며, 반복될 경우 사회 질서에 영향을 미치고 공동체 내 갈등을 유발할 수 있습니다.

범죄 발생에는 경제적, 문화적 요인도 큰 영향을 미칩니다. 가난한 지역에서는 생계를 위한 절도나 사기와 같은 범죄가 상대적으로 더 자주 발생할 수 있습니다. 또한, 교육 수준이나 문화적 환경에 따라 어떤 행동이 범죄로 이어질 가능성도 달라집니다. 이는 범죄가 단지 개인의 도덕적 결함 때문이 아니라, 구조적 조건과 환경적 제약 속에서 형성된 결과일 수 있음을 보여줍니다.

사회적 관점에서 중요한 점은 범죄에 대한 인식도 시대에 따라 변화한다는 사실입니다. 예를 들어, 과거에는 가정폭력이 사적인 문제로 취급되어 사회적 개입이 거의 없었지만, 오늘날에는 명백한 범죄 행위로 간주되며 법적·제도적 대응이 이루어지고 있습니다. 이는 사회가 무엇을 '정상'으로 보고, 무엇을 '일탈'로 여기는지에 대한 기준이 고정되어 있지 않음을 시사합니다. 결국, 사회적 관점은 범죄를 보다 넓고 유연한 틀에서 이해하게 해주며, 법적 정의만으로는 규명할 수 없는 인간 행동과 사회 맥락의 복잡성을 조명하는 데 중요한 역할을 합니다.

(3) 심리적 관점: 개인의 내면과 환경

범죄는 개인의 성격 특성, 심리적 상태, 그리고 정신 건강 문제와도 밀접한 관련이 있습니다. 심리학적 관점에서는 개인의 내면적인 요인과 외부 환경이 상호작용하여 범죄 행위를 유발할 수 있다고 봅니다. 즉, 특정한 성향을 가진 개인이 특정한 환경에 놓였을 때 범죄로 이어질 가능성이 높아질 수 있다는 것입니다.

정신 건강 문제는 특히 폭력 범죄나 충동적 범죄와 관련하여 중요한 설명 요소로 작용합니다. 예를 들어, 충동 조절 장애나 조현병, 양극성 장애와 같은 정신질환이 있는 경우, 일상적인 자극에 대한 반응이 과도하게 나타날 수 있으며, 이는 순간적인 분노나 공격성으로 이어질 수 있습니다. 충동을 조절하지 못하는 개인은 우발적인 상황에서 심각한 폭력 행위를 저지를 위험이 상대적으로 높습니다.

또한, 범죄는 환경적 요인과 심리적 요인이 결합할 때 더욱 발생 가능성이 커집니다. 어린 시절 학대, 방임, 지속적인 불안정한 가정환경은 개인의 정서 발달과 자기통제력에 부정적인 영향을 줄 수 있습니다. 실제로 많은 연구에서는 아동기 외상 경험이 있는 이들이 성인이 된 후 공격적이거나 반사회적인 행동을 보일 확률이 높다는 결과를 제시합니다. 이는 폭력의 피해자가 시간이 지나 가해자가 되는 '폭력의 대물림' 현상으로도 설명됩니다.

이러한 심리적 관점을 통해 우리는 범죄를 단순히 개인의 도덕적 결함이나 일탈로만 바라보는 것이 아니라, 정신 건강과 발달 환경, 사회적 지지 체계 등 복합적인 요인을 고려한 보다 입체적인 시각으로 이해할 수 있습니다. 아울러, 범죄 예방을 위해서는 처벌 강화만이 아니라 정신 건강 지원, 상담 프로그램, 트라우마 치료 등 심리사회적 개입이 중요하다는 점도 함께 강조할 수 있습니다.

(4) 종합적 이해와 대응 방안

범죄는 단순히 하나의 원인으로 설명할 수 있는 현상이 아닙니다. 법적, 사회적, 심리적 요인이 복합적으로 작용하기 때문에, 이를 효과적으로 이해하고 대응하기 위해서는 다각적 접근이 필요합니다.

먼저, 법적 측면에서는 범죄를 명확히 정의하고 이에 대한 일관된 처벌 기준을 마련하는 것이 중요합니다. 국가는 법률을 통해 금지 행위를 규정하고, 이를 위반했을 때 사회 질서를 유지할 수 있도록 형사사법 체계를 운영합니다. 법적 제재는 범죄 억지력의 핵심 기제로 기능합니다. 하지만 법적 대응만으로는 충분하지 않습니다. 사회적 차원에서는 경제적 불평등을 완화하고, 교육 기회를 확대하며, 소외된 계층에 대한 지원을 강화함으로써 범죄 발생 가능성을 구조적으로 줄여야 합니다. 빈곤, 차별, 배제는 범죄의 토양이 되기 쉽기 때문입니다.

또한, 심리적 대응도 빼놓을 수 없습니다. 정신 건강에 대한 조기 개입, 심리 상담 프로그램 운영, 트라우마 치료 등을 통해 개인 내면의 문제를 해결하고, 특히 재범 위험이 있는 이들에 대한 심층적 지원이 필요합니다. 이는 범죄 예방뿐 아니라, 사회적 통합을 위한 중요한 전략이기도 합니다.

결국, 범죄는 단순한 법률 위반 행위가 아니라, 사회 규범과 도덕, 경제적 조건, 문화적 맥락, 개인의 심리 상태가 모두 얽힌 복합적인 사회현상입니다. 따라서 범죄를 효과적으로 예방하고 해결하기 위해서는 법적 제재만이 아니라 사회 구조 개선과 심리 지원 등 다층적인 대응이 요구됩니다.

우리 사회가 범죄를 어떻게 이해하고 대응하느냐에 따라 그 결과는 크게 달라질 수 있습니다. 범죄를 단순히 처벌의 대상으로만 보는 것이 아니라, 변화 가능성과 회복의 여지를 가진 사회적 문제로 바라보는 태도가 필요합니다. 지속적인 논의와 제도 개선을 통해 모두가 보다 안전하고 건강하게 살아갈 수 있는 사회를 만들어가는 것이 우리 모두의 과제입니다.

2. 범죄, 일탈 및 청소년 비행

(1) 범죄(crime)와 일탈(deviance): 같은 듯 다른 개념

우리 사회에서는 '범죄'와 '일탈'이라는 용어가 종종 혼용되어 사용되지만, 이 둘은 분명히 구분되는 개념입니다. 범죄는 법에 의해 명확히 금지된 행위를 의미하며, 이를 위반할 경우 국가로부터 법적 처벌을 받게 됩니다. 예를 들어 절도, 폭행, 사기와 같은 행위는 모두 형법상 범죄로 규정되어 있습니다.

반면, 일탈은 사회적으로 통용되는 규범이나 기대에서 벗어난 모든 행동을 포괄하는 개념입니다. 일탈 행위 중에는 법적으로 처벌 대상이 아닌 것도 많습니다. 예를 들어, 과도한 문신이나 특정한 패션 스타일은 일부 사람들에게 부정적으로 인식될 수 있지만, 그것이 곧 법 위반으로 이어지지는 않습니다. 이러한 사례들은 사회적 규범을 어겼다는 이유로 비난을 받을 수는 있지만, 법적 제재는 뒤따르지 않습니다.

전문가들은 "모든 범죄는 일탈에 포함되지만, 모든 일탈이 범죄인 것은 아니다"라고 설명합니다. 이 말은 사회적 규범과 법적 기준이 인간의 행동을 평가하고 규정하는 데 있어 각기 다른 층위에서 작동하고 있음을 보여줍니다. 다시 말해, 어떤 행동이 사회적으로 용인되는지 여부와 법적으로 허용되는지는 반드시 일치하지 않으며, 이 두 기준은 때때로 충돌하거나 변화하기도 합니다.

따라서 범죄와 일탈을 구분하는 것은 단지 개념상의 차이를 아는 데 그치지 않고, 우리 사회가 어떤 규범과 가치를 바탕으로 행동을 규정하고 있는지를 이해하는 데 중요한 단서가 됩니다.

(2) 청소년 비행(juvenile delinquency): 범죄와 일탈의 중첩

청소년 비행은 범죄와 일탈이 중첩되는 독특한 사회적 현상으로, 미성년자가 법적 또는 사회적 규범을 위반하는 행동을 말합니다. 청소년기는 신체적 성장은 빠르지만, 심리적·인지적 발달은 아직 미완성 단계에 있기 때문에, 성인에 비해 판단 능력이나 충동 조절 능력이 미숙한 경우가 많습니다. 이러한 특성으로 인해 청소년은 비행 행동을 보일 가능성이 상대적으로 높습니다.

청소년 비행은 단순한 일탈을 넘어, 반복되거나 심화될 경우 범죄로 이어질 수 있기 때문에 그 원인을 정확히 이해하는 것이 중요합니다. 연구에 따르면, 청소년 비행은 가정환경, 또래 집단의 영향, 그리고 사회적 구조 요인 등 다양한 요인이 복합적으로 작용하여 발생합니다.

가정 내에서의 방임, 과도한 통제, 갈등이나 폭력은 청소년에게 정서적 불안을 유발하고, 이러한 불안이 비행 행동으로 표출될 가능성을 높입니다. 반대로 안정적이고 지지적인 가족 환경은 청소년의 사회적 적응에 긍정적인 영향을 미칩니다. 또래 집단의 영향도 크며, 특히 청소년기는 친구와의 관계가 삶의 중심이 되는 시기이기 때문에, 범죄적 성향을 가진 친구들과 어울릴 경우 유사한 행동을 모방하고 강화할 가능성이 있습니다. 이 과정에서 소속감에 대한 욕구나 인정받고자 하는 심리도 비행 행동의 유인 요인으로 작용합니다.

이와 함께 사회적 요인도 중요한 배경이 됩니다. 경제적 불평등, 교육 기회의 부족, 지역사회 자원의 부재 등은 청소년의 건전한 성장 환경을 제한하며, 비행으로 이어질 수 있는 구조적 위험 요인으로 작용합니다. 특히 사회적 취약 계층에 속한 청소년일수록 그러한 위험에 노출될 가능성이 높다는 연구 결과도 존재합니다.

그러나 청소년 비행은 조기에 개입하고 올바른 방향으로 유도하면 충분히 교정이 가능합니다. 이를 위해 정부와 지역사회는 다양한 예방 및 교정 프로그램을 운영하고 있습니다. 학교에서는 윤리 교육과 법 교육을 통해 청소년들이 올바른 가치관을 형성하고, 규범의 의미를 스스로 이해할 수 있도록 돕고 있습니다. 또한 심리 상담과 정서 지원 프로그램을 통해 문제 행동의 근본 원인을 파악하고, 개인의 내면적 갈등을 해결하는 데 집중하고 있습니다.

지역사회와 학교의 긴밀한 협력도 중요합니다. 지역사회 활동 참여를 장려하고, 학교 내 전문 상담 체계를 강화함으로써 청소년들이 일상 속에서 건강한 관계를 형성하고 안정적인 환경에서 성장할 수 있도록 지원하고 있습니다.

한편, 이미 비행을 경험한 청소년들에게는 보호관찰과 소년원 교육과 같은 교정 프로그램이 제공됩니다. 보호관찰 대상자는 일정 기간 동안 정기적인 감독과 상담을 통해 재범을 예방하고 사회에 적응할 수 있는 기반을 마련하며, 소년원에서는 직업 훈련과 심리 치료, 인성 교육 등을 통해 새로운 출발을 준비할 수 있도록 돕고 있습니다. 이러한 프로그램은 단순한 처벌이 아니라 회복과 변화의 기회를 제공한다는 점에서 큰 의의가 있습니다.

결국 청소년 비행은 단순한 개인의 일탈로만 볼 수 없으며, 사회 전체가 관심을 갖고 다층적인 대응책을 마련해야 할 과제입니다. 건강한 가정, 지지적인 또래 관계, 촘촘한 지역사회와 교육 제도, 그리고 심리적 지원 체계가 유기적으로 작동할 때, 청소년은 비행의 위험에서 벗어나 자신과 사회를 위한 긍정적인 미래를 그려나갈 수 있습니다.

(3) 사회적 대응 방식

우리 사회는 범죄, 일탈, 그리고 청소년 비행이라는 다양한 사회 문제에 대응하기 위해 여러 방식의 접근을 시도하고 있습니다. 범죄에 대해서는 경찰과 법원이 중심이 되어 법 집행을 수행하고 있으며, 이를 통해 사회 질서를 유지하고 공공의 안전을 보호하고자 합니다. 형사사법 제도는 범죄 행위에 대해 명확한 처벌 기준을 제시함으로써, 예방 효과와 함께 사회의 기본적 규범을 재확인하는 역할을 합니다.

반면, 일탈 행동은 법적으로 처벌되지 않지만 사회적으로 문제로 인식되는 경우가 많습니다. 이에 대해서는 교육과 문화적 노력을 통해 대응하고 있습니다. 학교 교육에서는 도덕적 가치와 시민의식 함양을 통해 규범의식을 높이고 있으며, 사회 전반적으로는 문화적 수용성과 다양성에 대한 인식을 확대함으로써 일탈에 대한 성찰과 포용을 동시에 추구하고 있습니다.

청소년 비행의 경우에는 보다 통합적인 대응이 이루어지고 있습니다. 보호관찰 제도, 학교 내 상담 프로그램, 지역사회 활동 등을 활용하여 비행의 조기 발견과 예방, 교정이 이뤄질 수 있도록 노력하고 있습니다. 이 과정에서 학교와 지역사회가 협력하여 청소년들이 건강한 환경 속에서 자라날 수 있도록 실질적인 지원을 제공하는 것이 중요합니다.

전문가들은 청소년 비행이 조기에 개입될 경우 충분히 교정이 가능하다고 강조합니다. 청소년기의 일탈 행동을 방치할 경우 성인 범죄로 이어질 가능성이 높기 때문에, 가정·학교·지역사회가 함께 협력하여 일상 속에서의 감시와 지지, 정서적 안전망을 제공하는 것이 핵심이라고 지적합니다. 조기 개입은 단지 문제를 해결하는 차원을 넘어서, 미래의 사회적 비용을 줄이는 예방적 전략으로서도 중요한 의미를 가집니다.

결국, 범죄와 일탈은 단순히 개인의 일탈이나 도덕적 결함으로만 해석할 수 없는 복합적인 사회현상입니다. 특히 청소년 비행은 개인의 성향과 동시에 가정환경, 교육 조건, 지역사회 자원과 밀접하게 연결된 문제이기 때문에, 이를 해결하기 위해서는 다각적인 접근이 필요합니다.

올바른 예방 교육과 효과적인 교정 프로그램이 병행된다면, 청소년들은 충분히 건강하고 책임감 있는 성인으로 성장할 수 있습니다. 무엇보다 사회 구성원 모두가 청소년 문제에 대해 관심과 책임감을 가지고 접근할 때, 우리는 보다 안전하고 지속 가능한 사회를 만들어갈 수 있을 것입니다.

3. 법의 기원: 갈등론과 합의론, 두 가지 시각

법은 사회를 유지하고 질서를 형성하기 위해 만들어진 규범 체계입니다. 그러나 법이 어떻게 기원했는지, 그리고 그 기능이 무엇인지에 대해서는 학자들 사이에서 다양한 해석과 논의가 존재합니다. 특히 갈등론적 관점(conflict perspective)과 합의론적 관점(consensus perspective)은 법의 기원을 이해하는 데 있어 대표적인 이론으로, 서로 상반된 시각을 제시합니다.

(1) 갈등론적 관점: 강자의 도구로서의 법

갈등론적 관점에서는 법을 사회 내 권력 관계의 산물로 해석합니다. 이 관점에 따르면, 법은 지배 계층이 자신들의 이익과 권력을 유지하기 위해 만들어낸 수단이며, 사회를 통제하는 도구로 기능합니다. 즉, 법은 사회 구성원 전체의 합의나 공동선을 반영하기보다는, 권력을 가진 집단이 자신들에게 유리한 질서를 유지하기 위해 활용하는 구조적 장치로 여겨집니다.

이 관점의 핵심 주장은, 법이 사회 내 불평등한 권력 구조를 그대로 반영한다는 데 있습니다. 경제적·정치적 권력을 가진 집단이 자신들의 이익을 극대화할 수 있도록 법을 제정하거나 해석하며, 이러한 과정은 종종 사회적 약자나 소수자의 권리를 침해하는 방식으로 나타나기도 합니다.

역사적으로 볼 때, 산업화 시기에는 자본가 계층이 노동자의 권리를 억제하기 위해 노동시간 제한이나 파업을 금지하는 법률을 도입한 사례가 존재합니다. 이러한 법은 공식적으로는 사회 질서를 위한 규범으로 제시되었지만, 실질적으로는 특정 계층의 경제적 이익을 보호하기 위한 수단이었습니다.

현대 사회에서도 유사한 현상은 여전히 나타납니다. 예를 들어, 대기업이나 정치 엘리트가 자신들에게 유리한 규제를 새로 만들거나 기존 규제를 완화시키는 경우는 갈등론적 관점에서 법이 어떻게 권력 유지의 도구로 작동하는지를 보여주는 사례로 해석할 수 있습니다.

이처럼 갈등론은 법을 객관적이고 중립적인 질서로 보지 않고, 사회적 불평등을 정당화하거나 고착화하는 이데올로기적 장치로 이해합니다. 따라서 법의 역할과 기능을 분석할 때, 그 배후에 있는 권력 구조와 계급 간 이해관계를 함께 고려해야 한다고 주장합니다.

(2) 합의론적 관점: 공동체의 합의로서의 법

합의론적 관점에서는 법을 사회 구성원 간의 합의에 기반하여 형성된 공동의 규범으로 이해합니다. 이 관점에 따르면, 법은 사회 전체의 질서와 안전을 유지하기 위해 필요하며, 구성원들이 공통적으로 동의할 수 있는 가치와 규범을 반영하여 만들어집니다. 즉, 법은 특정 집단의 이익을 위한 것이 아니라, 전체 사회의 안정과 조화를 위한 합리적 장치로 작동합니다.

합의론은 사회를 근본적으로 조화와 협력이 가능한 공동체로 전제하며, 법은 그러한 사회를 유지하는 데 필요한 도구로 간주합니다. 개인의 권리를 보장하면서도 공동체의 질서를 유지할 수 있도록 법이 기능한다고 보기 때문에, 법에 대한 정당성과 효용은 다수의 동의를 통해 확보됩니다.

이 관점의 핵심 주장은, 법이 사회 전체의 이익을 위해 존재하며, 구성원 모두가 동의할 수 있는 최소한의 규범과 도덕적 가치 위에서 만들어진다는 점입니다. 법은 공동체 내부의 갈등을 해결하고, 평화롭고 안정된 사회를 이루는 기반으로 작동합니다. 예를 들어, 살인이나 절도와 같은 행위를 금지하는 법은 거의 모든 사회에서 공통적으로 존재합니다. 이는 인간 생명과 재산을 보호해야 한다는 보편적 가치에 근거하며, 이러한 법적 규제는 사회 구성원 대부분이 자연스럽게 동의하는 규범으로 받아들여집니다. 이처럼 합의론은 법을 단순한 강제 수단이 아니라, 사회적 연대와 협력을 가능하게 하는 사회적 약속으로 바라봅니다.

따라서 합의론적 관점은 법을 통해 사회적 통합과 공동의 이익을 실현할 수 있다고 믿으며, 갈등보다는 조화를 중시하는 방향에서 법의 기능과 의미를 해석합니다.

(3) 현대 사회에서 두 관점의 융합

현대 사회에서는 갈등론과 합의론이 마치 서로 대립하는 이론처럼 보일 수 있지만, 실제로는 두 관점이 복합적으로 작용하고 있습니다. 사회 현실은 단순하지 않기 때문에, 법 역시 하나의 관점으로만 설명하기 어렵습니다. 다양한 법률과 제도는 때로는 사회적 합의의 결과로, 때로는 특정 집단의 이해관계를 반영하는 방식으로 형성됩니다. 예를 들어, 환경 보호법이나 교통 규칙과 같은 법률은 대체로 공동체 전체의 안전과 복지를 위해 제정된 것으로 볼 수 있습니다. 이러한 법은 사회 구성원들이 공통으로 중요하게 여기는 가치, 즉 생명 보호나 공공질서 유지와 같은 보편적 원칙에 기반하고 있습니다. 이런 측면에서는 합의론적 관점이 법의 형성과 작동을 잘 설명해줍니다.

반면, 특정 산업에 대한 세제 혜택이나 규제 완화처럼 특정 집단의 이익을 반영하는 법도 존재합니다. 이러한 법은 주로 경제적 또는 정치적 영향력이 큰 집단의 요구에 의해 형성되며, 사회 전체의 이익보다는 일부 계층의 권익을 보호하는 방향으로 작동하기도 합니다. 이러한 경우에는 갈등론적 관점이 법의 형성과 내용, 적용 방식의 불균형을 비판적으로 이해하는 데 도움이 됩니다.

전문가들은 이러한 현실을 반영하여 "법은 단순하지 않다"고 말합니다. 다시 말해, 법은 단지 강자의 지배 수단도 아니고, 순수한 사회적 합의의 산물도 아니라는 것입니다. 법은 사회적 불평등 구조의 영향을 받을 수 있으며, 동시에 공동체 전체가 동의하는 보편적 가치 역시 함께 반영됩니다.

결국, 현대 사회에서 법은 갈등과 합의의 요소가 동시에 내포된 복합적인 산물입니다. 따라서 법을 이해하기 위해서는 하나의 관점에만 의존하기보다, 다양한 관점과 현실적 맥락을 함께 고려하는 균형 잡힌 시각이 필요합니다.

(4) 법을 바라보는 균형 잡힌 시각 필요

법은 사회를 유지하고 발전시키는 데 필수적인 요소입니다. 그러나 그 기원과 기능을 올바르게 이해하기 위해서는 갈등론과 합의론이라는 두 가지 시각을 균형 있게 고려할 필요가 있습니다. 실제로 법은 특정 계층의 이익을 반영하여 제정되는 경우도 있지만, 동시에 사회 전체의 안전과 질서를 위한 보편적 규범으로 작동하기도 합니다.

이처럼 법은 고정된 것이 아니라, 시대적 배경과 사회적 요구에 따라 변화하는 유동적인 체계입니다. 따라서 법을 둘러싼 논쟁과 해석의 차이는 앞으로도 계속될 것이며, 그 속에서 법의 본질과 방향에 대한 사회적 논의는 끊임없이 이어져야 합니다.

중요한 것은 법이 누구를 위해 존재하는지, 그리고 어떻게 하면 보다 공정하게 작동할 수 있는지를 끊임없이 질문하고 점검하는 태도입니다. 법은 단순한 규칙이 아니라, 우리가 어떤 사회를 만들고자 하는지에 대한 집합적 의지를 반영하는 제도이기 때문입니다. 따라서 법을 비판적으로 바라보되, 동시에 그것을 통해 더 나은 공동체를 만들어가기 위한 지속적인 성찰과 개선 노력이 필요합니다.

4. 범죄 성립의 세 가지 요건: 구성요건 해당성, 위법성, 책임성

범죄는 단순히 법을 어기는 행위로 끝나는 것이 아닙니다. 특정한 요건들이 충족되어야만 법적으로 범죄가 성립하며, 이에 따라 처벌이 이루어질 수 있습니다. 형법에서는 범죄의 성립을 위해 구성요건 해당성, 위법성, 그리고 책임성이라는 세 가지 요건이 모두 충족되어야 한다고 규정하고 있습니다. 이 세 가지 요건은 형사사건에서 범죄 여부를 판단하는 핵심 기준으로 작용합니다.

먼저, 구성요건 해당성은 특정 행위가 형법에서 금지한 행위 유형에 부합하는지를 따지는 단계입니다. 이는 "이 행위가 법에서 금지한 범죄 유형에 해당하는가?"라는 질문을 바탕으로 판단하며, 객관적 요소와 주관적 요소를 모두 포함합니다.

객관적 구성요소로는 행위 자체(예: 사람을 살해하는 행위), 객체(예: 피해자), 결과(예: 사망)가 포함되며, 주관적 구성요소로는 행위자의 고의 또는 과실과 같은 심리적 상태가 포함됩니다.

예를 들어, A가 B를 고의로 칼로 찔러 사망하게 했다면, 이는 '사람을 살해한 자는 처벌한다'는 형법 제250조의 살인죄 구성요건에 해당합니다.

다음으로, 위법성은 구성요건에 해당하는 행위가 법적으로 정당화될 수 있는 사유가 있는지를 판단하는 단계입니다. 어떤 행위가 비록 구성요건에 해당하더라도, 사회적으로 용인될 수 있는 정당한 사유가 있다면 위법성이 조각되어 범죄로 인정되지 않습니다. 대표적인 위법성 조각 사유로는 다음과 같은 경우가 있습니다.

- 정당방위(형법 제21조): 자신 또는 타인의 법익을 침해하려는 부당한 공격을 방어하기 위해 행한 경우(예: A가 B의 폭행을 막기 위해 B를 밀친 경우)
- 긴급피난(형법 제22조): 급박한 위험에서 벗어나기 위해 부득이하게 타인의 법익을 침해한 경우(예: 화재를 피하려고 남의 창문을 깨고 탈출한 경우)
- 자구행위(형법 제23조): 법적 절차를 이용할 수 없는 상황에서 스스로 권리를 보호하기 위한 행위(예, 도둑맞은 물건을 되찾기 위해 즉각 추적해 회수한 경우)
- 정당행위(형법 제24조): 법령에 근거하거나 사회 상규에 위배되지 않는 행위(예: 경찰관이 체포 과정에서 물리력을 사용하는 경우)
- 피해자의 승낙(형법 제25조): 피해자가 자발적으로 자신의 법익 침해를 허용한 경우(예: 스포츠 경기 중 발생한 상해)

세 번째로, 책임성은 행위자가 자신의 행동에 대해 법적으로 비난받을 수 있는 상태였는지를 판단하는 단계입니다. 이는 "그 사람이 자신의 행동에 책임질 수 있는 상황이었는가?"를 평가하는 기준이며, 다음과 같은 사유로 인해 책임이 조각될 수 있습니다:

- 심신상실 상태(형법 제10조 제1항): 정신적 장애 등으로 인해 행위의 의미를 인식하거나 통제할 능력이 없는 경우(예: 현실 인식 능력을 완전히 상실한 정신질환자가 저지른 행위)
- 강요된 행위(형법 제12조): 외부로부터 심각한 위협을 받아 어쩔 수 없이 저지른 행위(예: A가 B에게 협박을 받아 절도 행위를 한 경우)
- 미성년자: 만 14세 미만의 아동은 형사책임 능력이 없다고 보아 형사처벌 대상에서 제외됩니다(소년법 제4조에 따라 처벌 대신 보호 처분)

이처럼 범죄는 구성요건 해당성, 위법성, 책임성의 세 요건이 모두 충족되어야 비로소 성립합니다. 이 세 가지 요건은 형사사건에서 공정하고 합리적인 판단을 내리기 위한 핵심적인 기준이 됩니다. 범죄 성립 요건에 대한 이해는 단지 법률 전문가에게만 필요한 지식이 아닙니다. 일반 시민들 역시 이러한 개념을 바르게 이해함으로써, 자신의 권리와 의무를 명확히 인식하고 법 질서 유지에 기여할 수 있습니다. 나아가, 이러한 법적 이해는 일상생활 속에서도 타인의 권리를 존중하고 책임 있는 시민으로 살아가는 데 중요한 기반이 됩니다.

앞으로도 범죄 성립 요건에 대한 교육과 논의는 보다 넓은 사회적 차원에서 지속적으로 이루어질 필요가 있습니다. 이는 단순한 법 지식 전달을 넘어, 공정하고 정의로운 사회를 실현하는 데 필수적인 과정이기 때문입니다.

5. 형법과 소년법: 촉법소년, 범죄소년, 우범소년의 차이

청소년 범죄는 단순한 개인의 일탈을 넘어서, 사회적 문제로 지속적인 관심을 받고 있습니다. 이에 따라 형법과 소년법은 청소년의 연령과 범죄 행위의 특성에 따라 서로 다른 기준과 처분을 적용하고 있습니다. 특히 촉법소년(觸法少年), 범죄소년(犯罪少年), 우범소년(虞犯少年)이라는 세 가지 개념은 청소년 사법체계를 이해하는 데 있어 핵심적인 기준으로 작용합니다.

이들 개념은 청소년이 처한 상황과 발달 수준, 사회적 환경 등을 종합적으로 고려하여 대응 방식을 달리하자는 취지에서 도입된 것입니다. 따라서 청소년 범죄에 효과적으로 대응하고, 예방 및 교정의 방향을 설정하기 위해서는 이들 개념의 차이를 명확히 이해하는 것이 필요합니다. 청소년을 처벌의 대상으로만 보는 것이 아니라, 보호와 재사회화의 대상으로 접근하려는 사법 정책의 배경 또한 함께 이해해야 합니다.

(1) 촉법소년: 형사 책임능력이 없는 청소년

촉법소년은 만 10세 이상 14세 미만의 청소년으로, 형법에 저촉되는 행위를 하였더라도 형사책임능력이 없는 자를 의미합니다. 형사책임능력은 자신의 행위가 법에 위반된다는 사실을 인식하고, 그에 따라 행동을 조절할 수 있는 능력을 말하는데, 법은 만 14세 미만의 청소년에게는 이러한 능력이 부족하다고 보아 형사처벌의 대상에서 제외하고 있습니다.

따라서 촉법소년은 형법상 범죄를 저질렀더라도 형사재판을 받지 않으며, 대신 소년법에 따라 보호처분을 받을 수 있습니다. 보호처분은 처벌이 아닌 교화와 재사회화를 목적으로 하며, 그 유형에는 소년원 송치, 보호관찰, 사회봉사 명령, 수강명령, 상담위탁 등이 포함됩니다. 이러한 처분은 촉법소년이 다시 사회에 적응할 수 있도록 돕는 데 초점을 맞추고 있습니다.

(2) 범죄소년: 형사 책임능력이 있는 청소년

범죄소년은 만 14세 이상 19세 미만의 청소년으로, 형법에 저촉되는 행위를 한 자를 말합니다. 이들은 법적으로 형사책임능력이 인정되기 때문에 성인과 마찬가지로 형사처벌의 대상이 될 수 있습니다. 다만, 이들이 아직 미성년자라는 점을 고려하여, 형법뿐만 아니라 소년법도 함께 적용될 수 있습니다.

범죄소년에 대한 처벌은 범죄의 성격과 정도, 그리고 소년의 성장 가능성 등을 종합적으로 고려하여 결정됩니다. 일반적으로는 성인에 비해 처벌 수위가 완화되지만, 중대한 범죄를 저지른 경우에는 최대 징역 20년까지 선고될 수 있습니다. 반면, 비교적 경미한 범죄의 경우에는 소년법에 따라 보호처분이 내려지기도 하며, 이는 교화와 재사회화의 가능성을 열어두기 위한 조치입니다. 범죄소년에 대한 사법적 판단은 단순한 처벌을 넘어서, 소년의 개선 가능성과 사회 복귀 가능성을 중심으로 이루어져야 하며, 이를 위해 사법부는 개별 상황에 대한 충분한 심리를 진행하게 됩니다.

(3) 우범소년: 범죄를 저지를 우려가 있는 청소년

우범소년은 만 10세 이상 19세 미만의 청소년 가운데, 아직 범죄를 저지르지는 않았지만 장래에 범죄를 저지를 우려가 있는 자를 의미합니다. 이들은 법적으로 범죄 행위를 한 것은 아니지만, 그 행동이나 생활 환경이 사회적으로 문제를 일으킬 가능성이 있다고 판단될 때, 예방적 개입의 대상으로 간주됩니다. 예를 들어, 집단으로 몰려다니며 주위에 불안을 조성하거나, 정당한 이유 없이 반복적으로 가출하는 경우, 또는 학교생활에 전혀 참여하지 않고 무단결석을 지속하는 행위 등이 이에 해당할 수 있습니다. 이러한 행동은 아직 범죄는 아니지만, 사회적 규범에서 일탈되어 있고, 향후 더 큰 문제로 이어질 가능성이 있다는 점에서 주목됩니다.

우범소년은 실제로 범죄를 저지른 것이 아니기 때문에 형사처벌의 대상이 되지는 않습니다. 그러나 소년법은 이들에게 예방적 차원의 보호처분을 내릴 수 있도록 규정하고 있으며, 이는 조기 개입을 통해 청소년이 건강하게 성장할 수 있도록 돕기 위한 제도적 장치입니다. 상담 프로그램 참여, 보호관찰, 사회봉사 명령, 위탁 교육 등이 그 주요 수단입니다.

우범소년에 대한 개입은 단순한 통제나 관리가 아니라, 잠재적 위험 요인을 줄이고 청소년이 사회에 잘 적응할 수 있도록 지원하는 데 그 목적이 있습니다. 이는 청소년의 성장 가능성을 존중하고, 사회 전체의 안전과 통합을 위한 예방적 접근이라고 할 수 있습니다.

표 1-1 촉법소년·범죄소년·우범소년 비교

구분	정의	나이 기준	처분 방식
촉법소년	형사책임능력이 없는 법 위반 청소년	만 10세~14세 미만	보호처분(소년원 송치 등)
범죄소년	형사책임능력이 있는 법 위반 청소년	만 14세~19세 미만	형사처벌 또는 보호처분
우범소년	범죄를 저지를 우려가 있는 청소년	만 10세~19세 미만	예방적 보호처분(상담·보호관찰 등)

(4) 청소년 사법체계의 중요성

촉법소년, 범죄소년, 우범소년이라는 개념은 단순히 처벌의 기준을 나누기 위한 구분이 아닙니다. 이는 청소년의 성장 과정에서 발생할 수 있는 문제 행동을 사회적으로 이해하고, 보다 바람직한 방향으로 교정하기 위한 제도적 체계입니다. 특히 촉법소년과 우범소년의 경우에는 처벌보다는 교화와 재사회화에 중점을 두며, 이는 청소년 개인의 회복뿐 아니라 사회 전체의 안전과 건강한 미래를 위한 중요한 접근 방식입니다.

우리나라 청소년 사법체계는 단순한 응보적 처벌을 넘어서, 예방과 교정을 핵심 목표로 삼고 있습니다. 촉법소년에게는 아직 형사책임능력이 부족하다는 점을 고려하여, 소년법에 따라 보호처분을 중심으로 대응합니다. 범죄소년은 형사책임능력이 인정되기 때문에 형법 적용이 가능하지만, 나이와 상황에 따라 보호처분과 형사처벌이 병행될 수 있습니다.

우범소년은 아직 범죄를 저지르지 않았지만, 장래에 비행이나 범죄로 발전할 가능성이 있다고 판단되는 경우로, 예방적 개입을 통해 조기에 문제 행동을 교정하고 사회 적응력을 높이는 데 초점이 맞춰집니다. 이는 청소년을 통제의 대상으로 보는 것이 아니라, 성장 가능성을 지닌 존재로 보고 적극적인 지원을 통해 건전한 방향으로 이끌기 위한 것입니다.

사회는 이러한 차별화된 체계를 통해 청소년이 일시적인 일탈에서 벗어나 건강하게 성장할 수 있도록 돕고 있습니다. 청소년 사법제도는 단지 법적 대응을 넘어, 교육적·사회적 개입을 통해 장기적으로 더 안전하고 조화로운 공동체를 만드는 데 기여하고 있습니다.

CHAPTER

02 형사사법시스템

1. 형사사법시스템(Criminal Justice System): 범죄 해결을 위한 체계적 절차

범죄가 발생했을 때 이를 해결하고 사회 질서를 유지하기 위해 작동하는 것이 바로 형사사법시스템입니다. 형사사법시스템은 범죄에 대한 공적 대응 체계로서, 경찰, 검찰, 법원, 교정기관 등 여러 국가 기관으로 구성되어 있으며, 범죄의 수사부터 재판, 처벌, 그리고 사회 복귀에 이르는 전 과정을 포함합니다.

이 시스템은 단순히 범죄자를 처벌하는 데 그치지 않고, 법적 정의를 실현하고 피해자와 피의자의 권리를 동시에 보호하는 것을 목표로 합니다. 수사 과정에서의 적법 절차 준수, 공정한 재판, 형벌의 집행과 함께 교정과 사회 복귀를 위한 제도적 장치들도 함께 마련되어 있습니다.

형사사법시스템은 궁극적으로 사회 전체의 안전망을 강화하고, 구성원들의 법적 신뢰를 유지하는 데 중요한 역할을 합니다. 이를 통해 범죄로 인한 사회적 불안을 해소하고, 법과 질서가 작동하는 건강한 공동체를 유지할 수 있게 됩니다.

(1) 형사사법시스템의 어원과 법률적 정의

"형사사법(Criminal Justice)"이라는 용어는 라틴어 justitia에서 유래한 것으로, 이는 '정의'를 의미합니다. 이러한 어원에서 알 수 있듯, 형사사법시스템은 범죄에 대응하는 국가의 공적 절차를 통해 법적 정의를 실현하고자 하는 체계로 이해됩니다.

형사사법은 형법의 내용을 현실에 적용하여 구체적인 사건에 대해 책임을 묻고, 정당한 절차를 통해 결과를 도출하는 일련의 과정을 포함합니다. 대한민국에서는 형사사법절차를 "범죄 수사, 공소의 제기 및 유지, 재판과 집행 등 형사사건 처리에 관련된 모든 과정"으로 정의하고 있으며, 이는 형사소송법 및 관련 법령에 따라 규율되고 있습니다. 즉, 형사사법은 단순한 제재 수단이 아니라, 국가가 정의를 실현하고 사회 질서를 유지하기 위해 운영하는 핵심적인 법적 장치로 기능합니다.

(2) 형사사법시스템의 구성 요소 및 절차

형사사건은 수사 → 기소 → 재판 → 집행이라는 일련의 과정을 통해 처리되며, 이 모든 절차는 형사사법시스템의 핵심 축을 형성합니다. 각 단계는 고유한 기능과 책임을 가지며, 법적 정의를 실현하기 위한 상호·보완적 역할을 수행합니다.

① 수사 단계: 범죄의 실체를 밝히는 첫걸음

수사는 범죄 사실을 확인하고 증거를 수집하는 단계로, 경찰과 검찰이 협력하여 진행합니다. 경찰은 범죄 현장에서 증거를 확보하고, 피의자를 체포한 뒤 기본적인 사실관계를 조사하는 역할을 담당합니다. 검찰은 경찰 수사의 적법성과 정당성을 감독하며, 필요할 경우 수사를 직접 지휘합니다. 2024년 개통된 "차세대 형사사법정보시스템(KICS)"는 사건 정보를 전자문서로 통합 관리함으로써 수사의 효율성과 투명성을 크게 향상시켰습니다. 이를 통해 사건처리 속도가 빨라졌으며, 수사기관 간 협력도 더욱 체계화되었습니다.

② 기소 단계: 법정으로 넘어가는 관문

기소는 수사 결과를 바탕으로 검사가 피의자를 형사재판에 회부할지 여부를 결정하는 단계입니다. 검사는 수집된 증거가 충분한지, 공익상 기소가 필요한지를 고려하여 기소 또는 불기소 결정을 내립니다. 기소에는 정식 재판을 통해 사건을 심리받는 정식 기소와, 경미한 사안에 대해 서면 절차로 약식명령을 청구하는 약식 기소가 있습니다. 예를 들어, 절도 사건처럼 증거가 명확한 경우는 정식 기소를 통해 재판이 진행되며, 경미한 교통법 위반과 같은 사건은 약식 기소로 처리될 수 있습니다.

③ 재판 단계: 공정한 판단과 형벌 선고

재판 단계에서는 법원이 피고인의 유·무죄를 판단하고, 유죄인 경우 그에 상응하는 형벌을 선고합니다. 재판의 형태는 사건의 성격에 따라 달라지며, 단독재판부는 경미한 사건을, 합의재판부는 중대한 사건을 담당합니다. 합의재판부는 판사 3인이 참여하여 보다 엄밀한 심리를 진행합니다. 또한, 피고인의 요청에 따라 일반 시민이 배심원으로 참여하는 국민참여재판이 실시될 수 있으며, 이는 사법의 민주성과 투명성을 강화하는 제도로 평가받고 있습니다. 예를 들어 살인과 같은 중대 범죄 사건은 일반적으로 합의재판부에서 심리하며, 국민참여재판이 요청된 경우에는 배심원이 유·무죄 판단에 참여하게 됩니다.

④ 집행 단계: 형벌 집행과 사회 복귀 지원

집행 단계는 법원의 판결에 따라 교정기관이 형벌을 집행하고, 이후 사회 복귀를 지원하는 과정을 포함합니다. 교정기관은 수형자의 교화와 재사회화를 위해 직업 훈련, 심리 상담, 인성 교육 등을 제공하며, 출소 후에는 보호관찰 제도를 통해 일정 기간 동안 재범 방지를 위한 감독과 지원이 이루어집니다. 보호관찰관은 출소자의 생활을 정기적으로 점검하고 상담을 제공하며, 필요 시 복지 서비스나 취업 연계를 지원함으로써 사회 재적응을 도울 수 있도록 노력합니다.

(3) 형사사법시스템의 중요성

형사사법시스템은 단순히 범죄자를 체포하고 처벌하는 기능에 머무르지 않습니다. 이 시스템은 사회 내에서 발생한 범죄에 대응하여 공공의 안전을 확보하고, 정의로운 질서를 유지하기 위한 국가의 핵심 제도입니다. 범죄 사건이 발생하면 경찰이 초동 수사에 착수하고, 검찰이 수사의 정당성과 적법성을 감독하며 기소 여부를 결정합니다. 이어 법원은 공정한 절차를 거쳐 유·무죄를 판단하고, 유죄일 경우에는 적절한 형벌을 선고합니다. 이후 교정기관이 형벌을 집행하고, 보호관찰 제도 등을 통해 사회 복귀까지의 전 과정을 관리하게 됩니다.

이러한 일련의 절차는 피해자의 권리를 보호하고, 가해자의 법적 책임을 물으며, 궁극적으로는 사회 구성원 모두가 법 앞에서 평등하다는 원칙을 실현하는 데 목적이 있습니다. 형사사법시스템은 형식적 정의뿐 아니라 실질적 정의를 구현하기 위해, 적법 절차의 준수, 인권의 보호, 재범 방지와 사회 복귀 지원 등 다양한 요소를 함께 고려합니다.

또한 형사사법시스템은 범죄 예방과 사회 안전망 구축이라는 측면에서도 중요한 역할을 수행합니다. 범죄에 대한 엄정한 대응은 사회 전체에 법적 경각심을 주고, 공동체의 규범과 질서를 강화하는 효과를 가집니다. 동시에, 범죄자에 대한 무조건적 처벌이 아닌 교정과 재활 중심의 접근을 통해 재범률을 낮추고, 장기적으로는 사회 통합에 기여할 수 있습니다.

이처럼 형사사법시스템은 경찰, 검찰, 법원, 교정기관 등 각 기관이 독립적이면서도 유기적으로 협력하여 작동하는 복합적이고 통합적인 구조를 가지고 있습니다. 각 기관이 자신의 역할에 충실하면서도, 전체 흐름 속에서 조화를 이루는 것이 정의 실현의 핵심입니다.

앞으로 형사사법시스템은 사회적 변화, 인권 의식의 성장, 다양한 범죄 유형의 등장 등 새로운 환경에 맞춰 지속적으로 변화하고 발전해야 합니다. 국민의 눈높이에 맞는 공정성, 투명성, 신뢰성 확보가 무엇보다 중요합니다. 이를 통해 형사사법제도는 단지 범죄에 대응하는 시스템을 넘어서, 국민의 권리를 지키고, 법의 이름으로 사회적 연대를 가능하게 하는 정의의 수호자로 기능할 수 있을 것입니다.

2. 경찰: 범죄 수사의 최전선

경찰(police)은 형사사법시스템에서 범죄 수사의 최전선에 있는 기관으로, 범죄를 예방하고 수사하며 공공의 안전을 유지하는 중요한 역할을 수행합니다. 사건 발생 초기 단계에서부터 증거를 수집하고 피의자를 조사하며, 형사사법 절차의 시작점에서 핵심적인 임무를 맡고 있습니다.

경찰의 이러한 기능은 단지 행정적·물리적 통제를 넘어서, 시민의 권리를 보호하고 공동체의 질서를 유지하는 데 중점을 둡니다. 이러한 경찰의 정체성과 기능에 대한 철학적 기초는 19세기 영국 내무부 장관이자 현대 경찰제도의 창시자로 평가받는 로버트 필(Robert Peel) 경이 제시한 원칙에서 찾을 수 있습니다. 그는 "경찰은 국민이며, 국민이 곧 경찰이다(The police are the public and the public are the police)"라는 말로, 경찰의 정당성은 국민으로부터 부여된 공공의 신뢰에 기초한다고 강조했습니다.

또한, 그는 경찰의 핵심 사명을 "범죄와 무질서의 예방"으로 보았으며, 물리적 강제력의 사용은 최소화되어야 하며 필요할 경우에만 사용되어야 한다고 주장했습니다. 그는 경찰이 국민의 동의를 기반으로 행동할 때 가장 효과적이며, 이는 곧 경찰의 권위는 법적 권한이 아니라 도덕적 신뢰에서 비롯되어야 한다는 점을 강조한 것입니다. 이러한 관점은 오늘날 대한민국 형사사법시스템 내 경찰의 기능과 철학에도 깊은 영향을 주고 있으며, 경찰이 수행하는 범죄 예방, 수사, 공공 안전 유지라는 역할은 단지 행정적 집행을 넘어, 사회 정의와 공동체 신뢰 회복의 중요한 수단으로 간주되고 있습니다.

(1) 경찰의 법적 정의와 개념

대한민국 형사소송법 제195조는 경찰을 "범죄 혐의의 유무를 명백히 하기 위하여 증거를 수집·보전하고, 범인을 발견·확보하는 기관"으로 규정합니다. 이 정의는 경찰이 단순히 치안을 유지하는 데 그치지 않고, 형사사건의 실체적 진실을 밝혀내는 수사기관으로서의 중추적인 역할을 수행한다는 점을 분명히 보여줍니다. 즉, 경찰은 공공질서 유지뿐만 아니라, 법적 정의 실현의 출발점에 위치한 핵심 기관으로 기능하고 있습니다.

(2) 경찰의 주요 역할

경찰은 형사사법시스템에서 국민의 생명과 재산을 보호하고, 법질서를 수호하기 위한 다양한 임무를 수행합니다. 범죄 수사와 증거 수집뿐만 아니라, 피의자 조사와 송치, 강제처분을 위한 영장 신청, 그리고 범죄 예방과 치안 유지에 이르기까지 경찰의 역할은 형사절차 전반에 걸쳐 폭넓게 펼쳐집니다. 이러한 복합적 기능을 통해 경찰은 정의의 실현과 공동체의 안전 확보라는 이중의 책무를 감당하고 있습니다.

① 범죄 수사

경찰은 범죄 혐의를 인지하거나 국민의 신고, 고소·고발, 자수, 또는 변사체 발견 등의 방식으로 사건을 접수하면, 이를 정식으로 입건하고 본격적인 수사를 시작합니다. 수사는 사건 현장의 상황을 조사하고, 관련자의 진술을 확보하며, 사실관계를 규명하는 절차로 이루어집니다.

일반적으로 사건 수사는 사건 접수 → 현장 출동 및 조사 → 관련자 조사 및 진술 확보의 과정을 거쳐 진행됩니다.

② 증거 수집 및 보전

경찰은 범죄 수사의 일환으로 사건 현장에서 다양한 물적·인적 증거를 수집하고, 이를 적법하게 보전하여 재판에서 활용할 수 있도록 체계적으로 관리합니다. CCTV 영상 확보, 지문 채취, DNA 감식, 압수수색 영장 집행 등은 대표적인 증거 확보 활동입니다. 이때 가장 중요한 요소 중 하나는 "증거물 연계성(Chain of Custody, COC)"의 유지입니다. 이는 증거가 최초 수집된 시점부터 법정에 제출되기까지의 모든 이동, 보관, 처리 과정이 명확하게 기록되고 통제되어야 함을 의미합니다. 증거물 연계성이 적절히 관리되지 않으면 증거의 신빙성에 의문이 제기되어 법적 효력을 상실하거나 채택이 거부될 위험이 있습니다.

따라서 경찰은 증거 확보 시점부터 담당자, 시간, 장소, 이동 경로 등을 정확히 기록하고, 증거물의 훼손·분실·위조 가능성을 철저히 차단해야 합니다. 이는 단순한 행정 절차를 넘어, 공정한 재판과 형사사법의 신뢰성 확보를 위한 필수 조건입니다.

③ 피의자 조사 및 송치

경찰은 수사 과정에서 피의자를 조사하고, 신문조서를 작성한 후 사건을 기소 의견 또는 불기소 의견으로 검찰에 송치합니다. 이 과정에서 피의자의 권리가 침해되지 않도록 유의하며, 헌법과 형사소송법에서 정한 절차를 철저히 준수합니다. 또한, 수사 결과를 피의자에게 통지하고, 향후 조치에 대해 고지하는 등의 사후 행정도 함께 수행합니다.

④ 영장 신청

수사 과정에서 구속, 압수수색 등 강제 처분이 필요한 경우, 경찰은 법원에 영장을 신청하여 적법성을 확보합니다. 최근에는 영장심사관 제도가 도입되어, 영장 신청의 타당성과 인권 침해 여부를 사전에 심사함으로써 영장 남용 가능성을 낮추고 있습니다. 이는 수사의 정당성과 공권력 행사의 신뢰성을 높이는 데 기여하고 있습니다.

⑤ 범죄 예방 및 치안 유지

경찰은 범죄 발생 이후의 대응뿐 아니라, 범죄를 사전에 예방하고 지역사회의 안전을 유지하기 위한 다양한 활동을 수행합니다. 지역 순찰, 청소년 선도 활동, 학교폭력 예방 캠페인, 위험지역 모니터링 등은 대표적인 범죄 예방 활동입니다. 이러한 활동은 지역 주민과의 협력을 통해 공동체 중심의 예방적 치안 체계를 구축하는 데 목적이 있습니다. 특히, 최근에는 환경설계를 통한 범죄예방(CPTED:

그림 2-1 경찰의 수사 절차

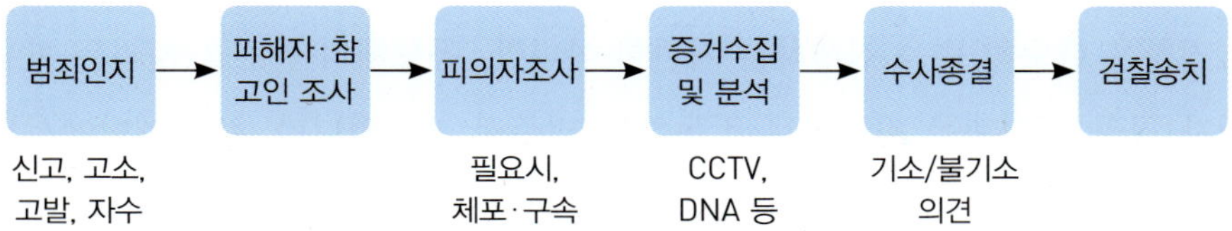

Crime Prevention Through Environmental Design) 원칙이 적극적으로 적용되고 있습니다. 이는 물리적 공간을 범죄에 취약하지 않도록 설계함으로써 범죄 기회를 차단하고, 시민의 심리적 안정감을 높이는 범죄 예방 전략입니다.

예를 들어, 어두운 골목에 조명을 설치하거나, 방범용 CCTV를 설치하고, 건물 배치를 개방적으로 구성하여 가시성을 확보하고 통제 가능성을 높이는 설계는 CPTED의 대표적인 사례입니다. 경찰은 지자체 및 지역 주민과 협력하여 범죄 취약 지역을 분석하고, 이에 적합한 환경 개선 방안을 마련함으로써 물리적·심리적 범죄 저감 효과를 함께 추구합니다.

이처럼 경찰의 범죄 예방 활동은 단순한 순찰과 단속에 그치지 않고, 사회적·환경적 요인을 통합적으로 고려한 종합적 대응 체계로 발전하고 있습니다. 이를 통해 시민의 체감 안전도를 높이고, 범죄 발생률을 실질적으로 감소시키는 데 기여하고 있습니다.

(3) 경찰 활동의 중요성

경찰은 형사사법시스템에서 가장 먼저 움직이는 기관으로서, 범죄의 해결과 예방에 있어 필수적인 역할을 수행합니다. 경찰은 범죄 발생 초기부터 수사와 증거 수집, 피의자 조사, 검찰 송치에 이르기까지 형사절차 전반에 관여하며, 국민의 생명과 재산을 보호하고 사회 질서를 유지하는 데 핵심적인 기여를 합니다.

최근에는 디지털 기술과 과학수사 기법을 적극적으로 활용하여 수사의 효율성과 정확성을 높이고 있습니다. 예를 들어, CCTV 분석과 DNA 감식을 통해 사건 해결률을 제고하고 있으며, 영장심사관 제도를 통해 강제 수사의 적법성과 인권 보호를 강화하고 있습니다.

경찰은 단순히 법을 집행하는 기관이 아니라, 공동체의 안전을 지키는 파수꾼이자 공공의 신뢰를 바탕으로 작동하는 민주적 제도입니다. 범죄예방에서부터 수사, 송치까지 전 과정에서 경찰의 역할은 형사사법시스템의 신뢰성과 정당성을 뒷받침하는 핵심 요소로 작용합니다.

앞으로도 경찰은 지역사회와의 협력과 소통을 강화하며, 변화하는 범죄 환경에 유연하게 대응함으로써 국민의 안전과 정의 실현이라는 사명을 지속적으로 수행해 나갈 것입니다.

(4) 최근 변화와 발전

최근 대한민국 경찰 조직은 형사사법의 공정성과 지역 사회 밀착형 치안 구현을 목표로 큰 변화를 겪고 있습니다. 대표적인 제도 변화로는 국가수사본부의 설치와 자치경찰제의 전면 도입이 있습니다.

국가수사본부는 2021년 검경수사권 조정 이후, 경찰 수사의 독립성과 전문성을 강화하기 위해 경찰청 산하에 신설된 조직입니다. 전국 수사를 총괄하는 중앙 기구로서, 경제범죄, 사이버범죄, 조직범죄 등 중대한 사건을 전문적으로 다루며, 기존 경찰 내 흩어져 있던 수사 기능을 통합해 수사의 일관성과 공정성을 높이고 있습니다.

한편, 자치경찰제는 같은 해에 전국적으로 전면 시행되었으며, 지역 주민의 생활 안전과 밀접한 분야(생활안전, 교통, 여성청소년 등)에 대한 치안 서비스를 지방자치단체가 주도할 수 있도록 한 제도입니다. 이를 통해 중앙 중심의 수직적인 경찰 구조에서 벗어나, 지역 맞춤형 치안과 주민 참여를 확대하는 방향으로 변화하고 있습니다. 이러한 제도적 변화는 경찰 조직의 수사와 치안 기능을 각각 전문화·분권화함으로써, 보다 투명하고 효율적인 경찰 행정을 실현하고자 하는 노력의 일환이라 할 수 있습니다.

3. 국가수사본부: 경찰 수사의 독립성과 전문성을 강화하다

국가수사본부는 「경찰청과 그 소속기관 직제」 제16조 제1항에 근거하여 경찰청 산하에 설치된 독립적 수사기관으로, 2021년 경찰 수사의 전문성과 공정성을 강화하기 위해 출범하였습니다. 국가수사본부의 설립은 단순한 조직 개편을 넘어, 경찰 수사의 전반적인 구조와 철학에 있어 질적인 전환을 상징하는 제도적 이정표라고 할 수 있습니다.

그 배경에는 검찰과 경찰의 수사권 조정이라는 형사사법체계의 큰 변화가 자리하고 있습니다. 2021년부터 시행된 이 제도 개편을 통해, 경찰은 수사를 개시할 수 있을 뿐 아니라 자체적으로 수사를 종결할 수 있는 1차 수사종결권을 갖게 되었습니다. 이는 경찰 수사의 자율성과 책임성을 동시에 높이는 조치이며, 그만큼 수사 과정의 공정성과 투명성 확보가 더욱 중요해졌습니다.

이러한 맥락에서 설립된 국가수사본부는 기존 경찰 조직에 흩어져 있던 수사 기능을 통합하고, 수사의 지휘와 운영을 일원화하여 보다 전문적이고 독립적인 수사 체계를 구축하고 있습니다. 특히 경제범죄, 사이버범죄, 조직범죄 등 사회적으로 중대한 사건을 직접 다루는 전담 조직으로서, 국민의 신뢰를 회복하고 정의를 실현하는 데 중추적인 역할을 수행합니다.

국가수사본부는 수사의 정책 수립부터 현장 수사 지원, 수사 절차의 표준화, 과학수사 인프라 강화에 이르기까지 경찰 수사의 모든 영역을 총괄하며 통제하는 핵심 기관입니다. 또한 외부 정치적 영향으로부터 독립된 수사 체계를 지향하며, 국가적 수준의 수사 전문성 확보와 법치주의 구현을 실현하는 데 중심적인 역할을 맡고 있습니다.

결과적으로, 국가수사본부는 검찰과 경찰 간 권한 재조정 이후 형사사법시스템 내에서 경찰 수사의 중심축을 형성하며, 공정하고 신뢰받는 수사 행정을 실현하는 데 필수적인 제도적 기반으로 자리매김하고 있습니다.

(1) 주요 역할과 기능

국가수사본부는 다음과 같은 역할을 수행합니다.

첫째, 전국 경찰 수사의 총괄과 지휘를 담당합니다. 각 지방청과 경찰서의 수사를 통일된 기준과 지침으로 조정하며, 수사 정책을 수립하고 전체 수사 역량을 체계화합니다.

둘째, 특정 중대 범죄에 대한 직접 수사 기능을 수행합니다. 기존 일선 경찰 조직이 처리하기 어려운 대형 사건이나 고난도 범죄를 직접 담당함으로써 수사의 전문성과 집중도를 높입니다.

셋째, 수사의 공정성과 독립성을 확보합니다. 정치적 중립을 철저히 유지하며, 검찰의 사전 지휘 없이 사건을 종결하거나 송치할 수 있는 권한을 보유함으로써 독립적인 수사체계를 실현합니다.

넷째, 과학수사 등 전문성 강화에도 주력합니다. 각 분야에 특화된 전문가를 배치하고, 디지털 포렌식, 범죄 감식 등 고도화된 기법을 활용하여 증거 중심의 수사를 강화합니다.

다섯째, 대공수사 및 국가안보 관련 수사 업무를 수행합니다. 기존 국가정보원에서 이관된 국내 대공수사 기능을 이어받아, 안보 위협과 관련된 범죄를 체계적으로 수사합니다.

이처럼 국가수사본부는 수사 기능의 전문화를 기반으로 경찰 내 수사 권한의 독립성과 책임성을 동시에 강화하고 있으며, 수사의 신뢰성과 투명성을 확보함으로써 국민이 안심할 수 있는 공정한 수사 환경 조성에 앞장서고 있습니다.

(2) 조직 구성

국가수사본부의 조직은 수사의 전문성과 효율성을 높이기 위해 체계적으로 구성되어 있습니다. 본부장은 치안정감급의 고위직으로 경찰청장이 임명하며, 독립성과 책임성을 갖고 경찰 내 수사 기능을 총괄합니다. 본부장 직속으로는 수사기획조정관, 수사관리관, 그리고 각 기능별 수사부서가 배치되어 있습니다.

먼저, 수사기획조정관실은 국가 전체 수사정책의 방향을 설계하고 조정하는 역할을 담당합니다. 수사의 표준 절차와 정책을 수립하며, 각 지방경찰청과의 업무 조율을 통해 일관된 수사체계를 유지합니다.

다음으로, 수사관리관실은 인력, 예산, 교육 등 수사 행정 전반을 담당합니다. 효율적인 수사 자원 배분과 수사관 역량 강화를 위한 교육 프로그램 운영, 내부 감찰 및 수사 통계 관리 등을 통해 국가수사본부의 행정적 기반을 뒷받침합니다.

그리고 각 전문 수사부서는 범죄 유형별로 세분화되어 운영됩니다.

경제범죄수사과는 금융사기, 기업범죄, 공직자 비리 등 복잡하고 파급력 있는 경제범죄에 특화되어 있으며, 사이버범죄수사과는 디지털 성범죄, 해킹, 개인정

그림 2-2 국가수사본부 조직도

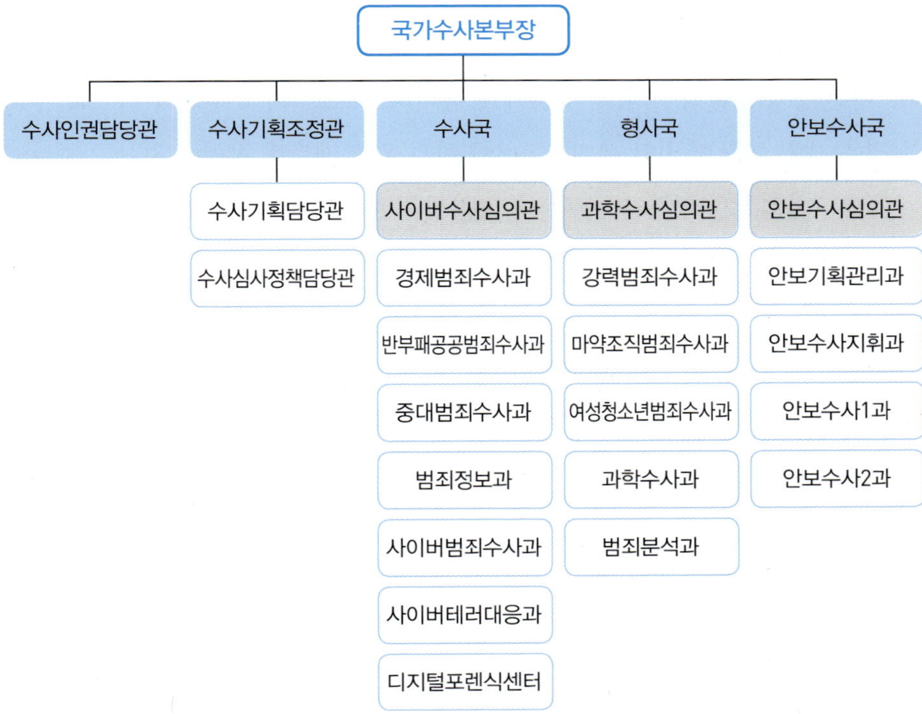

출처: 경찰청. (2025). 국가수사본부 조직도. https://www.police.go.kr

보 유출 등 첨단 범죄에 대응합니다. 강력범죄수사과는 조직폭력, 살인 등 중대 강력범죄를 전담하고, 대공수사과는 기존 국가정보원에서 이관된 국내 안보범죄와 대공사건을 집중적으로 다룹니다.

또한, 과학수사 분야를 지원하는 디지털포렌식센터와 범죄분석실도 국가수사본부 산하에 구성되어 있어, 첨단 기술을 활용한 증거 분석과 범죄 유형별 패턴 분석을 수행하고 있습니다.

이처럼 국가수사본부는 조직 내부의 수사 전문성을 극대화할 수 있도록 기획·관리 기능과 실무 수사 기능을 유기적으로 연결하고 있으며, 이를 통해 경찰 수사의 질을 높이고 공정성과 신뢰성을 확보하고자 노력하고 있습니다.

4. 자치경찰제도: 지역 맞춤형 치안의 시작

우리나라의 경찰제도는 국가경찰과 자치경찰로 이원화되어 운영되고 있습니다. 이는 중앙정부 중심의 치안 체계를 유지하면서도, 지역 주민의 특성과 수요에 맞춘 생활 밀착형 치안 서비스를 강화하기 위한 제도적 장치입니다.

먼저 국가경찰은 행정안전부 소속 경찰청을 중심으로 전국적인 조직망을 갖추고 있으며, 전국 단위의 범죄 수사, 보안, 정보, 외사, 사이버범죄 대응, 집회·시위 관리 등 국가적 차원의 치안 업무를 담당합니다. 중앙정부가 지휘·감독하는 체계이므로, 일관된 정책 집행과 전국적인 치안 유지에 강점을 갖고 있습니다. 반면, 자치경찰제도는 각 시·도지사 소속의 자치경찰위원회를 중심으로 운영되며, 지역 주민의 안전과 복지를 직접적으로 다루는 생활안전, 여성·청소년 보호, 교통관리, 지역 범죄 예방 등 지역 밀착형 업무를 전담합니다. 자치경찰은 실질적인 인력과 조직은 국가경찰과 공유하지만, 사무분장과 지휘 체계는 독립적으로 이루어집니다.

2021년 7월, 한국은 전국적으로 자치경찰제도를 도입하며 지방자치단체가 지역 특성에 맞춘 치안 정책을 시행할 수 있는 기반을 마련했습니다.

그림 2-3 국가경찰과 자치경찰의 지휘 체계도

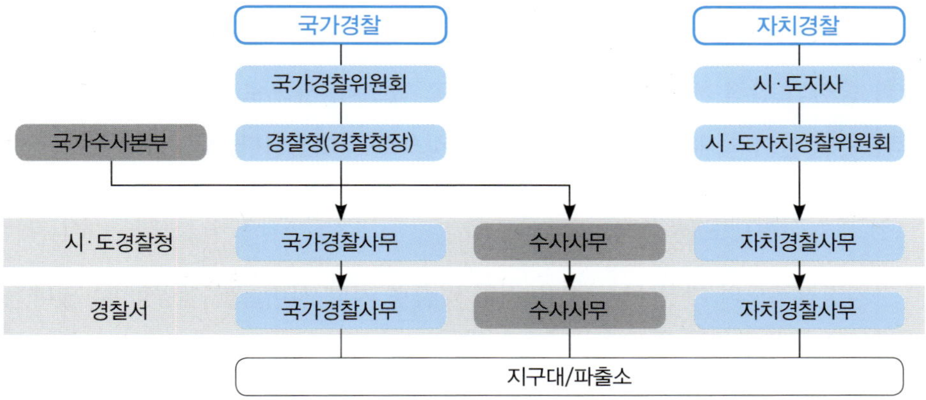

출처: 대한민국 정책브리핑. (2025). 자치경찰제 조직도.
https://www.korea.kr/special/policyCurationView.do?newsId=148865005

(1) 자치경찰제도의 개념과 특징

자치경찰제도는 지방자치단체가 경찰권을 일부 담당하여, 주민 생활과 밀접한 치안 서비스를 제공하기 위한 제도입니다. 이 제도는 「국가경찰과 자치경찰의 조직 및 운영에 관한 법률」에 근거하여 시행되며, 자치경찰은 생활 안전, 교통관리, 여성·청소년 보호, 경범죄 대응 등 지역 밀착형 치안 업무를 중심으로 활동합니다.

자치경찰제의 주요 특징은 다음과 같습니다.

첫째, 지방정부가 경찰 운영에 주도적으로 참여함으로써, 중앙정부의 획일적인 통제에서 벗어나 지역의 특성과 수요를 반영한 치안 서비스를 제공할 수 있습니다.

둘째, 주민의 의견과 요구를 반영하여 맞춤형 치안 정책을 수립하고, 이를 통해 지역 주민의 만족도와 참여를 높이는 방향으로 운영됩니다.

셋째, 자치경찰은 국가경찰과 역할을 분담하며, 필요 시 협업체계를 통해 효율적인 치안 운영을 도모합니다. 국가경찰이 대테러, 마약, 사이버범죄 등 전국 단위의 중대 범죄를 담당하는 반면, 자치경찰은 주민 삶에 밀접한 일상 치안을 책임집니다.

이처럼 자치경찰제도는 치안의 분권화를 통해 지방자치의 실질적 완성과 지역사회 중심의 안전 체계 구축을 목표로 하고 있으며, 앞으로도 다양한 제도적 보완과 주민 참여 확대를 통해 발전해 나갈 것으로 기대됩니다.

(2) 자치경찰제도의 장점

자치경찰제도의 가장 큰 장점은 지역 맞춤형 치안 서비스를 제공할 수 있다는 점입니다.

기존의 중앙정부 주도 방식에서는 지역의 특성과 범죄 유형, 주민의 요구를 세밀하게 반영하기 어려웠지만, 자치경찰제도를 통해 지역 실정에 맞는 차별화된 치안 대응이 가능해졌습니다. 예를 들어, 농촌 지역에서는 농기구 절도 예방이나 노인 대상 범죄 예방에 중점을 두고, 도심 지역에서는 교통 혼잡 해소나 생활민원 대응이 중심이 되는 등 지리적·사회적 특성을 반영한 치안 정책을 수립할 수 있습니다.

또한, 자치경찰제는 주민과 경찰 간의 신뢰를 높이는 데도 기여하고 있습니다. 주민의 참여와 의견 수렴을 통해 경찰의 투명성과 책임성이 강화되며, 공동체 중심의 치안 체계가 형성되고 있습니다. 경찰이 단순한 행정기관을 넘어 지역사회의 일원으로 자리 잡게 되면서, 치안에 대한 주민의 만족도와 협력 의지도 함께 높아지고 있습니다.

아울러, 자치경찰제는 운영의 효율성을 증대시키는 효과도 가지고 있습니다. 기존 중앙집권적 운영 체계에서는 의사결정과 대응에 시간이 소요되었지만, 자치경찰제 하에서는 지역 경찰이 신속하게 판단하고 조치할 수 있어 긴급 상황에도 보다 유연하고 효과적으로 대응할 수 있습니다.

이처럼 자치경찰제도는 치안의 분권화, 주민 참여 확대, 대응의 유연성 확보라는 측면에서 경찰 행정의 질적 향상을 이끄는 제도적 기반이라 할 수 있습니다.

(3) 제도운영의 한계점

그러나 자치경찰제도는 여러 측면에서 도전 과제를 안고 있습니다.

가장 큰 문제는 지역 간 치안 서비스의 격차입니다. 자치경찰제는 지방자치단체가 주도하여 치안 업무를 수행하는 구조이기 때문에, 지자체의 재정적 역량에 따라 경찰 인력과 장비 수준이 달라질 수 있습니다. 예를 들어, 재정이 풍부한 대도시에서는 충분한 경찰력을 확보하고 다양한 치안 정책을 추진할 수 있는 반면, 재정이 열악한 지방 소도시나 농촌 지역에서는 인력 부족과 장비 노후화 등으로 인해 효과적인 경찰 운영이 어려울 수 있습니다. 이러한 차이는 지역 간 치안 불균형으로 이어질 수 있으며, 국민의 기본적 안전권 보장에 있어서 형평성 문제가 제기될 수 있습니다.

또한, 국가경찰과 자치경찰 간의 협력 체계 정비도 중요한 과제입니다. 양 기관의 역할이 명확히 구분되지 않거나, 업무 중복과 책임 소재 불분명 등의 문제가 발생할 경우, 범죄 수사와 치안 유지의 일관성과 효율성이 저해될 우려가 있습니다. 특히 중대한 사건이나 광역 범죄의 경우, 국가경찰과 자치경찰 간의 원활한 협력과 정보 공유가 부족하면 수사의 신속성과 정확성이 떨어질 수 있습니다.

이러한 문제들을 해소하기 위해서는 중앙정부와 지방정부 간의 긴밀한 협력 체계를 구축하고, 자치경찰의 운영에 있어 일정 수준의 국가적 지원과 표준화된 지침 마련이 필요합니다. 또한, 경찰 간 교류와 교육을 통해 전문성을 높이고, 업무의 일관성을 유지하기 위한 제도적 장치도 함께 마련되어야 합니다. 이처럼 자치경찰제도의 도입은 치안의 분권화를 위한 중요한 시도이지만, 그 성공을 위해서는 구조적 한계와 운영상의 문제점을 지속적으로 점검하고 보완해 나가는 노력이 필수적입니다.

(4) 해외 사례와의 비교

자치경찰제도는 이미 여러 선진국에서 시행되고 있으며, 지역 맞춤형 치안의 실현을 통해 효과적인 치안 행정이 가능하다는 점을 보여주고 있습니다. 미국,

영국, 독일 등은 오랜 기간 동안 지역 경찰이 독립적으로 운영되어 왔으며, 이러한 사례들은 한국 자치경찰제도의 발전 방향에 중요한 시사점을 제공합니다.

먼저 미국은 지방정부, 즉 주·카운티·시 단위에서 경찰을 운영하고 있습니다. 경찰청장은 지역의 시장이나 지방의회에 의해 임명되며, 지역별 실정에 맞춘 자율적이고 독립적인 경찰 활동이 가능하도록 설계되어 있습니다. 이러한 구조는 주민 참여와 통제에 기반한 치안 운영이 가능하다는 장점을 가지고 있습니다.

영국은 지방경찰청이 독립적으로 운영되며, 경찰위원회를 중심으로 주민 의견이 치안 정책에 반영되는 체계를 갖추고 있습니다. 경찰위원회는 지역사회를 대표하는 기구로서 경찰의 활동을 관리하고 감독하며, 지역 특성에 맞춘 정책 수립과 실행을 지원합니다. 이를 통해 공공성과 민주성이 조화를 이루는 경찰 운영이 가능해졌습니다.

독일은 연방국가 체제에 따라 각 주(州) 단위로 경찰을 운영하고 있습니다. 독일의 주 경찰은 범죄 대응뿐만 아니라 교통관리, 재난 대응 등 다양한 공공안전 업무를 수행하며, 주 정부 산하에서 지역 실정에 맞춘 자율적인 치안 서비스를 제공하고 있습니다.

이러한 선진국의 사례는 자치경찰제도가 단순한 제도적 분권을 넘어, 실질적인 주민 중심 치안 서비스로 정착할 수 있는 기반을 마련해주는 제도임을 보여줍니다. 한국 자치경찰제도가 성공적으로 정착하기 위해서는 이들 국가처럼 지역 자율성과 주민 참여, 전문성과 공공성의 균형을 갖춘 체계를 구축하는 것이 중요합니다.

(5) 국내 사례

우리나라에서도 자치경찰제의 도입 이후 다양한 지역에서 특색 있는 운영 사례가 나타나고 있습니다. 광주광역시는 자치경찰제를 활용하여 방범 순찰, 여성·노약자 보호 등 주민 밀착형 치안 서비스를 적극적으로 제공하고 있으며, 지역 주민들로부터 높은 호응을 얻고 있습니다.

이러한 치안 활동은 단순한 범죄 예방을 넘어, 주민의 생활 안전을 실질적으로 보장하는 데 큰 기여를 하고 있습니다.

세종특별자치시와 강원도에서는 이원화 모델을 시범적으로 운영하고 있습니다. 이는 자치단체가 경찰 인력의 일부를 직접 관리하고 치안 정책을 수립·집행하는 방식으로, 자치경찰제의 정책 효과와 실현 가능성을 현장에서 점검하는 중요한 실험입니다.

해당 지역들은 지방자치단체와 경찰 간 협력 체계를 강화하며 자치경찰제의 안정적 정착을 위한 모델을 개발하고 있습니다. 이처럼 자치경찰제도는 지역 맞춤형 치안 서비스 제공과 주민과 경찰 간 신뢰 증진에 중요한 역할을 하고 있습니다. 그러나 동시에 지역 간 재정력 차이에 따른 치안 서비스의 불균형, 국가경찰과 자치경찰 간의 업무 중복 문제 등 해결해야 할 과제도 존재합니다.

앞으로 자치경찰제가 성공적으로 정착하기 위해서는 중앙정부와 지방정부 간의 협력을 강화하고, 지역 간 격차를 해소할 수 있는 재정적 지원과 제도적 보완이 함께 이루어져야 합니다. 이를 통해 자치경찰제는 보다 실효성 있는 주민 중심 치안 체계로 발전할 수 있을 것입니다.

5. 검찰: 형사사법시스템의 핵심 법집행기관

검찰(Prosecution service)은 형사사법시스템에서 국가 최고 법집행기관으로, 범죄 수사, 기소 여부 결정, 공소 유지, 재판 집행 감독 등 다양한 역할을 수행합니다. 검찰은 법과 질서를 바로 세우고 국민의 인권을 보호하며, 사회 정의를 실현하기 위한 핵심 기관으로 자리 잡고 있습니다.

(1) 검찰의 정의와 개념

검찰은 형법과 형사소송법에 근거하여 범죄를 수사하고, 경찰의 수사를 지휘·감독하며, 공소를 제기하고 이를 유지하는 역할을 수행합니다. 검찰은 단순히 범죄자를 처벌하는 기관에 그치지 않고, 적법 절차의 준수와 국민의 인권 보호를 통해 형사사법 절차 전반의 공정성을 확보하는 데 중점을 둡니다.

법적으로 검찰은 범죄 수사와 공소 제기 및 유지, 재판 결과의 집행을 감독하는 기관으로 정의되며, 형사사법 시스템의 투명성과 신뢰를 보장하는 핵심 축을 담당합니다. 검찰의 가장 중요한 기능은 국가를 대표하여 법적 정의를 실현하는 것입니다. 이 과정에서 검찰은 국민의 권리와 자유를 수호하며, 모든 수사 및 재판 절차가 법의 테두리 안에서 공정하게 이뤄지도록 책임을 집니다.

이처럼 검찰은 수사와 기소, 재판과 집행 전반에 걸쳐 형사사법 절차의 균형과 합리를 유지하는 데 기여하고 있습니다. 향후에도 검찰은 국민의 신뢰를 바탕으로 독립적이고 책임 있는 법 집행 기관으로서의 역할을 충실히 수행해 나가야 할 것입니다.

(2) 검찰의 주요 역할

① 범죄 수사 및 기소 여부 결정

경찰이 송치한 사건을 검토하고, 필요할 경우 직접 수사를 진행하며, 부패나 경제범죄, 공직자 비리 등 중대한 사건에 대해서는 독립적으로 수사권을 행사합니다. 이러한 수사 결과를 바탕으로 피의자를 기소할지 여부를 판단하고, 사건의 경중에 따라 정식 재판 또는 약식 재판 절차를 선택합니다.

② 공소 유지 및 법정 대응

재판 과정에서 피고인의 유죄를 입증하기 위한 증거를 제출하고, 그에 따른 형벌을 구형합니다. 동시에 피고인에게 유리한 증거도 함께 제시하여 공정한 재판이 이루어지도록 합니다.

③ 경찰 수사의 지휘 및 감독

경찰의 수사가 적법하게 이루어졌는지를 검토하고, 부족한 부분이 있다면 보완 수사를 요구합니다. 또한 경찰이 불송치 처분한 사건에 대해서는 재수사를 요청할 수 있는 권한을 가지고 있습니다.

④ 재판 집행 감독 및 인권 보호

벌금형이나 금고형 등 법원의 판결이 제대로 집행되는지를 관리하고, 수사 과정에서 시민의 인권이 침해되지 않도록 감시합니다. 불법 체포나 과잉 수사를 방지하기 위해 경찰 유치장을 정기적으로 방문하여 인권 실태를 점검하기도 합니다.

⑤ 공익 대변 역할 수행

국가나 행정기관이 당사자인 민사 또는 행정소송에서 정부를 대리하며, 법령 해석과 적용이 정당하게 이루어지도록 지원합니다.

검찰은 단순히 범죄자를 처벌하는 기관이 아닙니다. 검찰은 적법 절차를 준수하고 인권을 보호하는 공정한 형사사법 절차를 통해 사회 정의를 실현하고, 국민의 신뢰를 확보하는 데 중요한 역할을 합니다. 최근에는 디지털 수사 기법과 데이터 기반의 접근 방식을 도입하여 수사의 효율성과 투명성을 더욱 강화하고 있습니다. 이러한 변화는 검찰의 기능을 기술적으로 고도화하는 동시에, 공정성과 신뢰성을 높이는 데 기여하고 있습니다.

검찰은 형사사법시스템의 중추적인 기관으로서, 국민의 권리를 보호하고 정의로운 사회를 실현하는 핵심 역할을 수행합니다. 법조계 관계자들은 "검찰의 역할은 단순한 범죄 처벌을 넘어, 공정한 법 집행과 국민 신뢰 회복에 초점을 맞춰야 한다"고 강조하고 있습니다. 앞으로도 검찰이 지속적인 개혁과 투명한 운영을 통해 국민의 신뢰를 얻을 수 있을지에 대해 사회적 관심이 집중되고 있습니다.

6. 고위공직자범죄수사처

대한민국의 독립 수사기관인 고위공직자범죄수사처(Corruption Investigation Office for High-ranking Officials, 이하 공수처)가 출범 이후 고위공직자의 부패 및 권력형 비리를 집중적으로 수사하며 국민 신뢰 회복을 위한 노력을 이어가고 있습니다.

2021년 1월 21일 공식 출범한 공수처는 기존 검찰과 경찰의 권한 집중을 견제하고, 정치적 중립성을 유지하면서 독립적 수사를 보장하기 위해 설립되었습니다.

(1) 설립 배경과 목적

공수처는 기존 수사기관이 가진 구조적 한계를 극복하고, 고위공직자의 부패를 철저히 수사하기 위해 설립된 독립 수사기관입니다. 특히 정치권력과의 유착을 방지하고, 수사의 독립성과 공정성을 확보하기 위해 법적으로 독립된 지위를 갖고 운영됩니다.

공수처는 다음과 같은 목표를 중심으로 운영됩니다.

첫째, 고위공직자의 권력형 비리와 부패 범죄를 집중적으로 수사하여 권력 남용을 방지합니다.

둘째, 기존 검찰이나 경찰이 수행하기 어려웠던 고위직 대상의 수사를 독립적이고 공정하게 진행함으로써 제도적 한계를 보완합니다.

셋째, 공직사회 전반에 대한 국민의 신뢰를 회복하고, 국가 전반의 투명성과 법치주의를 강화하는 데 기여합니다.

이러한 목표를 바탕으로 공수처는 대한민국의 청렴한 공직 문화를 정착시키고, 정의로운 사회를 구현하는 데 중요한 역할을 수행하고 있습니다.

(2) 주요 역할과 관할 범위

공수처는 「고위공직자범죄수사처 설치 및 운영에 관한 법률」에 따라 고위공직자의 범죄를 전담하여 수사하고, 수사의 독립성과 공정성을 보장받는 기관으로 다음과 같은 주요 업무를 수행합니다.

먼저, 공수처는 고위공직자에 대한 범죄 수사를 담당합니다. 수사 대상에는 대통령, 국무총리, 국회의원, 장·차관, 판·검사, 그리고 경무관 이상 경찰 고위간부 등이 포함됩니다. 주요 수사 범죄는 뇌물수수, 직권남용, 배임 등 부패 범죄를 비롯하여 형법 및 특정범죄 가중처벌 등에 관한 법률 위반, 변호사법 및 정치자금법 위반 등이 있습니다.

또한, 공수처는 기소권도 일부 보유하고 있습니다. 검사와 판사의 범죄에 대해서는 공수처가 직접 기소할 수 있으며, 그 외 고위공직자의 범죄에 대해서는 수사를 마친 후 검찰에 사건을 송치하여 기소 여부를 결정하도록 합니다.

공수처는 정치적 독립성을 유지하며 운영됩니다. 정치적 압력이나 외부의 간섭 없이 수사를 진행할 수 있도록 법적으로 보장되어 있으며, 공정한 수사를 위해 자체적인 인사 시스템을 갖추고 독립적으로 인력을 운영합니다.

아울러 공수처는 고위공직자 본인뿐 아니라 그와 관련된 공동정범, 교사범, 종범에 대해서도 수사할 수 있습니다. 예를 들어, 고위공직자에게 뇌물을 제공한 사람이나 증거를 인멸한 행위도 공수처의 관할 범위에 포함되어 함께 처리할 수 있도록 하고 있습니다.

(3) 운영의 성과와 논란

공수처는 설립 이후 다양한 사건을 수사하며, 법과 원칙에 따른 엄정한 법 집행을 강조하고 있습니다. 고위공직자의 부패와 권력형 비리를 수사하는 과정에서 공수처는 독립적이고 공정한 수사기관으로 자리매김하고자 노력하고 있습니다.

그러나 공수처의 운영에 대해 일부에서는 비판적인 시각도 제기되고 있습니다. 특히, 정치적 독립성이 충분히 확보되지 않았다는 지적이 있으며, 검찰과의 협력 문제나 기소권 행사에 있어 제도적·실무적 한계가 있다는 우려도 존재합니다. 이러한 이유로 공수처의 권한과 기능을 보다 강화해야 한다는 의견도 꾸준히 제기되고 있습니다.

공수처가 본래의 목적에 부합하는 기관으로 자리잡기 위해서는 독립성과 중립성을 제도적으로 더욱 강화할 필요가 있습니다. 또한, 수사의 전 과정을 투명하게 운영하여 국민의 신뢰를 확보하는 것이 무엇보다 중요한 과제입니다. 공수처는 앞으로도 권력으로부터 자유롭고 국민을 위한 수사기관으로서 기능할 수 있도록 지속적인 개선과 노력을 이어가야 할 것입니다.

(4) 조직 구성

공수처는 처장과 차장을 중심으로 운영되며, 독립성과 공정성을 확보하기 위한 제도적 장치를 갖추고 있습니다. 공수처 처장은 국회에 설치된 추천위원회가 추천한 후보 중에서 대통령이 임명하며, 임기는 3년입니다. 차장은 처장의 제청을 받아 대통령이 임명하며, 처장을 보좌하는 역할을 수행합니다.

검사의 인사는 독립적인 인사위원회를 통해 이루어지며, 공수처 검사는 모두 변호사 자격을 가진 사람 중에서 선발됩니다. 특히 공정성을 확보하기 위해 기존 검사 출신은 전체 정원의 절반을 넘을 수 없도록 제한하고 있습니다. 공수처 검사 또한 임기는 3년이며, 최대 3회까지 연임할 수 있도록 규정되어 있습니다.

이와 같은 조직 구성은 공수처가 정치적 중립성을 유지하면서 독립적인 수사기관으로 기능할 수 있도록 설계된 것입니다.

그림 2-4 고위공직자범죄수사처 조직도

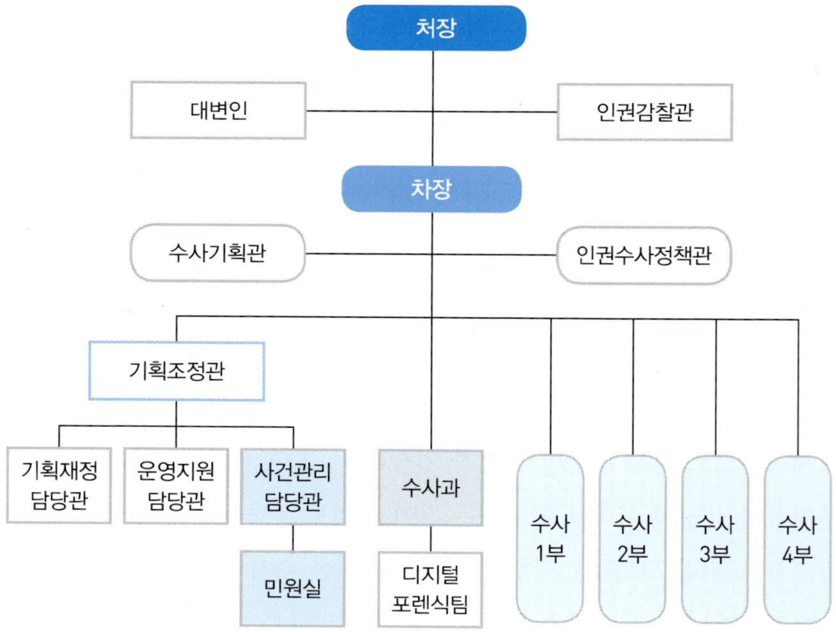

출처: 고위공직자범죄수사처. (2025). 조직도. https://www.cio.go.kr

7. 법원: 국민의 기본권을 수호하는 사법기관

대한민국 헌법 제101조는 법원이 사법권을 행사하는 독립된 기관임을 명시하고 있습니다. 법원은 대한민국 사법부의 핵심 기관으로서, 국민 간의 갈등이나 국가와 개인 간의 분쟁을 법률에 따라 공정하게 해결하며 정의를 실현하는 역할을 수행합니다. 이러한 과정은 사회 질서를 유지하고 국민의 권리를 보호하는 데 필수적입니다.

형사사법시스템 내에서 법원은 공정한 재판을 통해 피고인의 유죄 또는 무죄를 판단하고, 이에 따라 적절한 형벌을 선고합니다. 또한, 재판 과정에서 국민의 기본권과 자유가 침해되지 않도록 보호하며, 재판의 공정성과 적법성을 보장합니다. 특히 대한민국은 3심제도를 채택하고 있어 억울한 판결의 가능성을 최소화하고 있으며, 국민참여재판 제도를 통해 일반 시민이 재판에 직접 참여할 수 있도록 함으로써 사법 절차의 투명성과 국민적 신뢰를 높이고 있습니다. 이를 통해 법원은 단순한 판결 기관을 넘어, 민주적 가치를 실현하는 중요한 역할을 담당하고 있습니다.

(1) 법원의 종류와 역할

법원은 그 기능과 관할 범위에 따라 일반법원과 특수법원으로 나뉘며, 각각의 법원은 고유의 역할을 수행하고 있습니다.

먼저, 일반법원에는 대법원, 고등법원, 지방법원이 있습니다. 대법원은 대한민국의 최고법원으로, 모든 재판의 최종적인 법적 판단을 내리는 기관입니다. 주된 역할은 하급심 판결에서 법률 적용이 적절했는지를 심리하고, 필요한 경우 판결을 파기하거나 확정하는 것입니다. 또한 대통령이나 국회의원 선거 소송 등 일부 단심제 사건을 직접 처리하기도 합니다.

고등법원은 항소심을 전담하는 법원으로, 1심 법원에서 내려진 판결에 불복한 사건을 다시 심리합니다. 전국 주요 도시에 설치되어 있으며, 사건의 사실관계와

그림 2-5 법원의 종류

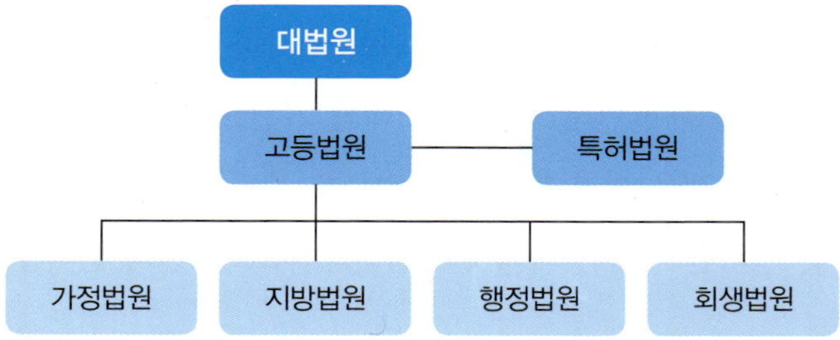

출처: 대법원. (2025). 법원 조직도. https://www.scourt.go.kr

법률 적용 모두를 검토할 수 있는 권한을 가집니다.

지방법원은 대부분의 민사 및 형사 사건을 처음으로 다루는 1심 법원입니다. 사건의 성격과 중요도에 따라 단독판사 혹은 판사 3인으로 구성된 합의부가 사건을 심리하며, 국민의 일상과 가장 밀접하게 연결된 사법기관이라 할 수 있습니다.

한편, 특수법원은 전문성이 요구되는 분야의 사건을 전담합니다. 특허법원은 특허권 침해 등 지식재산권 관련 사건을 다루며, 가정법원은 이혼, 양육권, 입양 등 가족관계에 관한 소송을 담당합니다. 행정법원은 세금 부과나 영업정지 처분 등 행정청의 결정에 대한 불복 소송을 심리하며, 회생법원은 기업의 회생 절차와 파산 사건을 전문적으로 처리합니다.

이처럼 법원은 사건의 종류와 성격에 따라 다양한 체계를 갖추고 있으며, 각 법원은 전문성과 공정성을 바탕으로 사법 정의를 실현해 나가고 있습니다.

(2) 형사재판 절차

형사재판 절차는 피고인의 범죄 혐의에 대해 법원이 공정하게 판단하고, 그 결과에 따라 형벌을 부과하기까지의 일련의 과정을 의미합니다.

첫 번째 단계는 공소 제기입니다. 검사는 수사 결과에 따라 피의자를 피고인으로 전환하여 기소하며, 이로써 사건은 법원에 회부됩니다. 공소 제기는 형사재판 절차의 출발점이자, 국가가 피고인의 범죄 혐의를 공식적으로 주장하는 행위입니다.

다음은 1심 재판입니다. 일반적으로 지방법원 또는 그 지원에서 진행되며, 판사는 검찰과 변호인의 주장을 듣고 증거를 조사합니다. 이 과정에서 증인 신문, 영상자료 분석, 현장검증 등이 이루어지며, 이를 통해 사실관계를 확인하고 피고인의 유·무죄를 판단하게 됩니다.

1심 판결에 불복할 경우, 항소 및 상고 절차를 통해 사건을 상급법원으로 넘길 수 있습니다. 항소는 고등법원에서 진행되며, 사실관계와 법률 해석 모두를 다시 판단할 수 있습니다. 상고는 대법원에서 이루어지며, 주로 법률적 쟁점이나 하급심 판결의 위법성 여부를 중심으로 심리합니다. 다만, 대법원은 모든 사건을 다루지는 않으며, 상고가 허용되기 위해서는 중대한 법률적 사안이 포함되어야 합니다.

최종적으로 대법원의 판결이 내려지면 사건은 종결됩니다. 대법원의 판결은 최종적이며, 하급심을 포함한 모든 법원을 구속하는 효력을 지닙니다. 이를 통해 형사사법 절차는 마무리되며, 피고인은 판결에 따라 형을 집행 받거나 무죄가 확정되기도 합니다.

(3) 3심제도와 국민참여재판

대한민국은 3심제를 채택하고 있어, 동일한 사건에 대해 최대 세 번까지 재판을 받을 수 있는 기회를 제공합니다. 이러한 제도는 오판 가능성을 줄이고, 피고인의 권리를 최대한 보장하기 위한 사법 절차의 핵심 장치로 작용합니다.

전술한 바와 같이, 1심은 지방법원 또는 그 지원에서 진행되며, 주로 사실관계에 대한 심리가 이루어집니다. 2심은 고등법원 또는 지방법원 본원의 합의부에서 이루어지며, 1심의 판단에 대한 법률적·사실적 판단을 다시 검토합니다. 마지막으로 3심은 대법원에서 진행되며, 주로 하급심의 법률 해석 및 적용의 타당성을 심리합니다. 대법원의 판단은 최종적이며 모든 법원을 구속하는 효력을 가집니다.

또한, 대한민국은 국민참여재판 제도를 운영하고 있습니다. 이 제도는 배심원이 형사재판에 참여하여 피고인의 유·무죄에 대한 의견을 제시함으로써 사법 절차의 투명성과 민주성을 높이고 있습니다. 이를 통해 국민의 사법 참여가 확대되었으며, 재판에 대한 국민의 신뢰와 공감대를 형성하는 데에도 긍정적인 영향을 미치고 있습니다.

법원은 대한민국 사법체계의 중심 기관으로서, 국민의 기본권과 자유를 보호하고 사회 정의를 실현하는 데 중요한 역할을 합니다. 특히 법원의 독립성과 공정성을 바탕으로 한 재판은 형사사법시스템의 신뢰를 지탱하는 핵심 요소로 작용합니다. 앞으로도 법원이 사법 절차의 투명성과 효율성을 지속적으로 강화하여, 국민의 기대에 부응하고 공정한 법치주의 실현에 기여하는 사법기관으로 발전해 나가기를 기대합니다.

8. 국민참여재판: 국민이 함께 만드는 사법 정의

국민참여재판은 2008년부터 대한민국에서 시행되고 있는 형사재판 제도로, 「국민의 형사재판 참여에 관한 법률」에 따라 운영됩니다. 이 제도는 일반 국민이 배심원으로 참여하여 피고인의 유·무죄와 형량에 대한 의견을 제시함으로써, 재판 과정의 투명성과 공정성을 높이고자 도입되었습니다.

국민참여재판은 유전무죄, 전관예우 등으로 인한 사법 불신을 해소하고, 국민의 상식과 사회적 가치관이 재판에 반영되도록 하여 사법의 민주적 정당성과 신뢰성을 강화하는 데 기여하고 있습니다. 이를 통해 국민의 사법 참여를 보장하고, 재판에 대한 국민의 이해와 수용도를 높이는 중요한 제도로 자리 잡고 있습니다.

(1) 국민참여재판의 주요 특징

국민참여재판은 배심제와 참심제의 요소를 결합하여 우리나라의 법적·사회적 환경에 맞게 수정·보완한 독자적인 제도입니다. 이 제도는 배심원이 법관과 독립적으로 유·무죄에 대한 평결을 내리되, 의견이 일치하지 않는 경우에는 법관의 의견을 참고한 후 다시 평결하며, 최종적으로 다수결로 결론을 도출하는 방식을 취합니다. 또한, 배심원은 유·무죄 판단뿐만 아니라 양형에 대한 의견도 제시할 수 있으며, 이러한 평결과 의견은 법관에게 구속력은 없지만 판결의 중요한 참고자료가 됩니다. 만약 판사가 배심원의 평결과 다른 판단을 내릴 경우에는 그 이유를 판결문에 명시해야 합니다.

배심원은 만 20세 이상의 국민 중 무작위로 선정되며, 공판에 참여하여 증거와 증인을 통해 피고인의 유·무죄에 대한 판단을 내립니다. 국민참여재판은 살인, 강도 등 중대한 형사 사건이나 피고인이 직접 신청한 사건을 대상으로 시행되며, 피고인이 국민참여재판을 원하지 않을 경우에는 일반적인 공판 절차에 따라 재판이 진행됩니다. 이 제도는 국민의 사법 참여를 확대하고 재판의 투명성과 신뢰성을 제고하는 데 중요한 역할을 하고 있습니다.

(2) 국민참여재판의 절차

국민참여재판은 일정한 절차에 따라 진행됩니다. 먼저, 법원이 무작위로 배심원 후보자를 추출하고, 질문과 심사를 통해 최종 배심원을 선정합니다. 선정된 배심원은 공판에 참여하여 검사와 변호인의 주장, 증거 조사 과정을 관찰하며 사건의 전개를 파악합니다.

공판이 종료되면 배심원들은 별도의 평의 절차를 통해 사건의 쟁점과 증거에 대해 논의하고, 피고인의 유·무죄에 대한 평결과 함께 형량에 대한 의견을 제시합니다. 이후 판사는 배심원의 평결과 양형 의견을 참고하여 최종 판결을 내리며, 만약 배심원의 의견과 다른 판단을 할 경우 그 이유를 판결문에 구체적으로 설명합니다.

(3) 장점과 한계점

국민참여재판은 사법 제도의 민주성과 투명성을 강화하는 데 기여하지만, 동시에 몇 가지 한계도 존재합니다. 먼저, 국민참여재판의 가장 큰 장점은 사법의 민주화를 실현한다는 점입니다. 일반 국민이 직접 재판에 참여함으로써 사법부의 폐쇄성을 완화하고, 재판 절차의 투명성을 높일 수 있습니다. 또한, 국민의 상식과 가치관이 재판에 반영되어 결과에 대한 신뢰도를 높이며, 피고인에게는 자신의 억울함을 국민 앞에서 설명할 기회를 제공함으로써 권리 보장 측면에서도 긍정적인 효과를 줍니다.

반면, 몇 가지 한계도 존재합니다. 배심원들은 일반 시민으로 구성되기 때문에 법률적 전문성이 부족하여, 복잡한 사건을 판단하는 데 어려움을 겪을 수 있습니다. 또한 국민참여재판은 일반 재판에 비해 절차가 더 복잡하고 시간이 더 많이 소요되며, 이에 따라 인력과 비용 부담도 증가하게 됩니다. 무엇보다 배심원의 평결이 법적 구속력을 가지지 않기 때문에, 판사가 배심원의 의견과 다른 판단을 내릴 수 있는 점도 제도적 한계로 지적됩니다. 이러한 장점과 한계를 고

그림 2-6 국민참여재판 법정 구조

출처: 대한민국 법원 전자민원센터. (2025). 국민참여재판 법정 구조. https://ecfs.scourt.go.kr

려하여, 향후 국민참여재판이 보다 효과적이고 균형 있게 운영되기 위해서는 지속적인 제도 개선과 국민 법의식 향상이 함께 이루어져야 할 것입니다.

9. 교정본부: 범죄자 재사회화와 사회 통합의 마지막 단계

교정(教正, Corrections)은 형사사법시스템의 마지막 단계로서, 단순히 형벌을 집행하는 것을 넘어서 수형자의 재사회화와 인권 보호를 통해 범죄 예방과 사회 통합을 실현하고자 합니다. 교정은 범죄자의 사회 복귀를 지원함으로써 재범률을 낮추고, 건강한 시민으로의 복귀를 촉진하는 데 중점을 둡니다. 최근에는 디지털 기술을 활용한 스마트 교정체계를 도입하여 교정행정의 효율성과 투명성을 높이고 있으며, 회복적 사법(restorative justice)과 같은 혁신적 접근 방식도 활발히 논의되고 있습니다. 이러한 변화는 교정이 단순한 처벌이 아닌, 사회적 회복과 공동체 복귀를 위한 적극적인 과정임을 보여줍니다.

(1) 교정의 정의와 목적

교정은 법원의 판결에 따라 형벌을 집행하고, 수형자의 처우와 사회 복귀를 지원하는 역할을 수행합니다. 「형의 집행 및 수용자의 처우에 관한 법률」에 따르면, 교정은 형벌의 집행과 수형자의 처우 전반을 포괄하는 개념으로 규정되어 있습니다. 교정의 목적은 수형자의 인권을 보호하고, 재사회화를 통해 재범을 방지하며, 궁극적으로는 사회의 안전망을 강화하는 데 있습니다. 이를 통해 교정은 형사사법시스템 내에서 형벌의 목적을 실현하고, 수형자가 건강한 사회 구성원으로 복귀할 수 있도록 돕는 중요한 기능을 수행합니다.

(2) 교정의 주요 기능

교정은 단순히 수형자를 수감하는 것을 넘어, 형벌의 집행과 함께 수형자의 교화, 재사회화, 인권 보호 등을 포괄적으로 수행합니다. 이를 통해 형사사법시스템의 마지막 단계에서 범죄 예방과 사회 통합을 실현하는 데 기여하고 있습니다.

우선, 교정기관은 법원의 판결에 따라 징역, 금고, 벌금 등의 형벌을 집행하며, 수감자의 구금과 관리를 담당합니다. 교정시설 내 수용자의 안전한 수용과 보안 유지가 그 핵심입니다. 또한, 수형자의 교화와 재사회화를 위해 교육, 직업훈련, 심리 상담 등 다양한 프로그램을 제공하고 있습니다. 직업 훈련 운영이나 학력 취득 지원을 통해 수형자가 출소 후 사회에 원활히 적응할 수 있도록 돕습니다.

출소 이후의 사회 복귀 지원도 중요한 영역입니다. 재범 방지를 위해 보호관찰, 취업 알선, 주거 지원 등을 실시하며, 출소자를 대상으로 한 취업 박람회 등 실질적인 자립 지원이 이루어지고 있습니다. 이와 함께 교정시설 내의 안전과 질서를 유지하기 위한 노력도 병행됩니다. 수용자 간 갈등과 폭력을 예방하고자 CCTV 설치와 보안 체계 강화를 통해 사고를 방지하고 있습니다.

무엇보다 중요한 것은 수용자의 기본권을 존중하고 인권 침해를 방지하는 것입니다. 외부 기관과의 협력을 통해 정기적인 인권 점검을 실시하며, 인간다운 처우가 보장될 수 있도록 지속적인 제도 개선이 이루어지고 있습니다.

(3) 스마트 교정과 디지털 혁신

최근 교정 분야에서는 디지털 기술을 활용한 스마트 교정체계가 도입되면서 교정행정의 효율성과 수용자 처우의 질이 크게 향상되고 있습니다. 우선, 스마트 교정시설 구축이 본격화되면서 수용자의 건강과 생활 관리를 디지털 기반으로 전환하고 있습니다. 모바일 수용생활기록부와 순회진료 프로그램이 운영되고 있으며, 2024년부터는 스마트밴드와 레이더 기반의 활력징후 감지 시스템이 도입되어 수용자의 건강 상태를 실시간으로 모니터링할 수 있게 되었습니다.

또한, 비대면 서비스도 강화되고 있습니다. 원격 조사 및 상담 시스템을 통해 교정 업무의 효율성을 높이는 동시에, 코로나19와 같은 비상 상황에서도 안정적인 운영이 가능해졌습니다. 온라인 면회 시스템의 도입으로 수용자와 가족, 법률 대리인 간의 접촉 기회가 확대되었으며, 이는 수형자의 심리적 안정과 권리 보장 측면에서도 긍정적인 변화를 이끌고 있습니다. 이처럼 스마트 교정체계는 수형자의 인권 보호와 재사회화 지원뿐만 아니라, 교정행정의 현대화라는 측면에서도 중요한 전환점이 되고 있습니다.

(4) 회복적 사법과 교정의 변화

최근 교정 단계에서는 회복적 사법 접근 방식의 도입 가능성이 활발히 논의되고 있습니다. 이는 단순히 범죄자를 처벌하는 데 그치지 않고, 피해자와 가해자 간의 대화를 통해 갈등을 해결하고, 피해 복구와 관계 회복을 지향하는 방식입니다. 이러한 회복적 사법은 수형자가 자신의 범죄에 대해 진정으로 책임을 자각하고, 피해자의 입장을 깊이 이해할 수 있도록 돕는 데 목적이 있습니다.

실제 운영되는 피해자-가해자 대화 프로그램은 수형자에게 반성과 책임감을 심어줄 뿐만 아니라, 피해자에게도 자신의 피해 경험을 직접 전달함으로써 치유의 기회를 제공하고 있습니다. 더불어, 피해 복구를 위한 공동체 서비스 제공이 확대되면서 수형자는 사회와의 단절을 줄이고, 보다 원활하게 복귀할 수 있는 기반을 마련하게 됩니다. 이는 곧 재범 방지를 위한 효과적인 예방책으로 작용하고 있습니다.

결국 교정은 단순한 처벌 기능을 넘어, 재범 방지와 사회 통합이라는 중요한 목표를 지향하고 있습니다. 특히 디지털 기술의 도입과 회복적 사법과 같은 새로운 접근 방식은 교정 시스템을 더욱 효율적이고 인간 중심적인 방향으로 이끌고 있습니다. 향후 교정이 인권을 존중하면서도 실질적인 범죄 예방 효과를 갖춘 체계로 발전해 간다면, 이는 궁극적으로 사회 안정화와 국민의 신뢰 확보에 크게 기여할 수 있을 것입니다.

10. 범죄예방정책국: 재범 방지와 사회 안전망 구축의 중심

범죄예방정책국은 대한민국 법무부 소속의 핵심 조직으로, 범죄의 사전 예방과 범법자의 재범 방지, 그리고 원활한 사회 복귀를 체계적으로 지원하는 역할을 수행하고 있습니다. 이 기관은 단순히 범죄 발생 이후의 대응에 그치지 않고, 국민의 안전을 증진하고 건강한 사회 질서를 유지하기 위한 선제적 정책을 수립·운영합니다.

범죄예방정책국은 보호관찰, 소년보호, 치료감호, 사회봉사명령 등 다양한 제도를 통해 범법자의 재사회화와 재범 방지를 도모하며, 동시에 지역사회와의 연계를 강화하여 범죄 없는 사회 구현을 목표로 합니다. 특히 청소년, 정신질환자, 중독자 등 범죄 취약계층에 대한 맞춤형 프로그램을 운영함으로써, 개개인의 회복을 넘어 지역과 사회 전체의 안정과 회복을 추구하는 데 주력하고 있습니다.

향후 범죄예방정책국은 과학적 근거에 기반한 데이터 분석과 정책 설계를 통해, 범죄예방의 실효성을 더욱 높이고 국민의 삶의 질 향상에 기여할 수 있을 것으로 기대됩니다.

표 2-2 범죄예방정책국의 목적

표준화 역할	내용
재범 방지	보호관찰, 사회봉사명령, 수강명령 등을 통해 범법자의 재범 가능성을 낮추고 사회 적응 지원
청소년 비행 예방	소년원 및 청소년 비행 예방 프로그램을 운영하여 청소년의 전인적 성장과 사회 적응력을 강화
사회 복귀 지원	출소자와 소년범의 성공적인 사회 복귀를 지원하여 범죄율 감소에 기여

(1) 주요 정책과 프로그램

범죄예방정책국은 다양한 제도를 통해 범죄의 재발을 막고 사회 안전망을 강화하고 있습니다. 그 주요 활동은 다음과 같이 요약할 수 있습니다.

첫째, 보호관찰 및 전자감독제도를 통해 보호관찰 대상자의 행동을 지속적으로 관리하며, 특히 성범죄자 등 고위험군에 대해서는 위치추적 전자장치를 부착해 실시간 모니터링을 실시함으로써 재범 가능성을 낮추고 있습니다. 이는 범죄자의 사회 복귀를 돕는 동시에 국민의 안전을 확보하는 데 중요한 역할을 합니다.

둘째, 청소년 비행 예방을 위한 다양한 노력이 이루어지고 있습니다. 청소년 비행예방센터를 중심으로 상담, 교육 프로그램, 학교폭력 예방 캠페인을 운영하여 청소년의 문제 행동을 조기에 발견하고 교정할 수 있도록 돕습니다. 이는 장기적으로 건강한 사회 구성원으로의 성장을 유도하는 기초가 됩니다.

셋째, 치료감호소 운영을 통해 정신질환이나 중독 문제로 인해 범죄를 저지른 이들을 전문적으로 치료하고 재활을 지원합니다. 단순한 처벌이 아닌 치료 중심의 접근을 통해 이들의 사회 복귀를 도모하며, 반복적 범죄를 줄이는 데 중점을 두고 있습니다.

이처럼 범죄예방정책국은 법적 처벌을 넘어 사전 예방, 교정, 치료, 재사회화까지 포괄하는 통합적 정책을 운영하며, 국민이 안심하고 살아갈 수 있는 사회 기반을 구축하는 데 중추적인 역할을 하고 있습니다.

11. 청소년 사법시스템: 교화와 재사회화를 위한 법적 체계

청소년 사법시스템(Juvenile Justice System)은 청소년의 범죄 및 비행 행위를 성인의 경우와는 달리 다루기 위해 마련된 법적·제도적 체계입니다. 이 시스템은 청소년이 신체적·정신적으로 아직 성숙되지 않은 상태에 있다는 점을 고려하여, 처벌보다는 교화와 재사회화를 중심으로 운영됩니다. 그 목적은 단순한 응징이 아니라, 재범을 방지하고 사회에 성공적으로 적응하도록 돕는 데에 있습니다.

대한민국에서 청소년 사법시스템은 다음과 같은 법률을 기반으로 작동합니다. 우선 「소년법」은 19세 미만 소년범에 대해 형사처벌 대신 특별한 처우와 보호처분을 규정하고 있습니다. 예를 들어, 보호관찰, 소년원 송치, 사회봉사 명령 등의 제도를 통해 비행 청소년을 교정하고 사회로 복귀시키는 방식을 택하고 있습니다. 또한, 「형법」 제9조에서는 만 14세 미만의 형사미성년자는 형사책임을 지지 않도록 규정하고 있어, 이 연령대의 청소년은 형벌이 아닌 보호 중심의 처분을 받게 됩니다. 이와 더불어 「아동복지법」과 「청소년보호법」은 청소년의 권익을 보호하고, 비행을 사전에 예방하며, 복지와 지원을 강화하는 데 목적을 둡니다. 이러한 법률들은 청소년 사법정책이 단순히 범죄에 대한 대응이 아닌, 청소년의 건강한 성장과 사회적 복귀를 위한 종합적 접근임을 보여줍니다.

이처럼 청소년 사법시스템은 처벌보다는 인간 중심적 접근을 통해 장기적으로 범죄 없는 건강한 사회를 만드는 데 기여하고 있습니다.

표 2-3 청소년 사법시스템의 목적

구분	내용
교화와 재사회화	청소년의 행동을 교정하고, 사회에 적응할 수 있도록 돕는 데 중점
보호와 교육	청소년의 권리를 보호하며, 올바른 가치관과 행동을 배울 수 있도록 교육적 접근
재범 방지	초기 단계에서 문제를 해결하고, 재범 가능성을 줄이는 예방적 역할을 수행

(1) 청소년 사법절차

청소년 사법절차는 성인과는 구분되는 특수한 절차를 따르며, 청소년의 보호와 교화를 중심으로 운영됩니다. 이 과정은 경찰 단계에서부터 검찰, 가정법원 소년부, 그리고 필요한 경우 형사재판까지 단계적으로 이어집니다.

우선 경찰 단계에서는 청소년이 범죄나 비행에 연루된 경우, 경찰이 사건을 접수하고 조사에 착수합니다. 이때 청소년의 특성을 고려하여 부모나 보호자를 동석시켜 조사가 이루어지는 경우가 많습니다. 경미한 사안의 경우에는 경찰 단계에서 훈방이나 선도 프로그램을 통해 종결되기도 하지만, 사안이 중대한 경우 검찰로 송치됩니다.

다음으로 검찰 단계에서는 검사가 사건의 성격과 청소년의 성장 환경, 전과 유무 등을 종합적으로 검토합니다. 이러한 판단을 바탕으로 소년부(가정법원)로 송치할지, 형사재판에 회부할지를 결정합니다. 일반적으로 형사처벌보다는 보호처분을 우선 고려하지만, 중대 범죄의 경우 예외적으로 형사재판 절차로 진행되기도 합니다.

이어지는 소년부 심리는 일반 형사재판과 달리 비공개로 진행되며, 교육과 교화 중심의 보호처분이 목적입니다. 가정법원 소년부 판사는 청소년의 반성 정도, 보호자의 양육 능력, 사회적 환경 등을 고려하여 훈계, 보호관찰, 사회봉사명령, 수강명령, 소년원 송치 등 다양한 보호처분을 내릴 수 있습니다. 이는 처벌보다는 재사회화를 통해 다시 일어설 수 있는 기회를 제공하는 데 중점을 둡니다.

마지막으로, 형사재판은 주로 만 14세 이상의 청소년이 중대한 범죄를 저질렀거나, 성인 공범과 함께 범죄를 저질렀을 경우에 적용됩니다. 이 경우에는 성인과 동일한 절차와 기준에 따라 재판이 진행되며, 필요에 따라 보호처분이 아닌 형벌이 선고될 수도 있습니다.

이처럼 청소년 사법절차는 처벌보다 회복과 재활을 중시하는 구조로 구성되어 있으며, 이를 통해 청소년이 다시 건강한 사회 구성원으로 성장할 수 있도록 지원하고 있습니다.

(2) 보호처분 및 제도

청소년 사건의 처리 과정에서는 보호처분(1 – 10호), 소년원 운영, 학교폭력대책위원회 활동 등이 중요한 역할을 합니다. 이들은 모두 처벌보다는 교화와 재사회화를 목적으로 하며, 청소년이 건전한 사회 구성원으로 성장할 수 있도록 지원합니다.

먼저, 보호처분은 형사처벌 대신 청소년의 환경과 성향을 고려하여 법원이 내리는 조치입니다. 대표적인 유형으로는 보호관찰, 사회봉사명령, 소년원 송치 등이 있습니다. 보호관찰은 일정 기간 동안 보호관찰관의 지도와 상담을 받으며 생활하도록 하는 제도이며, 사회봉사명령은 지역사회에서 일정 시간 동안 봉사

활동을 수행함으로써 공동체 의식을 함양하도록 유도합니다. 소년원 송치는 일정 기간 동안 전문 교정 교육을 받을 수 있도록 소년 교정시설로 보내는 처분으로, 교화와 재활을 중심으로 운영됩니다.

이와 함께, 소년원은 청소년 수형자에게 교육과 상담, 직업훈련 등의 프로그램을 제공하여 사회 복귀를 돕는 기관입니다. 소년원은 단순히 자유를 제한하는 시설이 아니라, 문제 행동을 교정하고 사회 적응력을 높이기 위한 교정교육의 장으로 기능합니다. 이를 통해 청소년은 자신에 대한 성찰과 함께 건전한 자아 정립의 기회를 얻게 됩니다.

또한, 학교폭력과 관련된 사건은 학교폭력대책자치위원회를 통해 먼저 학교 내에서 처리되며, 필요 시 경찰 또는 가정법원 소년부로 이첩되기도 합니다. 이 위원회는 피해자 보호와 가해자 지도라는 두 가지 측면에서 균형 있는 접근을 시도하며, 교내 분쟁을 법적 절차에 앞서 자율적으로 해결할 수 있는 중요한 장치

그림 2-7 소년사건 처리 절차

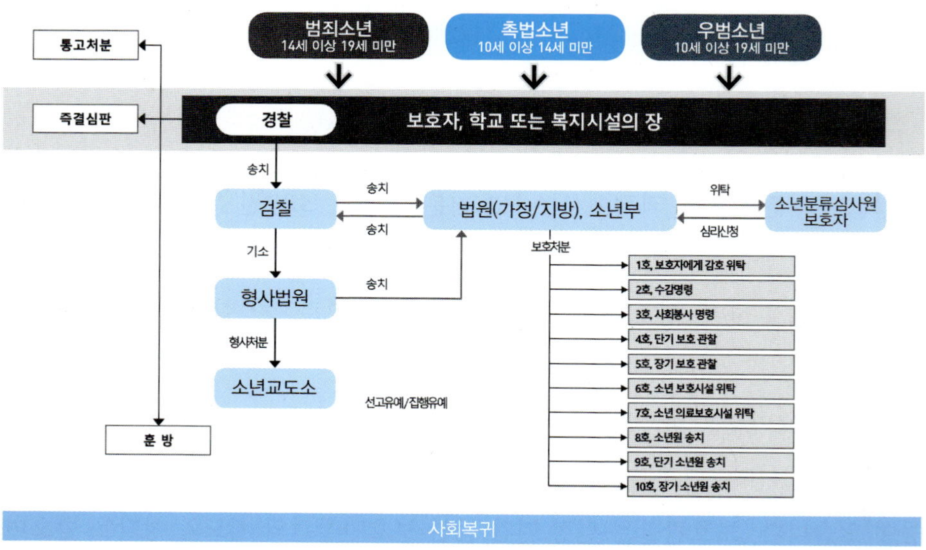

출처: 대한민국 법원 전자민원센터. (2025). 소년사건 처리 절차. https://ecfs.scourt.go.kr

로 작용합니다.

이러한 제도들은 모두 청소년 사법체계가 교화와 회복 중심의 원칙을 실현하는 데 핵심적인 수단으로 기능하고 있으며, 사회 전체의 안전과 미래 세대를 위한 책임 있는 접근을 보여줍니다. 즉, 청소년 사법시스템은 단순히 처벌에 그치는 것이 아니라, 교화와 재사회화를 통해 청소년이 건강한 사회 구성원으로 성장할 수 있도록 돕는 데 중점을 둡니다. 이는 청소년의 특성과 발달 단계에 대한 이해를 바탕으로, 이들이 저지른 잘못에 대해 책임을 지도록 하면서도 미래의 가능성을 잃지 않도록 배려하는 제도적 장치입니다.

특히, 디지털 환경의 변화와 사이버범죄, 온라인 괴롭힘 등 새로운 범죄 유형이 등장함에 따라 청소년 사법제도 역시 지속적인 제도 개선과 혁신적인 접근이 요구되고 있습니다. 다양한 예방 교육과 상담 프로그램, 디지털 환경에 맞춘 대응 체계 구축 등이 그 일환으로 추진되고 있습니다.

앞으로도 청소년 사법시스템은 변화하는 사회 환경 속에서 청소년의 권익을 보호하고, 재범을 예방하며, 이들이 다시 사회로 돌아가 안정적으로 정착할 수 있도록 지원하는 역할을 충실히 수행해 나갈 것입니다. 이를 통해 청소년의 미래를 밝히고, 안전하고 조화로운 사회를 만드는 데 크게 기여할 것으로 기대됩니다.

PART 02

범죄학 이론

CHAPTER

03 범죄학의 기초

1. 범죄학

(1) 범죄에 대한 오해(Myths of Crime)

범죄는 우리 사회에서 지속적으로 논의되는 중요한 주제입니다. 그러나 대중이 범죄를 인식하는 방식은 종종 영화나 드라마 같은 미디어 콘텐츠에 의해 왜곡되곤 합니다. 실제보다 훨씬 자극적이고 극적인 방식으로 묘사되는 경우가 많기 때문입니다. 예를 들어, 미디어 속에서는 치밀한 계획을 세우는 천재적인 연쇄살인범이 자주 등장하지만, 현실에서는 이와 달리 심리적 문제나 충동적인 동기에 의해 범행이 이뤄지는 경우가 대부분입니다.

또한, 드라마에서는 경찰이 직감으로 사건을 해결하는 장면이 자주 등장하지만, 실제 수사 과정은 반복적이고 체계적인 조사, 증거 분석, 과학적 방법론에 기반하여 진행됩니다. 이러한 미디어의 극적인 연출은 흥미를 유발하는 데에는 효과적일 수 있으나, 현실의 범죄 양상이나 수사 과정을 과장하거나 왜곡할 가능성이 있습니다.

더욱이 뉴스 보도를 통해 알려지는 유영철 사건과 같은 연쇄살인 사례는 극단적인 예외에 해당하며, 전체 범죄 사건 중 극히 일부에 불과합니다. 예컨대, 미국 연방수사국(FBI)의 2023년 범죄통계(Uniform Crime Reports)에 따르면, 연쇄살인은 전체 살인사건의 약 1% 수준에 불과합니다. 이러한 점을 고려할 때, 범죄에 대한 이해는 미디어의 자극적인 이미지를 넘어, 실제 통계와 과학적 분석에 기반하여 접근해야 할 필요가 있습니다.

특히, 범죄를 올바르게 이해하고 효과적으로 예방하기 위해서는 과장되거나 편향된 정보에 휘둘리지 않고, 통계와 데이터를 바탕으로 현실을 비판적으로 바라보는 태도가 중요하며, 동시에 처벌 강화에만 의존하기보다는 교육, 복지, 지역사회 참여 등 다양한 측면에서의 통합적 접근이 필요합니다.

(2) 범죄학의 정의 및 연구영역

범죄학(Criminology)은 범죄의 원인, 유형, 예방, 그리고 형사사법체계 전반을 과학적으로 탐구하는 학문입니다. 사회학, 심리학, 법학, 경찰행정학 등 다양한 분야의 접근이 융합되는 학제적 성격을 가지며, 특히 미국에서는 사회학적 배경을 가진 학자들이 중심이 되어 범죄학의 발전을 이끌어 왔습니다.

미국의 대표적인 범죄학자 서덜랜드(Edwin Sutherland)는 범죄학을 '사회 내에서 발생하는 범죄 현상에 대응하기 위해 형법이 제정되고, 그 법규 위반의 원인을 과학적으로 설명하는 학문'이라고 정의하였습니다. 또 다른 범죄학자 에이커스(Ronald Akers)는 범죄학의 연구 분야를 크게 세 가지로 나누었습니다. 첫째는 법의 제정과 집행 과정을 연구하는 분야, 둘째는 범죄의 원인을 연구하는 분야, 셋째는 범죄에 대한 대책을 연구하는 분야입니다. 이 중 '범죄의 원인을 과학적으로 분석하는 분야'가 좁은 의미의 범죄학에 해당한다고 설명합니다.

따라서 범죄학은 단순히 범인을 검거하는 것에 그치는 학문이 아닙니다. 현대 사회의 다양한 범죄 현상을 정확히 파악하고, 범죄 발생원인과 범죄자의 특성, 피해자의 상황, 예방과 대응 전략 등을 종합적으로 학습하여, 사회를 보다 안전하고 정의롭게 만드는 데 기여하는 것을 목표로 합니다. 이는 결국 실효성 있는 범죄예방 대책과 사후 대응 방안을 모색하는 데 있어 중요한 학문적 토대를 제공합니다.

범죄학의 연구영역은 크게 범죄 일반론, 범죄 원인론, 범죄 현상론, 그리고 범죄대책론으로 구분할 수 있습니다.

먼저, 범죄 일반론은 범죄의 정의, 본질, 특성, 그리고 유형 분류에 초점을 둡니다. 범죄는 법에 의해 금지된 행위로, 이를 위반하면 형벌이 부과됩니다. 뒤르켐(Émile Durkheim)은 범죄를 모든 사회에 존재하는 자연스러운 현상으로 보고, 이는 사회 규범의 변화와 긴밀히 연결된다고 주장하였으며, 블랙(Donald Black)은 범죄를 사회적 통제와 관련된 법규범 위반 행위로 보았습니다.

범죄 원인론은 개인이 범죄를 저지르는 이유를 생물학적, 심리학적, 사회학적 관점에서 설명합니다. 생물학적 접근은 특정 유전자나 신체적 특성이 범죄 성향과 관련이 있음을 강조하며, 롬브로소(Cesare Lombroso)는 '생래적 범죄인(born criminals)' 이론을 통해 이러한 관점을 제시했습니다. 심리학적 관점에서는 무의식적 욕구나 성격 장애, 반사회적 인격장애(Anti-Social Personality Disorder) 등이 범행의 동기로 작용할 수 있다고 보고, 프로이트(Sigmund Freud)는 무의식이 인간 행동에 영향을 미친다고 주장했습니다. 사회학적 관점은 개인을 둘러싼 사회 구조나 환경에 주목하며, 머튼(Robert Merton)은 아노미 이론을 통해 사회적 목표와 이를 달성할 수단 사이의 불일치가 일탈 행동을 유발한다고 보았고, 서덜랜드는 범죄가 사회적 학습을 통해 이루어진다고 주장했습니다.

범죄 현상론은 특정 시점과 장소에서 나타나는 범죄의 양상과 패턴을 분석합니다. 최근에는 강력범죄가 줄어드는 대신 사이버범죄나 사이버 사기 등이 증가하는 추세이며, 이는 경찰의 2023년 범죄통계에서도 확인됩니다. 또한, 환경설계를 통한 범죄예방(Crime Prevention Through Environmental Design; CPTED)에 따르면 가로등 설치, CCTV 확대 등 물리적 환경 변화가 범죄 발생을 억제하는 데 효과적이라는 점을 강조합니다.

범죄자에 대한 연구는 그들의 심리적, 사회적 특성을 이해하고 재범을 예방하는 데 초점을 둡니다. 재범률을 낮추기 위해 보호관찰, 직업훈련, 복지지원 등 다양한 재활 프로그램이 운영되고 있습니다. 마지막으로, 범죄 피해자에 대한 연구는 피해자가 입은 신체적, 심리적, 경제적 손실을 분석하고, 이들의 회복을 지원하는 방안을 모색합니다. 멘델존(Benjamin Mendelsohn)은 피해자의 특성과 사건에서의 역할을 구분하는 '피해자 유형화' 개념을 제시했으며, 최근에는 회복적 사법을 통해 가해자와 피해자 간의 대화를 통한 범죄피해 회복과 사회적 치유를 추구하는 노력이 강조되고 있습니다.

이처럼 범죄학은 범죄 발생의 원인을 규명하고, 그에 대한 대응과 예방, 그리고 피해자의 회복까지 포괄적으로 다루는 종합적인 학문 분야입니다.

(3) 범죄학 vs. 범죄심리학

범죄심리학(Criminal Psychology)은 범죄자의 심리적 특성과 행동 패턴을 과학적으로 분석하여 범행 동기를 규명하고, 형사사법 체계 내 수사, 재판, 교정, 재활 등 다양한 분야에 실질적인 도움을 제공하는 응용심리학의 한 분야입니다. 이 학문은 범죄를 단순한 법적 위반이 아닌 인간의 심리와 행동이라는 측면에서 접근함으로써, 범죄예방과 재범 방지에 기여하고자 합니다. 학술적으로는 바톨과 바톨(Curt Bartol & Anne Bartol)이 "범죄행동과 관련된 심리적 요인을 연구하는 응용심리학의 한 분야"로 정의하였으며, 홀린(Clive Hollin)은 "범죄자의 심리적 특성과 행동을 분석하여 형사사법 체계에서 실질적인 도움을 제공하는 학문"이라고 설명합니다.

따라서 다수의 범죄학자는 범죄심리학을 범죄원인론 중에서도 심리학적 원인론에 해당하는 분야로 분류하며, 범죄학 내 협의적 개념으로 이해하는 경향이 강합니다. 즉, 범죄심리학은 범죄 발생의 심리적 동기를 설명하고, 개인의 성격 특성이나 정신적 요인을 중심으로 범죄 원인을 분석하는 이론적·실천적 기반을 제

표 3-1 범죄심리학 관련 분야 및 용어 정리

분야	주요 초점	역할 및 관계
Forensic Psychology	법률 체계 내 인간 행동	법정에서 정신 감정 및 증언 신뢰성 평가; 형사 책임 여부 판단
Investigative Psychology	수사를 위한 범죄자 행동 분석	프로파일링 및 수사 기법 개발; Forensic Psychology와 협력하여 수사 지원
Psychology of Criminal Conduct	개인 및 환경 요인의 상호작용	재범 방지와 교정 프로그램 설계; Criminal Psychology와 밀접하게 연결됨
Psychological Causes of Crimes	범행 동기의 내재된 심리 요인	ASPD나 충동성 같은 개인 요인을 집중적으로 탐구; Criminal Psychology에 기초 제공
Criminal Psychology	전반적인 범죄자 심리 연구	위 모든 분야를 통합적으로 연결하며 실질적인 예방 및 교정 전략 마련

공한다고 봅니다.

〈표 3 - 1〉의 다섯 가지 분야는 서로 보완적인 관계를 가지며, 각각 고유한 초점과 역할로 형사사법 체계를 지원합니다.

주요 연구영역으로는 첫째, 범죄 동기와 심리적 원인에 대한 분석이 있습니다. 프로이트는 무의식적 욕망과 억압된 감정이 인간의 행동에 깊은 영향을 미친다고 주장하였고, 아이젠크(Hans Eysenck)는 성격 요인이 환경과 상호작용하여 범죄 성향을 형성할 수 있음을 설명했습니다.

둘째, 범죄자의 성격 특성 및 심리적 경향성을 연구합니다. 클렉클리(Hervey Cleckley)는 반사회적 인격장애와 폭력적 행동의 관련성을 지적하였고, 헤어(Robert Hare)는 사이코패스 성향을 측정하는 PCL-R(사이코패스 체크리스트)을 개발하여 범죄자의 위험도 평가에 실질적인 기여를 하였습니다.

셋째, 법심리학 영역에서는 증언의 신뢰성과 피고인의 법적 책임능력을 평가합니다. 로프터스와 팔머(Elizabeth Laftus & John Palmer)는 목격자의 기억이 왜곡될 수 있음을 실험적으로 입증하며, 진술의 정확성과 관련된 논의를 이끌었습니다.

넷째, 교정 및 재활 프로그램의 개발도 중요한 분야입니다. 앤드루스와 본타(Donald Andrews & James Bonta)는 '위험 – 욕구 – 반응성(Risk-Need-Responsivity)' 모델을 통해 수형자의 재범 위험성과 개입 전략을 체계적으로 제안했으며, 월터스(Sven Walter)는 인지왜곡이 재범과 연결될 수 있음을 밝히고 이를 교정하기 위한 치료 기법을 개발했습니다.

다섯째, 수사 현장에서는 범죄자 프로파일링이 활용됩니다. 더글러스와 레슬러(John Douglas & Robert Ressler)는 FBI 행동과학부(Behavioral Science Unit)에서 연쇄살인 사건을 분석하고 범인의 심리적 특징을 바탕으로 용의자를 특정하는 프로파일링 기법을 발전시켰습니다.

마지막으로, 피해자의 심리와 회복 지원도 중요한 연구영역입니다. 범죄 피해자는 종종 외상 후 스트레스 장애(PTSD)를 겪게 되며, 이를 완화하고 심리적 회복을 돕기 위한 전문적 개입이 필요합니다.

CHAPTER

04 고전주의 범죄학

1. 등장배경

(1) 초자연적 범죄관

초자연적(supernatural) 범죄관은 범죄의 원인을 인간의 의지나 사회적·심리적 요인보다는, 신적 존재나 악령, 운명, 혹은 초월적 힘과 같은 초자연적 영향에 의해 발생하는 것으로 설명하는 관점입니다. 이 관점은 고대 사회나 종교 중심의 세계관에서 널리 통용되었으며, 범죄를 단순한 법적 위반이 아닌 신의 뜻에 반하는 행위, 혹은 사악한 영적 존재에 의한 조종으로 간주했습니다.

비록 현대 범죄학에서는 과학적 접근이 주류를 이루고 있지만, 초자연적 범죄관은 범죄학 초기 단계에서 중요한 사상적 기반을 제공했으며, 일부 문화권이나 종교적 공동체 내에서는 여전히 범죄 원인에 대한 설명으로 영향을 미치고 있습니다. 이러한 시각은 범죄에 대한 책임을 개인에게만 국한하지 않고, 외부 초월적 요소와 연결 짓는 특징을 가지며, 사회 규범과 도덕적 가치체계 형성에 일정 부분 기여해 왔습니다.

① 기본 개념

초자연적 범죄관은 범죄를 인간의 합리적인 선택이나 사회적 환경의 결과로 보지 않고, 신, 악령, 사탄 등 초자연적 존재의 개입이나 초월적 힘의 작용으로 인해 발생하는 현상으로 이해합니다. 이 관점에서는 범죄 행위에 대한 책임이 개인 내부가 아닌 외부의 초자연적 요인으로 전가되며, 범죄자는 자신의 행위를 스스로의 의지로 통제하지 못했다고 주장하는 경우가 많습니다. 따라서 범죄 원인을 규명하고 해결하기 위해서는 사회 구조나 심리적 요인이 아닌, 종교적·신학적 원리와 초자연적 현상에 대한 해석이 필요하다고 봅니다.

② 역사적 배경과 발전

고대 사회에서는 범죄를 단순한 사회 규범의 위반이 아닌, 신성한 질서를 훼손하는 행위로 인식하였습니다. 고대 메소포타미아와 이집트에서는 범죄가 신들의 분노를 유발하며, 자연재해나 질병과 같은 불행이 그에 대한 신의 징벌로 여겨졌습니다. 이러한 인식은 함무라비 법전(기원전 1754년경)과 같은 고대 법률 문서에서도 확인되며, 신성모독과 같은 죄는 신들의 분노를 달래기 위한 처벌의 대상이 되었습니다.

중세 유럽에서는 기독교 세계관이 범죄 해석에 절대적인 영향을 미쳤으며, 범죄는 악마나 사탄의 유혹에 굴복한 결과로 간주되었습니다. 대표적으로 마녀사냥은 범죄와 초자연적 존재를 연결 지은 극단적인 사례로, 마녀와 악마가 인간의 범죄행위를 조종한다는 믿음을 정당화하며 수많은 인명을 희생시켰습니다.

현대에 이르러 과학적 사고와 합리주의가 보편화되었음에도 불구하고, 일부 문화권에서는 여전히 범죄의 원인을 초자연적 존재나 영적 요소로 설명하는 관념이 존재합니다. 예를 들어, 일부 아프리카 지역에서는 범죄를 주술이나 조상의 저주에 의한 결과로 해석하며, 이를 해결하기 위해 영적 의례나 주술적 대응이 병행되기도 합니다. 이러한 현상은 범죄에 대한 문화적 해석이 시대와 지역에 따라 다르게 작동함을 보여줍니다.

(2) 정신적·신학적 입장

초자연적 범죄관은 범죄를 인간의 자유의지나 사회적·물질적 조건에서 비롯된 결과로 보기보다는, 영적·신학적 영역에서 발생하는 현상으로 해석하는 관점입니다. 이 관점은 크게 정신적 접근과 신학적 접근으로 나눌 수 있습니다. 정신적 접근에서는 범죄 행위를 악령이나 사악한 영혼의 영향으로 설명하며, '악마

들림(demonic possession)'과 같은 현상은 종종 폭력적이거나 비이성적인 행동의 원인으로 간주되었습니다. 이러한 설명은 인간의 책임을 외부 영적 존재로 전가하며, 범죄를 초자연적 개입의 결과로 보는 경향이 있습니다.

신학적 접근에서는 범죄를 신의 뜻이나 신성한 법률에 대한 위반으로 해석합니다. 예컨대, 유대 - 기독교 전통에서는 살인, 도둑질, 간음 등의 행위를 단순한 사회적 범죄가 아닌 '하나님의 율법'을 어긴 죄(sin)로 간주하였습니다. 실제로 「출애굽기」 20장에 명시된 십계명은 고대 이스라엘 공동체에서 신성한 규범의 위반이 공동체 전체에 재앙을 불러올 수 있다는 신념을 반영합니다. 이처럼 초자연적 범죄관은 범죄의 원인을 인간 내부가 아닌 외부의 신적 또는 영적 존재에 두고, 처벌이나 회복 역시 물리적 제재보다는 속죄, 기도, 제사와 같은 종교적 절차를 통해 수행하는 특징을 가집니다.

① 현대 학문과의 연결

현대 범죄학에서는 초자연적 범죄관을 이론적으로 직접 채택하지 않지만, 그 영향은 일부 심리학 및 사회학 연구에서 간접적이고 문화적인 요소로 여전히 반영되고 있습니다. 예를 들어, 과거에는 '악마 들림'으로 간주되던 폭력적이거나 비이성적인 행동이 오늘날에는 조현병, 해리성 정체감 장애(DID) 등과 같은 정신질환의 증상으로 해석됩니다. 이러한 변화는 범죄 원인에 대한 이해가 신적 개입에서 과학적·의학적 설명으로 전환되었음을 보여주는 대표적 사례입니다. 그러나 현대 학문은 초자연적 관점을 단순히 배제하기보다는, 문화적·종교적 신념체계 속에서 인간 행동을 해석하는 하나의 요소로 통합하여 분석하려는 경향을 보입니다. 이는 범죄를 이해하는 데 있어 단일한 시각이 아닌, 심리학, 사회학, 인류학, 종교학 등 다양한 학제 간 융합 접근의 중요성을 강조하는 흐름과 맞닿아 있습니다.

2. 억제이론: 베카리아와 벤담의 철학적 유산

범죄학의 역사적 기원은 인간 행동과 사회 질서에 대한 철학적 질문에서 출발합니다. 특히 18세기 계몽주의 시대에 등장한 고전주의 범죄학(Classical Criminology)은 범죄와 처벌을 이해하는 데 있어 인간의 합리성과 자유의지(free will)를 핵심 원리로 삼았습니다. 계몽사상은 인간이 이성적 존재이며, 사회는 인간의 합리적 선택에 기반해 구성된다는 믿음을 바탕으로 합니다. 이러한 사상은 사회계약론의 영향을 받아, 국가 권력은 시민의 자유와 권리를 보호하기 위해 존재하며, 형벌 또한 정당성과 합리성을 가져야 한다는 인식을 확산시켰습니다.

고전주의 이론은 모든 인간이 쾌락을 추구하고 고통을 회피하려는 경향이 있으며, 범죄는 그러한 계산에 따라 이루어지는 합리적 선택의 결과라고 보았습니다. 이에 따라 형벌은 범죄에 대한 억제력을 가져야 하며, 신속하고 확실하며 비례적인 처벌이 범죄를 예방하는 데 가장 효과적이라는 억제이론(deterrence theory)의 토대가 되었습니다.

고전주의 범죄학의 대표적 사상가로는 체사레 베카리아(Cesare Beccaria)와 제레미 벤담(Jeremy Bentham)이 있습니다.

(1) 체사레 베카리아: 합리적 처벌의 선구자

이탈리아 계몽주의 사상가 체사레 베카리아는 1764년에 발표한 저서 「범죄와 형벌(On Crimes and Punishments)」을 통해 형벌의 목적과 형사사법제도의 정당성에 대한 근본적인 전환을 제안하였습니다. 당시 고문과 공개 처형이 만연했던 유럽 사회에서 그는 인간의 이성에 기반한 합리적이고 공정한 형벌 체계의 필요성을 역설하였습니다.

베카리아는 인간을 자유의지를 가진 합리적 존재로 보았으며, 이러한 전제 아래 그는 형벌이 범죄의 억제에 목적이 있어야 하며, 그 억제력을 극대화하기 위해서는 확실성(certainty), 신속성(swiftness), 적정성(proportionality or severity)을 갖추어야 한다고 강조하였습니다. 즉, 형벌이 반드시 집행될 것이라는 확신(확실성), 범죄 직후 빠르게 형벌이 부과되는 체계(신속성), 그리고 범죄의 중대성에 비례하는 형벌(적정성)이 갖춰질 때만이 범죄예방 효과가 실질적으로 나타날 수 있다는 것입니다.

또한, 그는 범죄의 본질을 '사회적 해악'으로 보았으며, 법은 인간의 모든 악행을 일률적으로 처벌하는 도구가 아니라, 사회적 해악을 통제하는 수단으로 기능해야 한다고 주장하였습니다. 이에 따라 형벌은 과도하게 가혹한 수준이기보다는, 범죄로 인해 야기된 해악에 상응하는 정도일 때에만 정당화될 수 있으며, 사법제도의 중심은 응보가 아닌 예방에 두어야 한다는 고전학파적 입장을 확립하였습니다.

아울러 그는 법률이 국민의 일반 의지에 따라 제정된 사회계약의 산물이라는 관점에서, 오직 입법권에 의해서만 형벌이 규정되어야 한다고 주장하였습니다. 이는 자의적 판결이나 귀족 계층에 유리하게 작동하던 당시의 불공정한 형사제도를 비판하며, 죄형법정주의, 고문의 폐지, 사형제 반대 등 일련의 형사사법 개혁론을 이끌어내는 사상적 기반이 되었습니다.

특히 그는 사형에 대해 강한 반대입장을 견지하였습니다. 국가는 인간의 생명을 박탈할 권리를 갖지 않으며, 사형은 오히려 잔혹할 뿐만 아니라 범죄 억제에도 비효율적이라는 것입니다. 대신 그는 자유형(自由刑)이나 장기 노동형과 같은 지속적이고 반복적인 처벌이 범죄자에게 더 큰 심리적 경각심을 주며, 사회 전체에 미치는 억제 효과 또한 크다고 보았습니다.

(2) 제레미 벤담: 공리주의

계몽주의 사상가 제레미 벤담(Jeremy Bentham)은 공리주의 철학자이자 법률가로서, 체사레 베카리아의 「범죄와 형벌」에서 제시된 형벌관을 한층 더 이론적으로 발전시켰습니다. 그는 저서 「도덕과 입법의 원리 서설(An Introduction to the Principles of Morals and Legislation)」에서 법률과 형벌의 철학적 정당성을 공리주의(utilitarianism)

원칙에 근거하여 체계화하였으며, 범죄와 처벌을 이해하는 데 중요한 이론적 토대를 마련하였습니다.

벤담은 인간을 쾌락을 추구하고 고통을 회피하려는 합리적 존재로 전제하고, 범죄 억제의 효과는 이러한 쾌락-고통의 계산(logic of pleasure and pain)에 따라 설명되어야 한다고 보았습니다. 그는 처벌이 궁극적으로 범죄예방을 위한 수단이어야 한다고 보았고, 이를 기반으로 억제이론을 정교하게 체계화하였습니다. 그의 관점에 따르면, 형벌은 범죄행위를 완전히 예방하거나, 불가피하다면 더 경미한 범죄로 유도하거나, 사회적 비용을 최소화하면서 범죄를 통제할 수 있어야 그 정당성이 확보된다고 보았습니다.

이러한 억제 중심의 형벌 철학은 벤담의 '판옵티콘(Panopticon)' 개념에서도 구체화됩니다. 그는 감시자가 중앙에서 수감자 전원을 한눈에 관찰할 수 있도록 설계된 원형 교도소 모델을 제안하며, 수감자들이 언제든지 감시당할 수 있다는 인식만으로도 스스로 규율을 지키게 된다고 주장하였습니다. 이는 물리적 강제력 없이 심리적 통제를 통해 범죄를 억제할 수 있다는 점에서, 현대 감시체계(CCTV 등)의 철학적 기초로도 평가받고 있습니다.

(3) 억제이론

베카리아와 벤담의 고전주의 범죄학은 현대 형사사법 체계와 형사정책 설계에 깊은 영향을 끼쳤습니다. 이들은 인간을 자유의지를 가진 합리적 존재로 전제하고, 공리주의 원칙에 입각하여 법률과 형벌 체계를 이성적·합목적적으로 재구성하였습니다. 특히 "억제(deterrence)" 개념을 중심으로 범죄 예방의 철학적·실천적 기반을 마련하였으며, 이는 형벌의 정당성과 효과를 평가하는 핵심 지표로 작용하고 있습니다.

억제이론에 따르면, 범죄자는 범행으로부터 얻을 수 있는 이익과 처벌로 인한 고통을 합리적으로 계산한 후 법을 위반할지를 결정합니다. 즉, 범죄로 얻는 쾌락보다 처벌로 인한 고통이 더 크다고 인식되면, 범죄자는 법을 준수하게 됩니다. 이러한 억제 효과는 처벌의 확실성(certainty), 신속성(celerity), 엄격성(severity)이라는 세 가지 핵심 원리에 기반하며, 잠재적 범죄자는 과거 자신의 처벌 경험, 주변의 처벌 사례, 법률에 명시된 제재 수준 등을 종합적으로 고려하여 의사결정을 하게 됩니다. 따라서 근대 형법과 형사사법기관의 주요 목적은 이러한 억제 원리에 기반하여 범죄를 사전에 차단하고, 법질서를 유지하는 데 있었습니다.

현대 억제이론은 범죄예방 효과를 극대화하기 위해 세 가지 핵심 조건을 충족해야 한다고 설명합니다.

첫째, 확실성입니다. 범죄자가 반드시 처벌받는다는 확신이 있어야 하며, 처벌의 강도보다 처벌이 실제로 이루어진다는 확실성이 더 큰 억제 효과를 가져온다고 봅니다.

둘째, 신속성입니다. 처벌은 범죄와 시간적으로 밀접하게 연결되어야 하며, 빠르게 집행될수록 그 효과가 커진다고 설명합니다. 반면, 시간이 지체될수록 처벌의 경고 효과는 약화됩니다.

셋째, 엄격성입니다. 처벌은 범죄로 얻는 이익보다 커야 하지만, 지나치게 가혹해서는 안 됩니다. 벤담은 "최소한의 고통으로 최대한의 효과를 내는 것이 이상적인 처벌"이라고 보았으며, 이는 처벌의 정당성과 효율성을 동시에 확보하기 위한 원칙이라 할 수 있습니다.

경험적 연구에 따르면, 다른 조건이 동일하다면 처벌의 엄격성이 증가할수록 범죄행위는 감소하는 경향이 있습니다. 그러나 단순한 처벌 강도보다는 확실성과 신속성이 더 중요한 억제 요인으로 작용한다는 연구 결과들이 제시되고 있습니다. 예를 들어, 네긴(Daniel Nagin)은 처벌의 확실성이 범죄율 감소에 가장 핵심적인 요소임을 실증적으로 입증하였고, 셔먼(Lawrence Sherman)은 신속한 처벌이 범죄자에게 더 강력한 교훈을 제공한다고 분석하였습니다. 반면, 톤리(Michael Tonry)는 처벌이 지나치게 가혹할 경우 오히려 사회적 반발을 초래하고, 재범 가능성을 높일 수 있다고 지적하였습니다. 이러한 결과는 처벌의 억제 효과를 높이기 위해서는 단순한 강도가 아닌 형벌의 균형성과 실행 가능성이 중요하다는 점을 시사합니다.

① 억제의 유형

억제(Deterrence)는 범죄를 사전에 방지하기 위한 핵심 개념으로, 일반억제(General Deterrence)와 특별억제(Specific Deterrence)로 구분됩니다.

일반억제는 특정 범죄자에 대한 처벌이 사회 전체에 경고 신호로 작용하여, 다른 사람들이 유사한 범죄를 저지르지 않도록 억제하는 효과를 의미합니다. 이는 처벌의 위협을 통해 잠재적 범죄자들이 범죄의 대가를 인식하고, 법을 위반하지 않도록 행동을 통제하게 만드는 메커니즘입니다. 예를 들어, 교통법규 위반 시 부과되는 과태료는 운전자들에게 법규 준수의 중요성을 인식시켜 일반억제 효과를 유도하는 대표적인 사례입니다.

특별억제는 이미 범죄를 저지른 개인에게 처벌을 가함으로써, 동일한 범죄의 재발을 방지하는 데 목적이 있습니다. 특별억제의 한 형태인 무력화(incapacitation)는 범죄자를 교정시설에 수용함으로써 사회로부터 물리적으로 격리시켜, 범죄 기회를 차단하고 범죄율을 감소시키는 효과를 기대할 수 있습니다. 또한, 처벌 경험은 범죄자에게 그에 따른 불이익을 체감하게 하여, 향후 범죄행위를 자제하도록 유도합니다. 이와 함께, 교정 및 재활 프로그램, 보호관찰, 심리치료 등은 특별억제를 실현하는 주요 제도적 수단으로, 범죄자의 사회 복귀를 지원하고 재범률을 낮추는 데 실질적인 기여를 하고 있습니다.

이와 더불어, 절대적 억제(Absolute Deterrence)와 한계적 억제(Marginal Deterrence)의 개념 또한 억제이론에서 중요한 요소로 간주됩니다. 절대적 억제는 범죄자가 법적 제재에 대한 두려움 때문에 범죄를 전혀 시도하지 않는 경우를 의미합니다. 즉, 범죄를 처벌하는 제도 또는 법 집행 체계가 존재한다는 사실만으로도 범죄 발생을 일정 부분 억제할 수 있다는 개념입니다. 이러한 억제는 처벌 체계 자체의 존재가 범죄예방 효과를 갖는다는 점에서 '순수 억제 효과'로 이해됩니다. 반면, 한계적 억제는 처벌의 존재로 인해 범죄가 완전히 억제되지는 않더라도, 범죄자가 처벌 수위에 따라 더 경미한 범죄를 선택하도록 유도하는 효과를 말합니다. 예를 들어, 처벌이 더 무거운 범죄 대신 상대적으로 낮은 처벌이 예상되는 범행을 선택하는 경우가 해당됩니다. 이처럼 한계적 억제는 범죄행위의 빈도나 강도를 줄이는 방향으로 작용합니다.

② 억제이론에 대한 평가

이처럼 억제이론은 범죄예방정책의 이론적 기초를 제공하며, 처벌의 목적과 효과를 설명하는 중요한 틀로 작용하고 있습니다. 그러나 이 이론에는 몇 가지 한계점도 존재합니다.

첫째, 범죄자의 합리적 판단 전제를 과도하게 일반화하고 있다는 점입니다. 억제이론은 범죄자가 처벌의 고통과 범죄로 인한 이익을 계산하여 행동한다고 전제하지만, 실제로 많은 범죄는 충동적이거나 감정적 상태에서 발생하며, 사전적 판단 없이 이루어지는 경우가 적지 않습니다. 다시 말해, 범죄의 유형에 따라 억제 효과의 차이가 발생할 수 있다는 점을 간과하고 있다는 비판이 제기됩니다.

둘째, 처벌의 확실성과 신속성 확보가 현실적으로 어렵다는 점입니다. 억제이론이 강조하는 '확실한 처벌'은 높은 수준의 법 집행력과 효율성을 전제로 하지만, 실제로는 수사 실패, 사법적 오류, 집행의 지연, 사회적 편견 등 다양한 요인으로 인해 처벌의 확실성과 신속성이 저해되는 경우가 많습니다. 이러한 상황은 억제 효과를 현저히 감소시킬 수 있습니다.

셋째, 처벌의 강도를 지나치게 강조할 경우 발생할 수 있는 인권 침해 및 사회적 부작용의 가능성입니다. 지나치게 가혹한 형벌은 범죄자에게 낙인을 고착시키고, 사회 복귀를 어렵게 만들어 오히려 재범 가능성을 높일 수 있습니다. 실제로 일부 연구는 가혹한 처벌이 범죄 예방보다 사회적 반발을 야기할 수 있음을 지적하고 있습니다.

넷째, 사회구조적 요인에 대한 고려가 부족하다는 점입니다. 억제이론은 개인의 자율적 선택과 합리적 판단에 중점을 두는 반면, 빈곤, 교육 수준, 가정환경,

지역사회 자원 등 범죄 발생에 영향을 미치는 구조적·환경적 요인들을 충분히 반영하지 못합니다. 이러한 점에서 억제이론만으로는 범죄의 복합적 원인을 충분히 설명하거나 효과적으로 예방하기 어렵다는 한계가 있습니다.

이러한 한계들로 인해 현대의 범죄예방정책은 억제이론에만 의존하기보다는 사회적 예방, 교육 및 복지 강화, 재활 프로그램, 환경설계를 통한 범죄예방(CPTED) 등 다양한 접근을 통합적으로 고려하는 방향으로 진화하고 있습니다. 억제이론은 여전히 형사정책의 핵심적 이론으로 기능하지만, 보다 종합적이고 균형 잡힌 범죄예방 전략이 요구되는 시대적 흐름 속에서 보완적 접근이 필수적이라 할 수 있습니다.

3. 신고전주의 범죄학

1970년대 중반부터 미국을 중심으로 고전주의 범죄학이 다시 주목받기 시작하였습니다. 이는 기존 실증주의 범죄학이 개인의 책임을 소홀히 하고, 범죄의 원인을 오로지 외부 요인에만 치중한다는 비판에서 비롯되었습니다. 실증주의 범죄학은 범죄를 생물학적, 심리학적, 사회적 요인으로 설명하고, 교화와 치료 중심의 접근을 강조해 왔습니다. 그러나 이러한 방식은 범죄자의 자유의지와 합리적 선택을 간과한다는 문제점을 안고 있었습니다. 특히, 1960년대 이후 미국 내에서 범죄율이 급격히 증가하자, 언론은 범죄자를 통제 불가능하고 위험한 존재로 묘사하였고, 학계와 정책결정자들 사이에서는 사회구조 개선보다는 엄중한 처벌을 통해 범죄를 억제해야 한다는 주장이 힘을 얻기 시작하였습니다. 이에 따라 고전주의 범죄학의 이론들이 재조명되며 새로운 해석과 방향으로 이어지게 됩니다.

신고전주의 범죄학은 인간의 자유의지와 합리성을 전제로 하여, 범죄를 개인의 선택으로 이해하는 고전주의의 기조를 유지하면서도, 현대 사회의 다양하고 복잡한 요인들을 함께 고려하는 방향으로 발전하였습니다. 신고전주의 범죄학은 다음과 같은 기본 원칙에 기반하고 있습니다.

첫째, 인간은 자신의 행동을 스스로 선택할 수 있는 자유의지를 가진 존재이며, 행동의 결과를 예측하고 계산하여 결정을 내리는 합리적인 존재로 전제합니다. 둘째, 처벌은 단순한 응보가 아니라 범죄 억제와 예방을 위한 수단으로 기능해야 하며, 공정하고 적정한 수준에서 이루어져야 한다고 봅니다. 셋째, 범죄자의 책임을 묻되, 그 과정에서 개인이 처한 사회적 환경, 범행의 동기, 책임능력 등 다양한 특수성을 함께 고려해야 한다는 점을 강조합니다.

신고전주의 범죄학은 인간의 합리성과 자유의지를 인정하는 고전주의의 핵심 원칙을 계승하면서도, 현대 사회의 복잡한 환경과 개인의 특수성을 고려하여 범죄행위의 원인을 보다 정교하게 설명하고자 합니다. 이를 통해 범죄예방 전략과 형사정책 수립에 실질적인 이론적 기반을 제공하고 있습니다. 이러한 이론적 흐름 속에서 합리적 선택 이론(Rational Choice Theory)과 일상활동이론(Routine Activities Theory)은 신고전주의 범죄학의 연장 선상에서 발전한 대표적인 현대 범죄이론입니다. 두 이론은 범죄를 단순히 개인의 도덕적 결함으로 보지 않고, 상황적 요인과 기회구조에 주목함으로써 범죄 발생의 구체적 메커니즘을 설명하고, 예방 가능성을 제시한다는 점에서 실천적 의의가 큽니다.

(1) 합리적 선택 이론

코니시와 클락(Derek Cornish & Ronald Clarke)이 제안한 합리적 선택 이론(Rational Choice Theory)은 범죄자가 자신의 행동을 사전에 계산하고, 이를 바탕으로 의사결정을 내린다고 설명합니다. 이 이론은 고전주의 범죄학에서 강조된 쾌락과 고통의 계산 원리를 현대적으로 재구성한 것으로, 범죄자는 범행 과정에서 위험성과 보상을 저울질하며 최종 결정을 내리는 합리적인 존재로 간주합니다. 즉, 범죄자는 자신의 목표(예, 금전적 이득)를 달성하기 위해 처벌의 위험과 범행의 성공 가능성을 비교하여 판단합니다. 예를 들어, 절도범이 CCTV가 설치되지 않은 지역을 우선적으로 범죄대상으로 삼는 것은 위험을 줄이기 위한 합리적 판단의 결과로 해석할 수 있습니다. 이와 같이 합리적 선택 이론은 범죄자가 외부 환경의 조건들, 예컨대 감시 여부나 피해자의 취약성, 접근 용이성 등을 신중히 평가한다고 봅니다.

특히, 그들은 범행 의사결정 과정을 단순히 '충동적 행동'이나 '계획된 행동'으로 이분법적으로 나누기보다, 범죄자의 판단이 범행 전, 범행 중, 범행 후라는 일련의 단계 속에서 이루어진다고 보았습니다. 범행 전에는 범행 대상과 방법, 위험 요소를 평가하고, 범행 중에는 예상치 못한 변수에 유연하게 대응하며, 범행 후에는 처벌 가능성, 추적 여부, 재범 결정 등을 포함한 후속 판단이 이루어진다는 것입니다.

이러한 접근은 범죄행위를 보다 실제적이고 실용적인 관점에서 설명할 수 있는 틀을 제공하며, 범죄예방정책 설계에도 큰 영향을 미치고 있습니다. 예컨대, 코니시와 클락은 현장 상황을 범죄에 비우호적으로 변경시켜 범죄의 기회를 감소시킬 수 있는 25가지 상황적 범죄예방(Situational Crime Prevention) 기술을 제안하

표 4-1 범죄기회 감소를 위한 5가지 방법과 25가지 기술

방법 (Ways)	노력 증가 (Increasing Efforts)	위험 증가 (Increasing Risks)	보상 감소 (Reduce the Rewards)	자극(충동) 감소 (Reduce Provocations)	변명 제거 (Remove Excuses)
기술 (Techniques)	범죄대상물 강화 (Hardening targets)	보호 강화 (Extend guardianship)	목표물 은폐 (Conceal targets)	좌절 스트레스 감소 (Reduce frustration & stress)	규칙 설정 (Setting rules)
	시설물 접근통제 (Control access to facilities)	자연적 감시 지원 (Assist natural surveillance)	목표물 제거 (Remove targets)	논쟁 회피 (Avoid disputes)	경고문(안내문) 세우기 (Post instructions)
	출입시 검색 (Screen exits)	익명성 감소 (Reduce anonymity)	소유물 표시 (Identify property)	감정적 충동 감소 (Reduce emotional arousal)	양심에 경고 (Alert conscience)
	범죄자 우회 (Deflect offender)	장소관리자 활용 (Utilize place managers)	(암)시장 관리 (Disrupt markets)	동료의 압박 중화 (Neutralize peer pressure)	준법지원 (Assist compliance)
	도구/무기 통제 (Control tools/ weapons)	공식적 감시 강화 (Strengthen formal surveillance)	범죄 이익 차단 (Deny benefits)	모방 차단 (Discourage imitation)	마약과 술 통제 (Control drugs & alcohol)

출처: 정진성. (2023). 스토리텔링 범죄학 I : 기초 및 이론 (p. 228). 솔과학.

며, 환경설계를 통해 범죄 기회를 줄이는 방안을 강조했습니다.

(2) 일상활동이론

코헨과 펠슨(Lawrence Cohen & Marcus Felson)이 제안한 일상활동이론(Routine Activities Theory)은 범죄가 개인의 일상생활 속에서 특정 조건이 충족될 때 자연스럽게 발생한다고 설명합니다. 이들은 범죄를 단지 개인의 성향이나 도덕적 결함의 결과로 보기보다, 환경적·상황적 요인에 의해 유발되는 사회적 현상으로 이해하고자 하였습니다.

특히, 사회 구조의 변화와 개인의 활동 패턴이 범죄 기회를 어떻게 형성하는지에 주목하였으며, 산업화와 도시화의 진전으로 사람들이 집 밖에서 보내는 시간이 증가하면서 일상적 감시의 공백이 커졌고, 이로 인해 재산범죄가 증가했다고 주장하였습니다. 예를 들어, 출퇴근 시간, 여행, 장기 외출 등 일상생활의 변화는 집이나 소유물을 잠재적 표적으로 노출시키는 동시에, 감시자 부재로 이어져 범죄 발생 가능성을 높이는 요소로 작용할 수 있습니다.

이 이론에 따르면, 다음 세 가지 요소가 동시에 존재할 때 범죄가 발생할 가능성이 높아집니다.

① 적절한 표적(Suitable Target): 쉽게 접근할 수 있고 매력적인 대상, 예를 들어 무방비 상태의 빈집이나 고가의 휴대물품 등이 해당합니다.
② 유능한 감시자의 부재(Lack of Capable Guardianship): 경찰, 보안장치, 주변인의 감시와 같은 보호 요소가 부족한 상태를 의미합니다.
③ 동기화된(잠재적) 범죄자(Motivated Offender): 범행 의도를 가지고 실제로 범죄를 실행할 수 있는 능력과 기회를 갖춘 개인입니다.

이후 펠슨(Marcus Felson)은 범죄예방에 핵심 역할을 해야 하는 보호자의 개념을 보다 구체화시켰습니다. 〈그림 4-1〉에서 보는 바와 같이, 잠재적 범죄자를 사적을 통제할 수 있는 통제인(handler)으로 부모, 교사, 친구 등의 역할을 강조하였

그림 4-1 범죄발생의 3요소와 힘있는 보호자의 종류

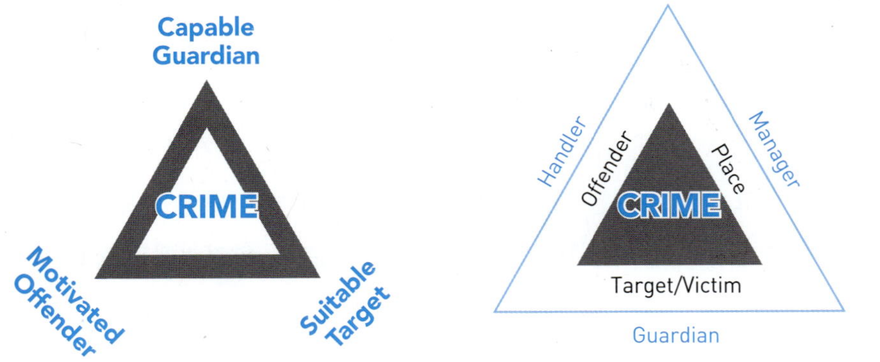

범죄발생의 3요소(1979) 힘있는 보호자의 종류(1986)

출처: 정진성. (2023). 스토리텔링 범죄학 I : 기초 및 이론 (p. 228). 솔과학.

고, 장소와 시설을 관리할 장소 관리자(place manager)로서 경비원의 역할을 강조하였으며, 범행대상을 보호할 수 있는 유능한 감시자(capable guardian)로서 경찰의 역할을 강조하였습니다. 이러한 보호자들의 복합적인 작용은 일상활동이론의 실천적 확장으로서, 범죄 기회를 줄이고 사회적 통제를 강화하는 데 핵심적 요소로 간주됩니다.

① 두 이론 간의 연관성 및 적용 사례

합리적 선택 이론과 일상활동이론은 모두 신고전주의 범죄학의 영향을 받아 발전한 이론으로, 범죄를 이해하고 설명하는 데 있어 상호보완적인 관계를 형성하고 있습니다. 두 이론은 공통적으로 범죄가 단지 비정상적 충동이나 병리적 성향의 결과가 아니라, 개인의 합리적 선택과 일상 속 환경적 요인에 의해 발생할 수 있다는 점에 주목합니다.

합리적 선택 이론은 범죄자가 자신의 이익을 극대화하고 위험을 최소화하려는 의도 아래, 처벌 가능성과 범죄로부터 얻는 편익을 계산하여 범행 여부를 결정한다고 봅니다. 이에 반해 일상활동이론은 그러한 의사결정이 이루어지는 사회적·물리적 환경에 주목하여, 범죄는 '동기화된 범죄자', '적절한 표적', '유능한 감시자의 부재'라는 세 가지 요소가 동시에 존재할 때 발생한다고 설명합니다.

이러한 시각에서 볼 때, 두 이론은 개인의 선택과 환경적 조건이라는 두 측면을 통합적으로 조명함으로써 범죄 발생 메커니즘을 보다 정교하게 설명합니다. 예를 들어, CCTV 설치, 밝은 조명, 출입 통제 시스템 등은 가해자에게는 범행의 위험을 높이고, 대상에게는 감시의 보호를 제공하여 범죄 발생 가능성을 낮추는 효과적인 수단으로 해석됩니다. 실제로 이러한 접근은 환경설계를 통한 범죄예방(CPTED) 전략의 이론적 토대가 되었으며, 도시계획 및 치안 정책에 널리 활용되고 있습니다. 폐쇄된 골목길 제거, 공공장소의 자연 감시 강화, 출입구의 통제 강화 등이 대표적인 사례입니다. 또한, 데이터 기반 치안 전략도 두 이론의 통합적 시각에서 실천되고 있습니다. 예를 들어, 특정 시간대나 장소에서의 범죄 패턴 분석을 통해 순찰 활동을 집중하거나, 반복적인 표적화를 방지하는 대응 방안을 마련하는 것이 그것입니다.

한편, 두 이론은 분석의 초점에 있어 차이를 보입니다. 합리적 선택 이론은 개별 범죄자의 의사결정 과정에 더 중점을 두는 반면, 일상활동이론은 사회 구조와 지역 환경이 범죄 기회에 미치는 영향을 설명하는 데 주력합니다. 전자는 개인 수준의 분석에 적합하고, 후자는 보다 거시적인, 지역사회 또는 사회 전체의 범죄 경향을 이해하는 데 유용합니다.

결과적으로, 합리적 선택 이론과 일상활동이론은 현대 범죄학에서 범죄예방 및 정책 설계의 이론적 기반으로 널리 활용되며, 각각의 관점을 넘어서 통합적 시각을 제공함으로써 효과적인 범죄 대응 전략 수립에 실질적인 기여를 하고 있습니다.

CHAPTER

05 실증주의 범죄학

1. 등장배경

범죄는 단순히 개인의 자유로운 선택에서 비롯된 결과일까요? 실증주의 범죄학(Positivistic Criminology)은 이러한 질문에 대해 새로운 해석을 제시합니다. 19세기 후반에 등장한 이 이론은 범죄를 단지 자유의지에 따른 선택으로 보지 않고, 생물학적, 심리적, 사회적 요인 등 외부 환경에 의해 결정되는 결정론(determinism)의 관점에서 이해하고자 하였습니다. 즉, 범죄는 개인의 책임이나 도덕적 일탈 이전에, 다양한 구조적·심리적 조건에 의해 발생하는 필연적 결과일 수 있다는 전제에 기반하고 있습니다.

또한 실증주의 범죄학은 경험론(empiricism)을 그 방법론적 토대로 삼습니다. 범죄와 관련된 현상을 이해하고 설명하기 위해 직관이나 철학적 논의가 아닌, 관찰과 통계, 실험, 자료 분석 등 경험적 증거에 입각한 과학적 연구를 중시합니다. 이를 통해 유전적 기질, 성격 유형, 정신 건강 상태, 가정환경, 사회적 지위 등 범죄자의 특성을 분석하고, 범죄행위의 원인을 실증적으로 규명하고자 하였습니다.

초기의 실증주의는 범죄를 유전이나 신체적 조건으로 설명하는 생물학적 결정론에 집중하였으나, 현대에 들어서는 심리·사회적 요인과 환경적 맥락까지 포괄적으로 고려하는 방향으로 발전하였습니다. 이처럼 실증주의 범죄학은 범죄원인을 개인 내부의 심리적 특성과 외부 환경의 상호작용 속에서 과학적으로 탐색하며, 범죄자 개인에 대한 교정과 사회적 개입을 정책의 중심에 두었습니다. 상술

하자면, 생물학적 요인에서는 유전자, 뇌 기능, 호르몬 등의 신체적 특성이 범죄 성향에 영향을 줄 수 있다고 봅니다. 초기에는 신체적 특징만으로 범죄자를 식별하려는 시도도 있었지만, 현대에는 뇌 영상 연구나 유전자 분석을 통해 보다 정교한 연구가 이루어지고 있습니다.

심리학적 관점에서는 개인의 성격 특성, 정신 건강, 감정 조절 능력, 인지적 왜곡 등이 범죄의 동기에 중요한 영향을 미친다고 봅니다. 억압된 욕구나 충동, 자신에게 유리한 방식으로 범죄를 정당화하는 사고 패턴 등이 대표적입니다. 이러한 요인들은 범죄자의 내면을 이해하고, 인지행동치료(CBT)나 심리상담 등 실질적인 교정 프로그램을 설계하는 데 활용됩니다.

사회학적 요인은 빈곤, 실업, 교육 기회 부족, 가정환경 등의 외부 환경이 범죄 행동에 영향을 미친다는 점을 강조합니다. 사회 구조의 불평등이나 긴장 상태는 개인의 일탈 가능성을 증가시키며, 범죄는 종종 주변 사람들과의 관계 속에서 학습되고 전파됩니다. 이에 따라, 지역사회 기반의 범죄예방 프로그램이나 사회적 지원 확대가 중요하게 다루어지고 있습니다.

오늘날의 실증주의 범죄학은 이들 다양한 요인을 통합적으로 이해하려는 방향으로 나아가고 있습니다. 예를 들어, 유전적으로 충동성이 높은 사람이 스트레스가 많은 가정환경에서 성장할 경우, 범죄 발생 가능성은 더욱 커질 수 있습니다. 이처럼 생물학, 심리학, 사회학을 아우르는 통합적 접근은 범죄의 복잡한 원인을 해석하고, 형사정책이나 범죄예방 전략을 설계하는 데 있어서 중요한 이론적 기반을 제공합니다.

결국, 실증주의 범죄학은 "왜 범죄가 발생하는가?"라는 질문에 결정론적 관점과 경험적 접근을 결합하여 답하고자 하였으며, 이는 오늘날 형사사법 체계, 형사정책, 범죄예방 전략 수립에 있어 여전히 중요한 이론적 기반으로 작용하고 있습니다. 이러한 접근은 범죄를 단지 개인의 선택이나 도덕적 실패로 치부하지 않고, 사회 전체의 구조와 맥락 속에서 총체적으로 이해하려는 전환점을 마련하였습니다.

2. 생물학적 이론

(1) 체사레 롬브로소: 생물학적 범죄원인론의 선구자

범죄는 인간의 선택과 도덕적 실패에서 비롯된 것일까요? 아니면 생물학적 요인에 의해 결정되는 것일까요? 체사레 롬브로소(Cesare Lombroso)는 19세기 후반, 범죄를 생물학적으로 설명하려는 획기적인 시도를 통해 범죄학의 새로운 장을 열었습니다. 그는 범죄를 단순한 윤리적 일탈로 보지 않고, 신체적 특징이나 유전적 특성과 같은 생물학적 요인을 통해 분석하고자 하였습니다. 이러한 관점은 범죄를 과학적으로 탐구하려는 실증주의 범죄학의 기초를 마련하였으며, 이후 심리학적·사회학적 이론과의 학문적 논쟁을 불러일으키며 범죄학의 발전에 큰 영향을 미쳤습니다.

'범죄학의 아버지'로 불리는 롬브로소는 그의 저서 「범죄인(The Criminal Man)」(1876)에서 "생래적 범죄자(born criminal)"라는 개념을 제시하며, 범죄 성향은 단순한 환경적 영향이 아니라 유전적 퇴화의 결과라고 보았습니다. 그는 범죄자를 일종의 진화적 퇴행 현상으로 간주하였고, 이러한 범죄 성향은 간질, 정신병, 알코

그림 5-1 롬브로소의 생래적 범죄자

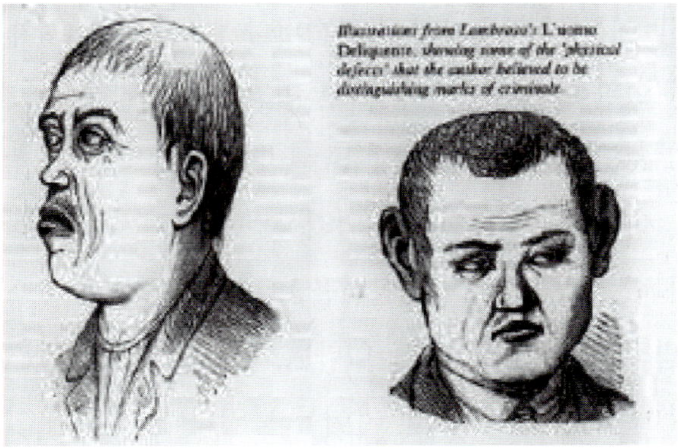

출처: Lombroso, C. (1876). L'uomo delinquente [Illustration of physical defects of criminals]. Torino: Bocca.

올 중독 등의 가족 병력을 통해 격세 유전적으로 계승된다고 주장하였습니다. 특히, 그는 범죄자가 일반인과는 구별되는 특정한 신체적 특징을 가지고 있다고 믿었습니다. 예컨대 얼굴이나 두상의 비대칭(asymmetry), 원숭이를 연상시키는 큰 귀, 두꺼운 입술, 휜 코, 돌출된 광대뼈와 큰 턱뼈 등은 생래적 범죄자의 외적 징표로 간주되었습니다. 롬브로소는 이러한 신체적 특성을 통해 범죄인을 식별할 수 있다고 주장하면서, 범죄 연구에 생물학적 분석을 도입하는 데 결정적인 역할을 하였습니다.

롬브로소는 범죄자를 단일한 집단으로 보지 않고, 그 특성과 범행 동기에 따라 몇 가지 유형으로 구분하였습니다. 그는 먼저, 진화적으로 퇴행된 신체적 특징을 지닌 생래적 범죄자(born criminals)를 중심 개념으로 제시하며, 이들을 '격세 유전적 이상성(atavistic anomalies)'의 결과로 이해하였습니다. 나아가, 정신질환이나 신경학적 이상으로 인해 범죄를 저지르는 정신병적 범죄자(insane criminals) 범주를 설정하였는데, 이는 백치, 정신박약자, 편집증 환자 등을 포함합니다. 또한, 선천적 범죄 성향은 지니고 있으나 일상 속에서 범행의 기회를 포착해 범죄를 저지르는 우발적 범죄자(occasional criminals), 그리고 분노나 복수심 등 일시적인 강한 감정에 휩싸여 범죄를 저지르는 격정적 범죄자(criminals by passion)로 유형을 확장하였습니다.

롬브로소는 사형수를 포함한 약 3,000개의 두개골을 측정하고 분석함으로써, '퇴화(degeneration)' 이론을 입증하려 하였습니다. 그는 특정 신체적 특징이 범죄 성향과 유의미한 연관이 있다고 주장하며, 범죄자를 식별할 수 있는 생물학적 지표가 존재한다고 보았습니다. 그의 연구는 철저히 관찰과 경험적 데이터에 기반한 것으로, 당시 지배적이던 고전주의 범죄학의 철학적 접근과는 달리 범죄를 과학적으로 분석하려는 실증주의적 전환점을 마련하였습니다.

고전주의가 '범죄행위'에 초점을 두었다면, 롬브로소는 '범죄자' 그 자체를 연구대상으로 삼았다는 점에서 중요한 차이를 보입니다. 그러나 그는 범죄를 생물학적으로 설명하려는 과정에서 인간 행동을 지나치게 단순화하였고, 유전이나 신체적 특징만으로 범죄 성향을 단정짓는 오류에 빠졌고, 범죄를 지나치게 생물학적 요인으로 환원했다는 비판을 받기도 했습니다. 실제로 고링(Charles Goring)은 롬브로소의 주장을 반박하며, 신체적 특징과 범죄 성향 사이에서 통계적으로 유의미한 상관관계를 확인하지 못했다고 보고한 바 있습니다.

(2) 찰스 고링: 롬브로소의 생물학적 결정론을 반박한 범죄학자

19세기 후반, 범죄학은 롬브로소의 '생래적 범죄자' 이론을 통해 중대한 전환점을 맞이합니다. 그는 특정 신체적 특징이 선천적인 범죄 성향과 연관되어 있으며, 범죄자는 진화적으로 퇴화된 존재라고 주장하였습니다. 이러한 주장은 범죄를 도덕적 타락이 아닌 과학적 분석의 대상으로 전환시켰다는 점에서 주목받았으나, 과학적 검증이 부족하고 인간 행동을 지나치게 단순화했다는 비판도 뒤따랐습니다. 이에 영국의 범죄학자 찰스 고링은 롬브로소의 이론을 실증적으로 검토하고 반박함으로써, 실증주의 범죄학의 이론적 정교화에 기여하였습니다.

고링은 약 3,000명의 영국 수감자와 일반인을 대상으로 신체적 특징, 지능, 정신 건강 등을 측정하고 통계적 방법을 활용하여 데이터를 분석하였습니다. 다양한 연령대와 사회적 배경을 고려한 그의 연구는, 롬브로소가 주장했던 신체적 특징과 범죄 성향 간의 유의미한 차이를 발견하지 못하였습니다. 이에 따라 그는 롬브로소의 '생래적 범죄자'라는 개념이 과학적으로 입증되지 않는다고 결론지었습니다. 대신, 고링은 범죄자들이 평균적으로 낮은 지능을 보인다는 점에 주목하였으며, 이는 범죄 성향과 인지능력 사이의 연관 가능성을 주장하였습니다. 이러한 결론은 당시 새로운 관점을 제시한 것으로 평가받았으나, 빈곤이나 교육 수준, 사회적 불평등과 같은 환경적 요인을 충분히 반영하지 못했다는 비판도 제기되었습니다. 또한, 그의 연구는 영국 수감자를 중심으로 표본이 구성되었기 때문에 대표성의 한계가 있다는 지적을 받았습니다.

결국 고링의 연구는 초기 실증주의 범죄학에서 과학적 방법론의 중요성을 부각시키는 전환점이 되었으며, 범죄 원인을 단일한 생물학적 요소로 설명하려는 시도를 넘어 심리적·사회적 요인을 함께 고려해야 한다는 현대 범죄학의 통합적 접근으로 이어지는 기반을 마련하였습니다.

(3) 어니스트 후튼: 생물학적 범죄원인론의 논쟁적 유산

20세기 초반, 범죄를 생물학적으로 설명하려는 시도가 다시 주목받기 시작합니다. 어니스트 후튼(Earnest Hooton)은 체사레 롬브로소의 생물학적 결정론을 계승하면서, 범죄 성향의 원인을 신체적 특징과 생물학적 특성에서 찾고자 하였습니다. 하버드대학교 인류학과 교수였던 그는 찰스 고링의 비판에 반기를 들고, 미국 내 재소자와 일반인을 비교한 대규모 연구를 통해 범죄자가 일반인보다 생물학적으로 열등하다는 결론을 제시하였습니다. 그는 범죄자를 신체적으로 구별 가능한 존재로 보았으며, 특정 신체 구조가 범죄 성향과 유의미하게 연관된다고 주장하였습니다. 나아가 이러한 특성이 유전될 수 있다고 보며, 범죄의 원인을 개인의 생물학적 결함으로 해석하였습니다.

1939년 발간된 저서 『The American Criminal: An Anthropological Study』에서 그는 약 17,000명의 미국 수감자를 대상으로 두개골 크기, 체형, 얼굴 구조 등 다양한 신체 데이터를 수집·측정하고, 이를 통계적으로 분석한 결과를 발표하였습니다. 그의 분석에 따르면, 왜소한 체형이나 비대칭적인 얼굴 구조와 같은 특정 신체적 특징이 범죄 성향과 관련될 수 있으며, 인종 간의 생물학적 차이가 범죄율에 영향을 줄 수 있다고 주장하였습니다. 그는 이러한 관점에 기반해 우생학적(eugenic) 접근을 제안하기도 하였습니다.

후튼의 연구는 실증주의 범죄학의 발전에 기여한 측면이 분명히 존재합니다. 그는 롬브로소 이후 생물학적 결정론을 대규모 데이터와 과학적 분석을 통해 계승하려는 시도를 하였으며, 범죄 연구에 인류학과 통계 분석을 접목시킨 점에서 의미를 가집니다. 그러나 그의 이론은 생물학적 요인에 지나치게 의존하고, 사회적·환경적 맥락을 충분히 고려하지 못했다는 한계를 드러냅니다. 특히 인종주의적 관점과 우생학적 제안은 현대 윤리 기준에서 중대한 문제로 평가받고 있으며,

많은 비판의 대상이 되었습니다.

그럼에도 불구하고, 후튼의 연구는 이후 생물·심리·사회 요인을 통합적으로 분석하려는 현대 범죄학의 방향을 모색하는 데 하나의 중요한 전환점이 되었으며, 범죄 원인에 대한 다학제적 접근의 필요성을 제기하는 데 기여하였습니다.

(4) 윌리엄 쉘던: 체형으로 범죄 성향을 분석한 생물학적 범죄학자

범죄자의 신체적 특징이 범죄 성향과 관련이 있을까요? 20세기 중반, 미국의 심리학자이자 생물학자인 윌리엄 쉘던(William Sheldon)은 체형과 성격, 그리고 범죄 경향성 간의 관계를 탐구하며 독창적인 이론을 제시하였습니다. 그는 '체질심리학(Constitutional Psychology)'이라는 개념을 통해 신체 유형이 단지 외형의 차이에 그치는 것이 아니라, 개인의 성격 특성과 행동 유형, 나아가 범죄 성향과도 밀접하게 연결되어 있다고 주장하였습니다.

쉘던은 사람의 체형을 크게 세 가지 유형으로 분류했습니다. 내배엽형(Endomorph)은 둥근 체형과 사교적이고 느긋한 성격을 지니고, 중배엽형(Mesomorph)은 근육질 체형과 에너지 넘치고 활동적이고 공격적인 성향을, 외배엽형(Ectomorph)은 마른 체형과 신경질적이고 내성적인 성격을 나타낸다고 설명하였습니다. 그

그림 5-2 쉘던의 체형이론(Somatotyping) 분류

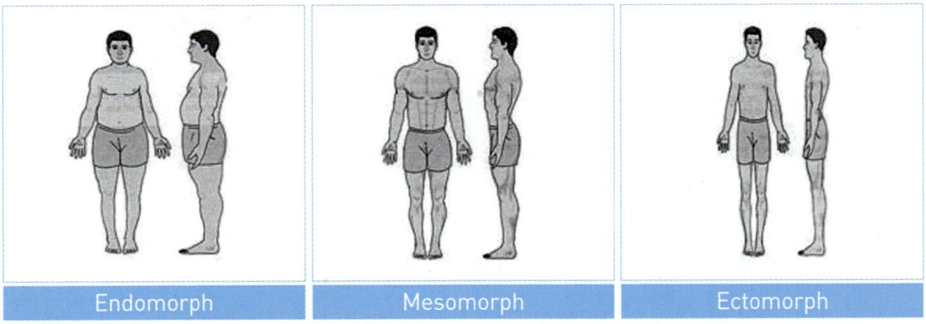

출처: Sheldon, W. H. (1940). The varieties of human physique: An introduction to constitutional psychology. Harper & Brothers.

는 이 중 특히 중배엽형 체형을 가진 사람들이 범죄 성향이 더 높다고 보았습니다. 이들은 신체적으로 강인하고 충동적이며, 공격적인 행동을 보일 가능성이 크다는 것입니다.

쉘던은 약 200명의 남성, 그중 상당수가 수감자였던 이들을 대상으로 신체 측정과 성격 분석을 실시하였습니다. 그는 촬영된 사진과 직접 측정을 바탕으로 체형을 정량적으로 분류하고, 각각의 특성에 점수를 부여한 뒤, 체형과 성격, 범죄 성향 사이의 상관관계를 분석하였습니다.

이러한 시도는 당시로서는 획기적인 접근이었습니다. 인간의 신체적 구성과 행동 특성 간의 연관성을 과학적으로 탐색하고자 했던 그의 연구는 생물학적 결정론에 기초한 범죄 연구의 한 형태로, 범죄학에서 새로운 시각을 제시한 것으로 평가됩니다.

하지만, 그의 이론 역시 여러 한계를 지니고 있었습니다. 무엇보다도 그의 연구는 주로 남성 수감자들을 대상으로 했기 때문에 일반 인구집단을 충분히 대표하지 못했습니다. 또한 상관관계를 바탕으로 인과관계를 성급하게 추론한 점에서 일반화의 오류라는 비판을 받기도 했습니다. 결과적으로, 체형이 범죄 성향에 영향을 준다는 주장 자체는 단순화된 해석으로 간주되며, 이후 심리사회적 요인과의 종합적 연계를 통해 보다 균형 잡힌 설명이 요구되기 시작합니다. 즉, 쉘던의 연구는 과학적 타당성 면에서는 한계를 지니지만, 범죄를 생물학적 요인과 성격 특성 간의 연관성 속에서 분석하려는 시도로서 실증주의 범죄학의 확장에 일정한 기여를 하였다고 볼 수 있습니다.

(5) 유전과 환경 논쟁의 시작

범죄는 유전될 수 있을까요? 19세기 후반에서 20세기 초반에 이르기까지, 범죄와 빈곤, 정신적 열등성이 가족 단위로 이어지는지를 탐구한 대표적인 사례로는 Kallikak 가계 연구와 Juke 가계 연구가 있습니다. 각각 헨리 고다드(Henry Goddard)와 리처드 더그데일(Richard Dugdale)에 의해 수행된 이 두 연구는, 당시 사회 문제의 근원을 유전적 요인에서 찾으려는 시도의 일환으로 진행되었습니다. 부연하자면, 고다드의 연구에서는 한 남성이 '정상적인 여성'과 결혼한 후의 자손과, '정신박약 여성'과의 사이에서 태어난 자손들의 삶의 경로를 비교하여, 유전적 열등성이 범죄와 빈곤으로 이어질 수 있다고 주장하였고, 더그데일의 연구에서는 여러 세대에 걸쳐 나타나는 빈곤, 범죄, 질병 등의 패턴을 추적하며, 유전적 요인과 사회적 문제의 연관성을 강조했습니다.

① Kallikak 가계 연구: 정신적 결함은 유전되는가?

1912년, 미국의 심리학자이자 우생학 운동의 대표 인물 중 하나였던 고다드는 「The Kallikak Family: A Study in the Heredity of Feeble-Mindedness」를 출간하며, 지적 장애와 유전의 연관성을 주장하였습니다. 그는 '정신적 결함(feeblemindedness)'이 유전적으로 전파된다고 보고 이를 입증하기 위해 '마틴 칼리카크(Martin Kallikak)'라는 인물을 중심으로 두 계보를 비교하는 가계 연구를 진행하였습니다.

고다드는 마틴이 '도덕적으로 건전한 여성'과 결혼해 낳은 자손들은 대체로 사회적으로 성공하고 존경받는 삶을 살았다고 서술한 반면, '정신적 결함이 있는 여성'과의 관계에서 태어난 자손들은 빈곤, 범죄, 지적 장애, 도덕적 타락 등의 문제를 안고 살아갔다고 주장하였습니다. 이를 통해 그는 정신적 결함이 유전된다는 주장을 강화하고, 궁극적으로 우생학적 개입의 정당성을 강조하고자 하였습니다.

이 연구는 당시 유전과 사회문제의 상관관계를 과학적으로 규명하려는 초기 시도로 평가받았지만, 오늘날에는 여러 비판적 관점에서 재조명되고 있습니다. 고다드는 자신의 가설을 뒷받침하는 방식으로 데이터를 선택적으로 수집하고 해석했으며, 객관적인 검증 절차가 부족하다는 지적을 받습니다. 또한 특정 집단을 열등하게 규정하고, 차별과 낙인을 정당화하는 수단으로 활용되었다는 점에서 윤리적 문제 또한 지적됩니다.

그럼에도 불구하고, 이 연구는 유전과 환경 간의 상호작용을 둘러싼 학문적 논의가 본격화되는 계기가 되었으며, 이후 범죄학과 심리학, 사회정책의 발전 과정에서 중요한 전환점 중 하나로 평가되고 있습니다.

② Juke 가계 연구: 빈곤과 환경의 상관관계

19세기 후반, 미국의 사회학자 더그데일은 뉴욕주(州)의 교도소를 방문 조사하던 중, '주크(Juke)'라는 가명을 가진 가족의 구성원 다수가 동일한 교도소에 수감되어 있다는 점에 주목하게 됩니다. 이에 그는 해당 가계의 약 1,200여 명에 달하는 후손들을 추적하며, 그들의 삶의 궤적을 분석하였습니다.

더그데일은 이 가계의 구성원 중 상당수가 범죄자, 빈곤층, 매춘부, 알코올 중독자 등 사회적으로 취약한 집단에 속해 있었으며, 전반적으로 교육 수준이 낮고 사회로부터 소외된 삶을 살아온 사실을 확인하였다고 보고하였습니다. 그는 이러한 현상이 단순히 유전적 요인 때문만은 아니며, 열악한 환경과 교육 부족, 빈곤한 가정환경이 복합적으로 작용한 결과라고 분석하였습니다.

이러한 점에서 더그데일은 동시대의 우생학자들과는 달리, 환경 요인의 중요성을 강조했다는 점에서 비교적 진보적인 관점을 제시하였습니다. 그는 범죄와 빈곤 문제를 예방하기 위해서는 사회적 개입과 환경 개선이 필요하다고 주장했습니다. 그러나 그의 연구 역시 데이터 수집의 체계성과 객관성이 부족하였고, 일부 결과는 과장되었거나 일반화의 오류를 포함하고 있다는 비판을 받았습니다. 그럼에도 불구하고, 그의 연구는 범죄와 빈곤을 둘러싼 유전과 환경의 상호작용에 대한 초기 사회학적 탐구로서, 이후 통합적 관점의 형성과 복지정책 논의에 중요한 토대를 제공하였습니다.

③ 평가

이처럼 칼리카크 가계와 주크 가계 연구는 20세기 초 실증주의 범죄학의 발전에 일정 부분 기여하였습니다. 이들 연구는 인간의 행동과 사회적 문제를 단순히 자유 의지나 도덕적 실패로 환원하기보다는, 유전적 요소나 환경적 요인과의 연관 속에서 설명하려는 시도를 통해 당시로서는 새로운 문제의식을 제시하였습니다. 특히, 주크 가계 연구는 빈곤과 범죄가 세대를 넘어 지속되는 과정을 통해, 사회 환경이 인간 행동에 미치는 영향을 강조하였고, 이는 오늘날 생물사회이론(biosocial theory)과 같은 통합적 접근의 기초를 제공하는 데 일정한 역할을 했습니다. 그러나 두 연구는 모두 현대적 기준에서는 자료 수집의 체계성과 객관성 부족, 표본 대표성의 한계, 과도한 일반화, 나아가 우생학적 편향과 낙인 효과 등 여러 가지 과학적·윤리적 비판을 받고 있습니다.

결과적으로, 칼리카크와 주크 가계 연구는 역사적 맥락 속에서 범죄의 원인을 유전과 환경 모두에서 찾고자 했던 초기 시도로서의 의의를 갖고 있으나, 현대 범죄학은 이를 비판적으로 재평가하며, 보다 심층적이고 통합적인 관점에서 인간 행동과 범죄를 이해하려는 노력을 지속해 나가고 있습니다.

(6) 쌍생아와 입양아 연구로 본 생물학적 범죄원인론: 유전인가, 환경인가?

범죄 행동의 원인을 둘러싼 논의는 오랜 시간 학계에서 지속되어 왔으며, 그 중에서도 유전과 환경 요인 중 어느 쪽이 더 큰 영향을 미치는지에 대한 질문은 여전히 중요한 주제로 남아 있습니다. 특히 쌍생아 연구와 입양아 연구는 범죄 성향이 유전적 소질에서 비롯되는지, 아니면 성장 환경에 의해 형성되는지를 탐색하는 데 있어 핵심적인 근거를 제공합니다.

우선, 쌍생아 연구는 동일한 유전자를 가진 일란성 쌍둥이(monozygotic, MZ)와 유전적 유사성이 절반에 불과한 이란성 쌍둥이(dizygotic, DZ)를 비교하는 방식으로 범죄 성향의 유전적 기반을 검토하였습니다. 1929년 랑게(Johannes Lange)는 쌍둥이 30쌍을 조사한 결과, 일란성 쌍둥이의 80%가 범죄 경력을 공유한 반면, 이란성 쌍둥이의 경우 12%만이 이에 해당하였습니다. 이는 범죄 성향에 유전적 요인이 작용할 가능성을 강하게 시사한 초기 연구로 평가됩니다.

이후 덴마크의 크리스티안센(Karl Christiansen, 1977)은 3,500쌍 이상의 쌍둥이를 대상으로 보다 정교한 연구를 수행하였고, 그 결과 역시 중범죄의 경우 일란성 쌍둥이 간 일치율이 더 높게 나타났으며, 사회 계층, 도시화 수준 등 환경 변수에 따라 유전 효과가 제한될 수 있음을 제시하였습니다. 이는 유전적 소질이 중요한 요인이지만, 환경적 조건에 의해 그 효과가 증폭되거나 억제될 수 있음을 보여줍니다.

한편, 입양아 연구는 생물학적 부모와 양부모의 범죄 이력을 비교함으로써 유전과 환경의 영향을 분리해 분석합니다. 1984년 발표된 메드닉(Sarnoff Mednick)과 그의 동료의 대규모 연구에 따르면, 생물학적 부모가 범죄자인 경우 입양아의 범죄율은 20%, 양부모가 범죄자인 경우는 14.7%, 그리고 양쪽 모두 범죄자인 경우에는 24.5%로 조사되었습니다. 이 결과는 유전적 요인이 범죄 성향 형성에 영향을 미친다는 점을 확인해주면서도, 환경적 요인이 함께 작용할 때 범죄 가능성이 더 높아진다는 점을 시사합니다.

이러한 연구 결과들은 모두 범죄 행동이 유전적 요인에 일정 부분 영향을 받는다는 사실을 보여주지만, 동시에 가정환경, 교육, 사회적 조건 등 환경 요인 또한 범죄의 발현에 결정적인 영향을 미친다는 점을 부각합니다. 즉, 유전과 환경의 상호작용을 통합적으로 고려하는 관점이 필요하며, 이는 오늘날 생물사회이론(biosocial theory) 등 통합적 범죄학의 기반으로 이어지고 있습니다.

(7) 현대 생물학적 범죄원인론: 유전과 환경의 상호작용으로 본 범죄의 원인

범죄의 원인을 생물학적 요인에서 찾으려는 시도는 오랜 역사를 가지고 있습니다. 초기 생물학적 이론은 범죄를 유전적 결함이나 신체적 특징에 의한 것으로 설명하려 했지만, 현대 생물학적 범죄원인론은 이를 넘어 유전적·신경생리학적 요인과 환경적 요인의 상호작용을 강조하는 통합적인 관점으로 발전했습니다. 특히, 최근에는 생물사회적(biosocial), 생물심리학적(biopsychological), 사회생물학적(sociobiological), 정신생물학적(psychobiological) 관점 등이 등장하여, 범죄를 단지 개인의 선택이나 선천적 요인 중 하나로 환원하기보다는, 복합적인 요인들이 상호작용한 결과로 이해하려는 노력이 이어지고 있습니다. 이러한 통합적 관점은 범죄 예방과 형사정책 수립에 있어 보다 현실적이고 효과적인 접근을 가능하게 합니다.

① 생물사회적(Biosocial) 접근: 인간 행동의 진화적 기원

현대 범죄학에서는 범죄를 단지 개인의 선택이나 사회적 환경의 산물로만 이해하지 않고, 인간 행동의 진화적 기원과 생물학적 소인을 함께 고려하는 생물사회적(biosocial) 접근을 채택하고 있습니다. 이러한 시각은 인간의 범죄 성향이 유전적 요소뿐만 아니라 환경과의 복잡한 상호작용 속에서 형성된다는 점을 강조합니다.

1975년, 생물학자 에드워드 윌슨(Edward Wilson)은 그의 저서 「Sociobiology: The New Synthesis」에서 인간을 포함한 동물의 사회적 행동이 진화와 유전자에 의해 형성된다고 주장하며 생물사회학적 논의를 본격화했습니다. 이 관점에 따르면, 폭력이나 절도와 같은 일부 범죄행위는 특정 상황에서 자원 획득이나 생존, 번식을 위한 전략으로 작용할 수 있으며, 이는 유전자 복제를 극대화하려는 진화적 본능과 연결될 수 있습니다. 예를 들어, 데일리(Martin Daly)와 윌슨(Margo Wilson)은 남성의 공격성과 경쟁심이 이러한 진화적 적응의 결과일 수 있으며, 성별에 따라 범죄율의 차이가 나타나는 현상도 이 맥락에서 해석될 수 있다고 보았습니다.

이러한 생물사회적 접근은 단순한 생물 결정론을 넘어서, 유전자와 환경의 상호작용(Gene-Environment Interaction)이라는 개념을 중심으로 더욱 정교하게 발전하고 있습니다. 대표적으로, 카스피(Avshalom Caspi)와 동료들의 연구에서는 MAOA(모노아민 산화효소) 유전자가 학대, 스트레스 등 부정적 환경 요인과 결합할 때 반사회적 행동이 발현될 가능성이 크다는 점을 밝혔습니다. 이는 유전적 소인 자체보다, 그것이 어떤 환경과 결합하느냐가 범죄 성향 형성에 결정적인 영향을 줄 수 있음을 시사합니다. 전술했던 메드닉과 동료들의 입양아 연구에서도 이러한 상호작용이 실증적으로 확인됩니다. 즉, 생부가 범죄자인 경우 입양된 자녀의 범죄 가능성이 증가했으며, 생부와 양부가 모두 범죄 경력을 가졌을 경우 그 확률은 더욱 높아졌습니다. 이 결과는 유전적 요인과 양육 환경이 서로 영향을 주고받으며 범죄 행동에 영향을 미칠 수 있음을 보여줍니다.

결국, 오늘날 생물사회이론은 범죄를 이해하는 데 있어 유전과 환경, 생물과 사회를 분리된 요소로 보기보다는 이들이 유기적으로 연결되어 있다는 인식을 바탕으로, 보다 통합적이고 균형 잡힌 설명을 제공하고 있습니다.

② 심리생물학(Psychobiology): 뇌와 신경전달물질의 역할

현대 범죄학에서는 인간의 행동을 이해하기 위해 신경생리학과 심리학의 결합적 접근을 시도하고 있습니다. 특히 뇌의 구조와 기능, 그리고 신경전달물질의 작용이 범죄 성향과 어떤 관련이 있는지를 분석하는 연구들이 활발히 이루어지고 있습니다.

먼저, 전두엽(prefrontal cortex)은 인간의 자제력, 판단력, 계획 능력을 담당하는 영역으로 알려져 있습니다. 이 부위에 손상이 있거나 기능이 저하되면, 충동적이고 공격적인 행동이 증가할 수 있으며, 이는 폭력 범죄로 이어질 가능성을 높입니다. 실제로 뇌 손상을 입은 개인들 중 일부는 이전에 보이지 않던 충동적, 반사회적 행동을 보이는 경우가 보고되고 있습니다.

또한, 세로토닌(serotonin)과 도파민(dopamine) 같은 신경전달물질의 불균형도 범죄 행동과 밀접한 관련이 있습니다. 세로토닌 수치가 낮을 경우 충동 조절 능력이 약화되며, 도파민의 과잉 분비는 자극 추구 성향을 증가시켜 위험한 행동에 대한 저항력을 낮출 수 있습니다. 이와 같은 신경화학적 요소는 개인의 성격 형성뿐 아니라 특정 상황에서의 반응 방식에 영향을 미치게 됩니다.

더불어, 호르몬의 작용도 범죄 성향과 관련된 중요한 변수로 제시됩니다. 특히 테스토스테론(testosterone) 수치가 높은 경우, 경쟁적이고 공격적인 행동 경향이 증가할 수 있다는 연구 결과가 있으며, 이는 일부 폭력적 범죄와의 상관성을 시사합니다.

이러한 생리학적 요인들은 단독으로 범죄를 유발한다기보다는, 환경적 스트레스나 사회적 자극과 상호작용하면서 그 영향을 발현시키는 경향이 있습니다. 따라서 범죄를 이해하기 위해서는 단순히 뇌 기능이나 생화학적 이상만을 보는 것이 아니라, 이들이 개인의 환경, 경험, 성격 구조와 어떻게 상호작용하는지를 종합적으로 고려할 필요가 있습니다.

③ 신경범죄학(Neurocriminology): 뇌 과학으로 본 범죄

최근 뇌 과학의 발전은 범죄 행동의 생물학적 원인을 이해하는 데 중요한 통찰을 제공하고 있습니다. 특히 뇌 영상 기술인 자기공명영상(MRI)과 양전자 방출 단층촬영(PET)은 뇌의 구조와 기능적 활동을 정밀하게 분석할 수 있게 하면서, 범죄 행동과 관련된 신경생리학적 메커니즘을 밝히는 데 기여하고 있습니다.

이러한 연구에 따르면, 변연계(Limbic System)는 분노, 공포, 질투와 같은 감정을 생성하는 데 핵심적인 역할을 하며, 전두엽은 이러한 감정을 억제하거나 조절하는 기능을 수행합니다. 그러나 이 두 뇌 영역 간의 균형이 무너지면, 감정 통제가 어려워지고 충동적 폭력이나 반사회적 행동으로 이어질 가능성이 높아진다고 보고되고 있습니다.

모핏(Terrie Moffitt)의 연구에 따르면 "생애 지속형 범죄자(Life-Course Persistent Offenders)"가 신경생리학적 결함과 열악한 환경 조건의 복합적인 영향을 받는다고 주장했습니다. 이는 뇌 기능 이상과 사회적 스트레스 요인이 결합하여 장기적인 범죄 행동 패턴을 형성할 수 있음을 보여줍니다.

④ 평가

현대의 생물학적 범죄원인론이 과학적으로 더욱 정교해진 것은 사실이나, 여전히 몇 가지 중요한 한계를 지니고 있습니다.

첫째, 환원주의적 비판이 제기됩니다. 이는 인간의 복잡한 행동을 지나치게 생물학적 요소로만 환원해 설명하려는 시도를 문제 삼는 시각입니다. 인간 행동은 사회적 맥락과 문화, 경험의 영향을 함께 고려해야 하므로, 생물학만으로 설명하기엔 부족하다는 지적입니다.

둘째, 윤리적 문제도 존재합니다. 특정 유전자나 뇌 구조의 차이를 근거로 개인을 낙인찍거나 차별할 우려가 있으며, 이는 과거 우생학과 같은 비윤리적 접근

의 재현 가능성을 내포하고 있습니다.

마지막으로, 환경 요인의 과소평가 역시 지적됩니다. 일부 생물학 중심의 연구는 사회적 불평등, 교육 기회, 가족 구조 등 환경적 요소의 영향을 충분히 반영하지 못하고 있으며, 이는 범죄에 대한 이해를 제한할 수 있습니다.

따라서 오늘날의 범죄학은 생물학적 요인을 하나의 중요한 변수로 인정하되, 심리적·사회적 요인과의 상호작용을 통합적으로 고려하는 다차원적 접근을 지향하고 있습니다. 이는 단순히 범죄를 예방하거나 처벌하는 수준을 넘어, 보다 근본적인 원인을 이해하고 개인 맞춤형 개입과 정책 설계로 이어질 수 있는 방향을 제시합니다.

3. 심리학적 이론

(1) 개관

현대 사회에서 범죄는 다양한 요인에 의해 발생하지만, 그중에서도 개인의 심리적 특성이 범죄 행동에 미치는 영향은 상당하다. 심리학적 이론(psychological theories)은 개인의 정신상태나 심리상태를 중심으로 범죄현상을 설명하는 접근방법으로 생물학적 이론과 마찬가지로 환경의 영향보다는 개인의 자질이나 속성을 중심으로 하는 미시이론(micro theory)이며 심리학자들은 인간의 모든 행위를 정신적 과정에 기인하는 것으로 파악하고 있다. 처벌위주의 행형관에서 처우위주의 교정관으로 전환하는 데 기여했고, 일반예방이론과 같은 형벌이론에도 많은 영향을 주었습니다.

심리학적 범죄 원인론은 19세기 말에서 20세기 초에 이르기까지 점차 체계화되기 시작하였습니다. 초기 범죄학은 범죄를 주로 생물학적 요인이나 사회적 환경으로만 설명하려 했으나, 이러한 시각의 한계를 인식한 학자들은 개인의 내면적 특성과 심리 상태에 주목하게 됩니다.

19세기 후반에는 롬브로소가 생물학적 결정론을 주장하며 범죄자를 신체적 특징으로 식별하려 했지만, 이후 범죄 원인에 대한 심리적 설명이 등장하기 시작합니다. 대표적으로 지그문트 프로이트(Sigmund Freud)의 정신분석이론은 범죄를 무의식적 충동과 억압된 욕망의 결과로 해석하였습니다.

1950~1970년대에 이르러서는 행동주의와 인지심리학이 범죄 행동 분석에 도입되면서, 범죄가 개인의 학습된 행동이거나 잘못된 인지적 구조에서 비롯된다는 이론들이 주목받았습니다. 최근에는 신경과학과 심리학의 결합을 통해, 뇌 구조와 기능 이상이 범죄성과 어떻게 연관되는지를 탐구하는 신경범죄학(Neurocriminology) 연구도 활발히 진행되고 있습니다.

이와 같이, 심리학적 범죄 원인론은 범죄자의 내면적 세계와 심리적 구조를 이해함으로써, 범죄의 예방과 교정에 있어 보다 개인 맞춤형 대응을 가능하게 합니다. 나아가 심리학은 범죄에 대한 단순한 도덕적 비난을 넘어서, 인간 행동의 복합성과 변화 가능성을 탐색하는 데 중요한 학문적 기반을 제공하고 있습니다.

(2) 정신분석이론

20세기 심리학의 거장 프로이트는 인간 행동의 원인을 무의식(unconscious)에서 찾으려 했습니다. 그의 정신분석이론(Psychoanalytic Theory)은 범죄심리학 분야에도 깊은 영향을 미쳤으며, 특히 범죄자의 내면 심리를 이해하고 분석하는 데 중요한 이론적 기반이 되었습니다.

프로이트에 따르면, 범죄는 인간 내면의 심리적 갈등과 무의식적 동기가 복합적으로 작용한 결과로 나타날 수 있습니다. 그는 인간 정신을 원초적 자아(Id), 자아(Ego), 초자아(Superego)라는 세 가지 구조로 나누어 설명하였으며, 이들 간의 균형이 무너지거나 충돌이 심화될 경우, 충동적이고 반사회적인 행동, 나아가 범죄로 이어질 수 있다고 보았습니다.

정신분석이론은 개인의 내적 세계와 심리적 역동에 주목한다는 점에서, 범죄의 원인을 단순한 유전적·신체적 요인이 아닌 심층 심리의 영역에서 탐구하고

그림 5-3 프로이트의 정신분석이론

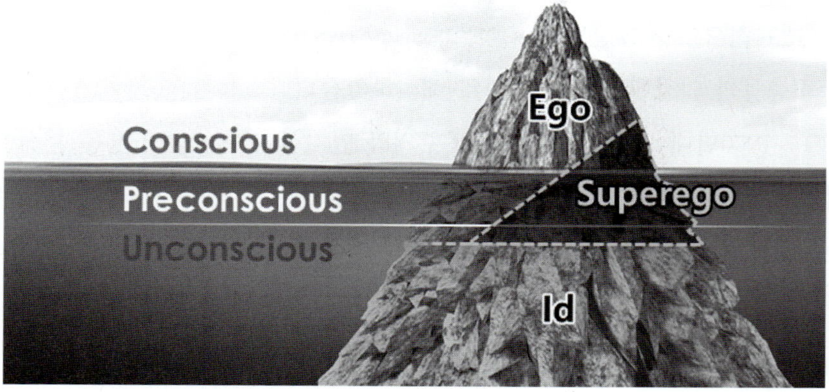

자 했다는 의의를 지닙니다. 이러한 접근은 생물학적 범죄이론과 마찬가지로 개인의 기질과 성향에 주목한다는 점에서는 유사하지만, 생물학적 이상보다는 개인의 심층 심리 구조와 무의식적 갈등을 강조한다는 점에서 분명한 차이를 보입니다.

① 정신분석이론

원초적 자아(Id)는 인간 정신의 가장 원초적이고 본능적인 부분으로, 선천적으로 존재하며 쾌락 원칙(pleasure principle)에 따라 작동하고, 자아(Ego)는 현실 원칙(reality principle)에 따라 이드의 욕구를 현실적으로 조율하려는 정신 구조로, 외부 세계와의 접점을 담당합니다. 그리고 초자아(Superego)는 부모나 사회로부터 내면화된 도덕적 기준과 양심의 영역으로, 이상 원칙(ideal principle)에 따라 작동됩니다.

프로이트의 정신분석이론에 따르면, 이들 간의 균형과 갈등은 인간 행동의 중요한 결정 요인으로 작용됩니다. 원초적 자아는 본능적 욕구와 충동을 대표하며, 자아는 현실 원칙에 따라 욕구를 조절하고, 초자아는 도덕적 기준과 양심을 담당합니다. 이 세 요소가 조화롭게 작용할 때, 인간은 사회적 규범을 수용하고 바람직한 행동을 유지할 수 있습니다.

그러나 이 균형이 무너지면 범죄 행동으로 이어질 수 있습니다. 예를 들어, 초자아가 결함을 가진 경우(Superego deficiency), 도덕적 기준을 내면화하지 못해 범죄에 대한 죄책감을 느끼지 못하고 충동적인 행동을 보일 수 있습니다. 반대로, 자아 기능이 약화된 경우(Ego weakness)에는 현실과 본능 사이의 조율이 어려워져 감정 조절 능력이 떨어지고 폭력적 행동으로 이어질 가능성이 커집니다. 또한, 이드가 지배적인 경우(Id dominance)에는 즉각적인 욕구 충족을 우선시하며 사회적 규범이나 타인의 권리를 무시하게 되어 반사회적 행동으로 나타날 수 있습니다. 이러한 정신분석학적 관점은 특히 강력범죄(예: 살인, 성범죄 등)의 이해에 적용될 수 있습니다. 예컨대, 가해자가 어린 시절 학대나 방임을 경험한 경우, 안정적인 자아 구조와 도덕성의 발달이 저해되어 충동적인 범죄 행동을 보일 가능성이 높아진다는 해석이 가능합니다. 이처럼 정신분석이론은 범죄를 단순한 법규 위반이 아닌, 개인의 심리적 발달과 무의식적 갈등의 결과로 설명하려는 통찰을 제공합니다.

② 자아발달

프로이트의 심리성적 발달(psychosexual development)이론은 인간의 성격이 유아기부터 청소년기까지의 경험을 통해 형성된다고 설명합니다. 그는 자아(Ego)와 초자아(Superego)가 이 발달 과정에서 점진적으로 형성되며, 각 단계에서 특정한 신체 부위에 성적 에너지(리비도, libido)가 집중된다고 보았습니다. 즉, 이 이론에 따르면, 각 단계는 특정 욕구의 충족을 중심으로 진행되며, 이 욕구가 제대로 해결되지 않으면 심리적 고착(fixation)이 발생해 성격적 결함이나 충동적·반사회적 행동, 즉 범죄 성향으로 이어질 수 있습니다. 프로이트는 이 발달 과정을 다음과 같은 5단계로 제시했습니다.

표 5-1 자아발달 과정

단계	연령	주요 특징	리비도 초점	주요 발달 과제
구강기 (Oral Stage)	0~1세	입을 통한 탐색, 기본 신뢰감 형성	입(빨기, 물기)	신뢰감과 안정감
항문기 (Anal Stage)	1~3세	배변 훈련, 자율성 발달	항문(배변 조절)	자기통제와 독립성
남근기 (Phallic Stage)	3~6세	성 정체성 발달, 오이디푸스 콤플렉스	생식기	도덕성과 초자아 발달
잠복기 (Latency Stage)	6~12세	사회적 기술 습득	성적 에너지 억제	학습과 또래 관계
생식기 (Genital Stage)	12세 이후	성숙한 대인관계 형성	생식기(이성 관심)	친밀감과 성인기 독립

프로이트는 이 발달 과정에서 경험하는 갈등이 제대로 해소되지 않을 경우, 성인이 된 후에도 특정 단계에 고착되어 충동조절 장애, 도덕적 판단 결여, 공감 부족 등과 같은 성격적 결함으로 이어질 수 있으며, 이는 범죄적 행동으로 발전할 가능성을 높인다고 보았습니다. 각 단계에서의 고착이 범죄행동과 어떤 관련을 가질 수 있는지 다음과 같이 설명할 수 있습니다.

유아기의 구강기에서 애정과 관심이 결핍된 경우, 성인이 된 후 타인에게 지나치게 의존하거나 반대로 공격적인 성향을 보일 수 있습니다. 이는 충동적 범죄, 약물 중독, 사기범죄 등과 연결될 가능성이 높습니다. 정서적 안정의 부족이 행동 통제의 어려움으로 이어지기 때문입니다.

항문기에서 부모의 과도한 통제를 받은 경우에는 강박적인 성격이 형성될 수 있습니다. 이러한 성향은 완벽주의적 태도로 이어지며, 계획적인 금융 사기나 조직적 범죄에서 그 특성이 나타납니다. 자신과 타인을 과도하게 통제하려는 욕구가 범죄 행위로 전개될 수 있습니다.

남근기에서는 오이디푸스 콤플렉스가 중심적 과제이며, 이 과정이 해결되지 못할 경우 성 정체성에 혼란이 생기거나 성적 욕구에 대한 왜곡된 인식이 나타날 수 있습니다. 이로 인해 성범죄, 스토킹, 가정폭력 등이 발생할 수 있으며, 이는 대인 관계에서의 지배와 소유욕이 병리적으로 작용한 결과로 볼 수 있습니다.

잠복기에는 또래와의 긍정적인 사회화가 이루어져야 하지만, 이 과정이 실패할 경우 반사회적 성향이 강화됩니다. 사회적 규범을 내면화하지 못한 채 성인이 될 경우, 청소년 비행이나 폭력 범죄, 사이버범죄 등으로 이어질 수 있습니다.

마지막으로 생식기 단계에서는 성숙한 대인 관계 형성이 이루어져야 합니다. 이 시기에 친밀감을 적절히 형성하지 못하면 충동적이고 집착적인 관계를 맺게 되며, 연애 사기, 데이트 폭력, 강박적 질투에 기반한 범죄로 이어질 수 있습니다.

이처럼 각 발달 단계에서의 결핍과 갈등은 단순한 성격 형성의 문제를 넘어, 특정 상황에서는 범죄로 이어질 가능성을 내포합니다. 따라서 심리성적 발달 이론은 범죄행동의 원인을 이해하고, 이를 예방하거나 교정하기 위한 이론적 토대를 제공합니다.

③ 평가

정신분석학은 범죄의 심리적 원인을 설명하는 데 중요한 틀을 제공합니다. 특히 인간의 무의식, 심리적 갈등, 유아기 경험 등이 범죄행동에 어떤 영향을 미치는지를 이해하는 데 유용한 관점을 제시합니다. 그러나 이 이론은 과학적 검증이 어렵다는 점에서 비판을 받아왔습니다. 프로이트의 이론은 주로 임상 사례를 바탕으로 한 경험적 관찰에서 출발했으며, 실험적으로 재현하거나 통계적으로 일반화하기 어렵다는 한계를 지닙니다. 또한 현대 범죄학에서는 개인의 심리적 특성 외에도 사회적, 경제적 요인이 범죄에 미치는 영향을 강조합니다. 동일한 환경에서 성장한 사람들 중 일부만 범죄자가 되는 이유를 단지 무의식적 갈등이나 심리 구조만으로 설명하기는 어렵기 때문입니다.

그럼에도 불구하고 정신분석학적 접근은 범죄자의 내면을 깊이 있게 이해할 수 있는 방법을 제공합니다. 특히 성범죄자나 연쇄살인범과 같은 강력범죄자의 정신 구조를 분석하고, 재범 방지를 위한 심리치료나 교정 프로그램을 설계하는 데 있어 여전히 중요한 역할을 합니다. 범죄 원인을 단일한 관점이 아닌 통합적인 시각으로 이해하는 오늘날에도, 정신분석학은 인간 행동의 복잡성을 이해하는 데 의미 있는 이론적 틀로 활용되고 있습니다.

(3) 성격이론

범죄를 저지르는 사람들은 선천적으로 다른 성격적 특성을 가질까요? 심리학적 관점에서는 개인의 성격(personality)이 범죄 성향과 밀접하게 연관될 가능성이 크다고 봅니다. 성격이론(Personality Theory)은 특정한 성격적 특징이 공격성, 충동성, 반사회적 행동 등과 어떻게 연결되는지를 설명하며, 범죄의 이해는 물론 예방과 교정 정책 수립에도 활용되고 있습니다.

범죄와 관련된 성격 이론 가운데 가장 대표적인 것은 한스 아이젠크(Hans Eysenck)의 성격 이론입니다. 아이젠크는 성격을 개인이 일관되게 나타내는 행동, 사고, 감정의 패턴으로 정의하며, 이를 세 가지 주요 차원으로 설명하였습니다. 그는 특정한 성격적 특성이 범죄 성향과 연관될 수 있다고 보았으며, 특히 일부 성격 유형은 범죄 행동에 영향을 미칠 가능성이 크다고 주장하였습니다.

표 5-2. 아이젠크의 성격 3요인 이론(PEN 모델)

성격 요인	특징	범죄와의 연관성
정신병적 성향 (Psychoticism, P)	공격적, 충동적, 반사회적 행동	높은 P 점수 → 강한 공격성과 반사회적 행동 증가
외향성 (Extraversion, E)	사교적, 충동적, 위험추구 성향	높은 E 점수 → 충동적 범죄 가능성 증가
신경증적 성향 (Neuroticism, N)	정서적 불안정, 충동성	높은 N 점수 → 감정 조절 어려움, 충동적 범죄 위험

아이젠크는 성격이 범죄 행동에 영향을 줄 수 있다고 보았습니다. 그는 특히 정신병적 성향(Psychoticism, P)이 높은 사람들은 공격적이고 냉담하며, 반사회적 행동을 할 가능성이 크다고 설명합니다. 또한 외향성(Extraversion, E)이 높은 사람들은 자극을 추구하고 위험을 감수하는 경향이 있어 범죄에 쉽게 가담할 수 있으며, 신경증적 성향(Neuroticism, N)이 높은 사람들은 감정 조절이 어렵고 스트레스

상황에서 충동적으로 범죄를 저지를 위험이 높다고 보았습니다.

아이젠크는 실제 범죄자들에게서 이러한 성향이 뚜렷하게 나타난다고 주장합니다. 특히 정신병적 성향(P)과 외향성(E)이 높은 경우가 많으며, 신경증적(N)이면서 외향적(E)인 사람은 자기 통찰력이 부족하고 충동적이며 정서적으로 불안정하여, 일상적인 환경에서도 이성적 판단이 흐려져 파괴적인 행동을 할 가능성이 높다고 설명합니다.

또한, 그는 사이코패스를 두 유형으로 나누어 설명합니다. 일차적 사이코패스(primary psychopath)는 높은 P 점수로 특징지어지며, 정서적 반응이 결여된 반면, 이차적 사이코패스(secondary psychopath)는 높은 N 점수와 E 점수를 동시에 보여 불안정하고 충동적인 성향을 보이는 것으로 분석됩니다.

(4) 인지이론

인지이론(Cognitive Theories)은 범죄행동의 원인을 개인의 사고 과정, 정보 처리 방식, 도덕적 판단 능력에서 찾는 심리학적 접근입니다. 이 이론은 범죄자의 왜곡된 사고 패턴과 낮은 도덕 발달 수준이 범죄로 이어질 수 있음을 설명하며, 범죄 예방과 교정 프로그램에 실질적인 기여를 합니다.

인지이론에 따르면, 범죄자는 자신의 행동을 정당화하거나 현실을 왜곡하여 받아들이는 경향이 있습니다. 자기중심적인 사고를 하거나, 책임을 타인에게 전가하고, 행동의 결과를 축소하여 인식하는 잘못된 사고 패턴(cognitive distortion)을 보입니다. 또한, 범죄자는 도덕적 판단 능력이 낮은 경우(moral reasoning deficit)가 많고, 문제 해결 능력도 낮은 경향(low problem-solving skills)을 보입니다. 갈등 상황에서 비폭력적이고 합리적인 방법으로 문제를 해결하기보다는, 충동적으로 대응하여 범죄로 이어질 가능성이 높습니다.

아울러, 범죄자는 타인의 행동을 적대적으로 해석하는 경향이 있습니다. 이러한 적대적 귀인 오류(hostile attribution bias)는 불필요한 갈등을 유발하고, 폭력적 반응으로 이어질 수 있습니다.

① 도덕성 발달 이론: 인간 윤리 발달의 새로운 지평

미국의 심리학자 로렌스 콜버그(Lawrence Kohlberg)는 인간의 도덕적 사고가 어떻게 발전하는지를 설명하는 도덕성 발달 이론을 제시하며, 심리학과 교육학 분야에 큰 영향을 미쳤습니다. 그는 도덕적 판단 과정을 체계적으로 3가지 수준과 6단계로 나누어 설명하고, 인간의 도덕성은 단계적으로 발달한다고 주장하였습니다. 각 단계는 이전 단계를 기반으로 더 복잡하고 성숙한 도덕적 사고를 가능하게 한다고 보았습니다.

첫째, 전관습적 수준(Preconventional level)은 외부의 처벌이나 보상에 따라 도덕 판단이 이루어지는 단계입니다. 이 수준의 첫 번째 단계는 벌과 복종 지향(obedience and punishment orientation)으로, 처벌을 피하기 위한 행동이 도덕적으로 옳다고 여겨집니다. 두 번째 단계는 개인주의와 교환 지향(self-interest orientation)으로, 자신의 이익을 우선시하며 보상을 얻기 위한 교환이 도덕 판단의 기준이 됩니다.

둘째, 관습적 수준(Conventional level)은 타인의 기대나 사회 규범에 맞추는 것을 도덕적으로 옳다고 여기는 단계입니다. 세 번째 단계인 대인관계 조화 지향 (in-

그림 5-4 콜버그의 도덕발달 단계

terpersonal accord and conformity)에서는 타인의 기대에 부응하거나 좋은 관계를 유지하려는 행동이 중요하게 여겨지며, 네 번째 단계인 사회 질서 유지 지향(authority and social order maintaining orientation)에서는 법과 규칙을 지키고 사회 질서를 유지하는 것이 도덕 판단의 기준이 됩니다.

셋째, 후관습적 수준(Postconventional level)은 개인의 양심과 보편적인 윤리 원칙에 따라 도덕 판단을 내리는 단계입니다. 다섯 번째 단계인 사회 계약과 권리 지향(social contract orientation)은 법과 규범이 공정성과 정의를 위해 변화될 수 있다는 인식을 바탕으로 하며, 여섯 번째 단계인 보편적 윤리 원칙 지향(universal ethical principles)에서는 법보다 개인의 내면적 양심과 보편적 윤리 원칙을 우선시하는 도덕 판단이 이루어집니다.

콜버그는 많은 범죄자들이 전관습적 수준에 머물러 있어, 도덕 판단이 처벌 회피나 자기 이익 중심으로 이루어진다고 보았습니다. 이는 범죄 예방을 위해 도덕성 교육의 중요성을 강조하는 근거가 됩니다.

콜버그의 도덕성 발달 이론은 학생들의 도덕 교육에 활용되며, 윤리적 사고를 촉진하기 위한 교육 프로그램 개발에 크게 기여합니다. 그의 이론은 법학, 윤리학, 심리학 등 다양한 분야에서 인간 행동을 이해하는 데 중요한 틀을 제공하며, 도덕성 발달에 대한 체계적인 이해를 가능하게 합니다.

그러나 이 이론은 몇 가지 한계를 지니고 있습니다. 우선, 문화적 다양성을 충분히 반영하지 못했다는 비판을 받습니다. 즉, 서구 중심의 가치관을 보편적인 기준으로 삼았다는 점에서 보편성에 대한 의문이 제기됩니다. 또한 실제 행동보다는 도덕적 추론 과정에 초점을 맞추었기 때문에, 도덕적 사고와 실제 행동 간의 괴리를 설명하는 데 한계가 있다는 지적도 존재합니다. 그럼에도 불구하고 콜버그의 연구는 인간이 단순히 외부 규범에 순응하는 존재가 아니라, 환경과 상호작용하며 스스로 윤리적 판단을 발전시켜 나가는 존재임을 강조했다는 점에서 여전히 높은 학문적 가치를 지닙니다. 그의 이론은 도덕 교육과 인간 발달 이해에 있어 중요한 이정표로 평가받고 있습니다.

② 정책적 함의: 범죄 예방과 교정 프로그램

인지이론은 범죄자의 내면적 사고 과정을 분석하여 비사회적 행동의 원인을 이해하고, 이를 교정하기 위한 다양한 심리치료와 교육적 개입을 제안합니다. 특히 인지행동치료(Cognitive Behavioral Therapy, CBT)는 잘못된 사고 패턴과 행동을 수정하여 재범을 예방하는 데 효과적인 방법으로 활용되며, 도덕성 교육은 청소년기의 도덕 판단 능력을 강화하여 법과 규범의 내면화를 돕습니다. 또한 사회적 기술 훈련은 타인의 행동을 긍정적으로 해석하고 갈등 상황에서 평화로운 해결 방식을 학습하도록 유도합니다. 이러한 접근은 단순한 처벌을 넘어, 치료와 교정을 통해 범죄자의 재사회화를 돕고 사회 안전망을 강화하는 데 중요한 역할을 합니다.

4. 사회학적 이론

(1) 사회학적 접근, 범죄학의 핵심으로 주목받다

현대 사회에서 범죄의 원인을 분석하는 데 있어 사회학적 범죄원인론은 중요한 이론적 틀로 작용합니다. 이 접근은 범죄를 개인의 일탈이나 심리적 문제로 한정하지 않고, 사회적 환경과 구조적 요인에서 그 원인을 찾으려는 시도입니다. 이러한 이론은 20세기 초, 특히 1920년대 미국의 시카고학파에서 본격적으로 발전하였습니다. 당시 시카고는 급격한 도시화와 산업화를 겪으며 사회적 혼란과 범죄율 증가라는 문제에 직면했고, 시카고학파는 이러한 현상을 개인의 문제가 아니라 지역사회와 사회경제적 환경의 변화 속에서 이해하고자 했습니다. 이들은 범죄를 사회적 맥락 속에서 분석함으로써, 사회 구조가 범죄 발생에 미치는 영향을 강조하였습니다.

사회학적 범죄원인론은 인간의 행위를 이해하는 데 있어 사회 구조, 제도, 그리고 사회적 과정을 중심적으로 설명합니다. 특히 범죄는 개인의 내재적 특성보다 사회적 환경 속에서 학습되고 강화된 행동으로 간주되고, 사회학적 이론은 크게 사회구조이론, 사회과정이론, 사회반응이론으로 구분됩니다.

첫째, 사회구조이론(social structural theories)은 거시적 관점에서 사회 내 불평등과 기회 박탈이 범죄의 주요 원인이 된다고 봅니다. 대표적인 이론에는 사회생태학(social ecology), 사회해체이론(social disorganization theory), 아노미 – 긴장이론(anomie-strain theory), 하위문화이론(subcultural theory) 등이 포함됩니다.

둘째, 사회과정이론(social process theories)은 미시적 접근을 통해 범죄가 개인과 집단 간의 상호작용 속에서 학습된다고 설명합니다. 주요 이론으로는 차별접촉이론(differential association theory), 사회통제이론(social control theory) 등이 있습니다.

셋째, 사회반응이론(social response theories)은 범죄의 본질보다 사회가 특정 행위에 어떻게 반응하느냐에 주목합니다. 특히 낙인이론(labeling theory)은 범죄란 특정 행위 자체가 아니라, 사회가 그것을 '범죄'로 규정하고 낙인을 부여하는 과정에서 형성된다고 주장합니다. 이는 범죄를 개인의 일탈이 아닌 사회적 규정의 산물로 보는 점에서 기존 이론과 차별화됩니다.

(2) 사회구조이론

① 동심원 모델(Concentric Zone Model): 사회생태학적 접근

사회생태학적 관점은 인간의 사회적 행동이 물리적 환경과 밀접한 관련을 맺고 있다는 전제에서 출발합니다. 특히 도시 공간 내에서 범죄, 빈곤, 이주와 같은 사회현상은 단순히 개인의 문제가 아니라, 특정 지역의 환경적 특성과 구조적 조건에 의해 영향을 받는다는 점을 강조합니다. 이러한 시각은 20세기 초 시카고 학파에 의해 본격적으로 발전하였으며, 어니스트 버제스(Ernest Burgess)가 제시한 동심원 이론은 그 대표적 결과물 중 하나입니다.

1925년 버제스는 도시가 중심에서 외곽으로 자연스럽게 확장된다고 보며, 도시 내 사회적·경제적 기능이 공간적으로 분화된다고 주장했습니다. 그는 도시의 성장을 생태학적 과정으로 설명하며, '침입(invasion) – 경쟁(competition) – 승계(succession)'라는 순환적 과정을 통해 각 구역이 형성된다고 보았습니다.

이 이론에 따르면 도시는 중심부에서 외곽으로 다음과 같은 다섯 개의 구역으로 구성됩니다.

첫째, 중심업무지구(Central Business District, CBD)는 금융, 상업, 행정 기능이 집중된 도시의 핵심 지역입니다.

둘째, 전이지대(Transitional Zone)는 상업지와 주거지가 혼재되어 있으며, 공장, 빈민가, 이민자 밀집 지역이 존재하는 구역으로 사회적 문제와 범죄가 자주 발생하는 지역입니다.

셋째, 노동자 주거지대(Working-Class Area)는 노동 계층이 밀집한 안정된 주거지역으로, 직장과 가까워 출퇴근이 용이한 특징이 있습니다.

넷째, 중산층 주거지대(Single-Family Homes)는 비교적 쾌적한 환경에서 중산층이 거주하는 지역으로, 주거환경의 질이 높고 사회적 안정성이 확보된 구역입니다.

다섯째, 통근자 지대(Commuter Zone)는 도시 외곽의 교외지역으로, 고소득층이 거주하며 자동차 등을 이용해 중심업무지구로 통근하는 특징을 가집니다.

동심원 모델은 20세기 초 산업화 시대의 도시 구조를 이해하는 데 유용한 이

그림 5-5 동심원모델(Concentric Zone Model)

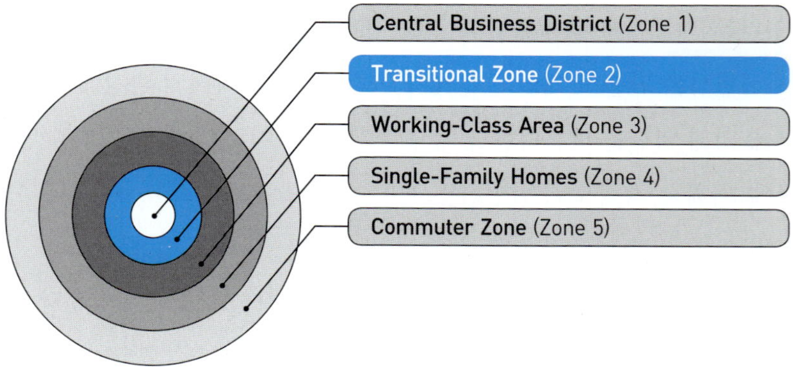

론으로, 도시의 성장과 쇠퇴 과정을 설명하는 데 있어 중요한 역사적 틀로 여겨집니다. 특히 사회적 불평등과 공간적 분리를 강조함으로써, 도시 정책 수립 시 공평한 개발 전략 마련에 영향을 주었습니다.

그러나 이 모델은 몇 가지 한계를 지닙니다. 우선, 사회경제적 다양성과 현대 도시의 복잡한 구조를 충분히 반영하지 못합니다. 구역 간 경계가 모호해진 오늘날의 도시에서는 동심원 형태로 구획된 구조가 현실과 일치하지 않는 경우가 많으며, 젠트리피케이션(gentrification)이나 교외화(suburbanization or urban sprawl) 등 도시의 동적 변화 과정을 설명하는 데도 한계가 있습니다. 또한 시카고라는 특정 도시를 기반으로 만들어진 이론이므로, 다양한 문화와 역사적 배경을 지닌 다른 도시들에 그대로 적용하기 어렵다는 비판도 제기됩니다.

결론적으로, 버제스의 동심원 이론은 도시 사회학과 지리학의 초기 발전에 크게 기여한 모델로서 학문적 의의가 큽니다. 현대 도시의 복합적 현실을 완전히 설명할 수는 없지만, 도시 공간의 구조와 사회적 문제를 이해하는 데 여전히 의미 있는 분석 도구로 활용되고 있습니다.

② 사회해체이론: 초기 시카고학파

사회해체이론(Social Disorganization Theory)은 20세기 초 시카고학파에 의해 개발된 범죄사회학 이론으로, 특정 지역사회의 생태학적 특성과 범죄율 간의 관계를 설명하는 데 초점을 둡니다. 이 이론은 범죄의 원인을 개인의 속성보다는 지역의 구조적 특성에 두며, 특히 빈곤, 주거 이동성, 인종적·문화적 이질성과 같은 사회적 요인에 주목합니다.

사회해체란 급격한 산업화와 도시화, 이민의 증가, 계층 간 갈등, 윤리의식의 저하 등으로 기존 사회구조와 규범에 대한 공감대가 약화되고, 지역사회의 공식적·비공식적 사회통제 기능이 붕괴되는 현상을 말합니다. 이는 공동체의 문제를 집합적으로 해결할 수 있는 능력을 저하시켜 지역사회 전체의 통합성을 약화시키고, 결과적으로 범죄와 비행의 증가로 이어지게 됩니다. 요약하자면, 사회해체이론은 도시의 특정 지역에서 범죄율이 높은 이유를 개인의 결함이 아니라, 공동체 기능의 약화와 사회적 통합의 붕괴에서 찾는 구조적·생태학적 접근이라 할 수 있습니다.

클리포드 쇼(Clifford Shaw)는 미국의 사회학자이자 범죄학자로, 1930~1940년대 시카고학파의 중심 인물로 활동하였습니다. 그는 도시 내 범죄와 청소년 비행의 원인을 개인의 문제로 보지 않고, 지역사회 환경과의 연관성 속에서 분석한 대표적인 학자로 평가받습니다. 특히, 사회해체이론의 이론적 기초를 정립하는 데 핵심적인 역할을 하였으며, 미국 범죄학의 발전에 지대한 영향을 끼쳤습니다. 헨리 맥케이(Henry McKay) 또한 미국의 사회학자이자 범죄학자로, 시카고대학교 사회학과의 학문적 위상을 미국 최고 수준으로 끌어올리는 데 크게 기여하였습니다. 그는 쇼와 함께 공동연구를 수행하며, 시카고 지역의 범죄 분포와 사회경제적 특성 간의 관계를 실증적으로 분석하였고, 이를 통해 범죄 발생의 사회적·공간적 원인을 체계적으로 밝히는 데 중요한 성과를 거두었습니다.

쇼와 맥케이는 시카고 지역의 청소년 비행을 연구하며, 범죄율이 높은 특정 지역에서는 인구 구성이나 인종과 무관하게 지속적으로 높은 비행률이 나타나는 현상을 발견하였습니다. 이들은 이러한 현상을 도시의 '전이지역(Zone of Transition)'이라는 개념을 통해 설명하였고, 해당 지역의 구조적 특성(예; 빈곤, 주거의 불안정성, 인종적 다양성 등)이 지역사회의 사회적 통제력을 약화시켜 범죄와 비행을 촉진한다고 해석하였습니다.

그러나 이들의 연구는 비행 다발 현상이 인구 구성이나 특정 인종의 특성 때문인지, 혹은 지역 자체의 범죄적 환경과 문화로 인해 그곳에 사는 누구든지 비행 가능성이 높아지는 것인지에 대해 논란의 여지를 남겼습니다. 이와 관련하여 사회생태학의 원리에 따르면, 하나의 인종이 지배하던 지역에 전혀 다른 문화와 가치관을 가진 인종이 유입되어 인구의 주류가 되더라도, 여전히 비행률이 높게 유지된다면 이는 인구 특성보다는 해당 지역의 구조적 약점, 즉 사회해체에 기인한 것으로 해석할 수 있습니다. 이러한 해석은 범죄를 단순한 개인의 도덕성 문제로 보지 않고, 지역사회 환경과 구조적 맥락 속에서 이해하려는 사회학적 범죄이론의 핵심 관점을 잘 보여줍니다.

표 5-3. 사회해체 요인

요인	내용
경제적 빈곤	자원 부족으로 인해 공식 및 비공식적인 통제 메커니즘이 약화됨
주거 불안정성	주민 간 신뢰 형성과 공동체 의식 약화
인종적 다양성	문화적 차이로 인해 협력과 통합 저하

초기 사회해체이론은 지역사회의 구조적 특성이 범죄 발생에 영향을 미친다는 점에서 범죄학 발전에 기여했지만, 시간이 지나면서 여러 한계가 드러났습니다. 첫째, 시카고라는 특정 도시를 기반으로 한 연구여서 다른 지역에 일반화하기 어렵다는 문화적 편향의 문제가 있었습니다. 둘째, 빈곤이나 주거 이동성과 범죄 간의 인과관계를 명확히 입증하기 어렵다는 비판이 제기되었습니다. 셋째, 지역사회 요인에만 초점을 맞추면서 개인의 심리적 요인이나 자율성을 간과하는 한계가 있었습니다. 넷째, 도시 구조를 고정된 형태로 보아 젠트리피케이션이나 도시 재편과 같은 동적인 변화를 설명하지 못했습니다. 이러한 한계로 인해 1960~70년대 이후 심리학적 이론과 갈등이론이 부상하면서 사회해체이론은 점차 쇠퇴하게 되었습니다. 그럼에도 불구하고 이 이론은 집합효율성 이론 등으로 발전하며 현대 범죄학에 여전히 중요한 이론적 기반을 제공하고 있습니다.

③ 집합효율성이론(Collective Efficacy Theory)

로버트 샘슨(Robert Sampson)은 하버드대학교의 석좌교수로, 범죄사회학 분야의 세계적인 권위자입니다. 그는 동료 라덴부시(Stephen Raudenbush), 얼스(Felton Earls)와 함께 1997년 「Science」에 발표한 연구에서 '집합효율성(Collective Efficacy)' 개념을 제시하였습니다. 집합효율성이란 지역사회가 공동의 목표를 위해 협력하고, 사회적 문제를 효과적으로 통제할 수 있는 능력을 의미합니다. 이는 사회적 결속력(Social Cohesion)과 비공식적 사회 통제력(Informal Social Control)의 결합으로 정의되며, 주민 간의 신뢰와 상호 협력 의지, 그리고 공동체 차원의 문제 해결 역량을 반영하는 개념입니다.

집합효율성이 강한 지역일수록 범죄율이 낮고, 주민들이 보다 안전하다고 느끼는 경향이 높습니다. 이 이론은 개인의 특성보다 지역사회 수준의 특성에 초점을 맞추며, 주민들의 평균적인 인식을 통해 집합효율성을 측정하는 방식이 일반적으로 사용됩니다. 특히 최근에는 주민 간 인식의 일치 정도를 뜻하는 '동질성(homogeneity)'이 강조되고 있으며, 동질성이 높을수록 집합효율성의 범죄 예방 효과가 더욱 강해진다는 연구 결과도 제시되었습니다.

샘슨의 집합효율성이론은 단순히 사회적 자본(social capital)이나 신뢰(trust) 수준을 넘어서, 지역사회가 스스로 문제를 해결하고 질서를 유지할 수 있는 능동적 역량을 설명하는 틀로 자리매김하고 있습니다. 이러한 관점은 범죄를 단순히 처벌로 억제하는 기존의 접근을 넘어서, 공동체 차원의 참여와 협력을 통해 지속가능한 해결책을 마련하는 데 기여합니다.

한국에서도 이 개념은 범죄 예방 및 지역사회 연구에 폭넓게 적용되고 있으며, 정책 설계 및 지역 복지 향상, 주민 안전 증진에 실질적인 기여를 하고 있습니다.

④ 아노미-긴장이론(Anomie-Strain Theory)

사회적 구조와 개인의 긴장 상태가 범죄 및 일탈 행동을 유발하는 과정을 설명하는 범죄학 이론입니다. 이 이론은 에밀 뒤르켐(Émile Durkheim)의 아노미(Anomie) 개념과 로버트 머튼(Robert Merton)의 긴장이론을 기반으로 발전했으며, 이후 애그뉴(Robert Agnew)의 일반긴장이론으로 확장되었습니다.

뒤르켐의 아노미이론은 사회통합의 약화로 인한 규범 붕괴 현상을 설명하는 사회학적 개념입니다. 이 이론은 특히 급격한 사회 변화나 경제적 격변기에 사회 규범이 약화되고, 그로 인해 개인이 삶의 방향을 상실하는 과정을 중심으로 설명합니다. 뒤르켐은 자살과 같은 극단적 행위를 통해 아노미의 영향을 설명하였으며, 이는 범죄를 포함한 다양한 일탈행위를 사회적 맥락에서 이해하는 데 중요한 틀을 제공합니다. 아노미가 심화되면 사회적 규제가 약화되고, 개인은 자신의 욕망을 통제하지 못하게 되어 결국 일탈과 범죄로 이어질 수 있다고 보았습니다.

머튼의 긴장이론(Strain Theory)은 범죄와 일탈 행동이 사회적 구조와 개인의 목표 간의 불균형에서 비롯된다고 설명하는 사회학적 이론입니다. 이 이론은 사회가 모든 사람에게 부, 권력, 지위 등과 같은 문화적 목표(Culturally Specified Goals)를 제시하지만, 이를 달성하기 위한 교육, 직업, 노력 등의 제도화된 수단(Institutionalized Means)에 접근할 기회는 계층에 따라 차이가 있다는 점에 주목합니다. 특히, 빈곤층이나 소외계층은 이러한 합법적 수단에 접근하는 데 제약이 따르므로, 목표를 달성하기 위한 대체 수단으로 범죄나 비행을 선택할 가능성이 높아집니다. 머튼은 이러한 구조적 긴장(strain)이 개인에게 심리적 압박을 유발하고, 그 결과로 일탈 행동이 나타날 수 있다고 보았습니다.

머튼의 이론은 개인의 범죄행동을 단순한 도덕적 일탈이 아닌, 사회구조와 기회 불평등 속에서 이해할 수 있도록 도와줍니다. 그는 모든 개인이 동일한 방식으로 반응하지는 않으며, 긴장에 따라 다양한 적응 유형을 보인다고 설명하였습니다.

첫째, 동조형(또는 순응형, conformity)은 사회가 제시하는 목표와 이를 달성하기 위한 제도화된 수단을 모두 수용하며, 대부분의 사람들이 해당됩니다. 둘째, 혁신형(innovation)은 사회적 목표는 수용하지만 합법적 수단이 부족하다고 느껴 비합법적인 방법, 즉 범죄를 통해 목표를 달성하려 합니다. 셋째, 의례형(ritualism)은 목표 달성에 대한 기대는 포기한 채, 사회가 정한 절차와 규범만을 따릅니다. 넷째, 도피형(또는 은둔형, retreatism) 유형은 목표와 수단 모두를 거부하며, 알코올 중독자나 약물 중독자처럼 사회로부터 이탈한 삶을 살아갑니다. 마지막으로, 반역형(rebellion)은 기존의 목표와 수단을 모두 거부하고, 새로운 가치 체계와 사회 질서를 주장하며 이를 실현하려는 경향을 보입니다. 이처럼 머튼의 이론은 범죄나 일탈을 개인의 도덕성보다는 사회 구조의 긴장 속에서 나타나는 적응 방식으로 설명합니다.

⑤ 제도적 아노미 이론

제도적 아노미 이론(Institutional-Anomie Theory)은 스티븐 메스너(Steven Messner)와 리처드 로젠펠드(Richard Rosenfeld)가 1994년에 제안한 이론으로, 문화적 가치와 사회제도의 상호작용 속에서 범죄를 설명하는 거시적 범죄학 이론입니다. 이들은 머튼의 아노미 이론을 확장하여, 현대 자본주의 사회에서 경제적 성공이 최우선 가치로 부각되면서 비경제적 제도(가족, 교육, 종교 등)가 약화되고, 이로 인해 사회적 통제가 무너져 범죄가 증가한다고 주장합니다.

이 이론에 따르면, 경제적 목표 달성을 위한 압박이 사회 전반을 지배하면 합법적이든 불법적이든 성공만 하면 된다는 문화가 조장되고, 이는 제도 간 균형을 파괴하여 범죄를 유발하는 환경을 형성하게 됩니다. 특히 가정, 학교, 공동체와 같은 비경제적 제도가 약화될수록 사회의 규범적 통제력이 줄어들고, 그 결과 아노미 상태가 심화되어 범죄 발생이 증가하게 됩니다.

제도적 아노미 이론은 단순히 개인의 도덕성이나 환경의 문제가 아니라, 자본주의 사회의 구조적 불균형이 범죄의 근본 원인이 될 수 있다는 점을 강조하며, 범죄 예방을 위해서는 사회제도 간의 균형 회복과 비경제적 가치의 회복이 필요함을 시사 합니다. 예를 들어, 가족은 전통적으로 정서적 안정과 도덕적 가치 교육의 중심 역할을 해왔으나, 경제적 압박이 심화되면서 이러한 기능이 약화되고 있습니다. 교육 또한 인간의 전인적 성장과 사회화보다는 취업과 경제적 성공을 위한 수단으로 전락하고 있습니다. 이처럼 비경제적 제도의 기능이 축소된 사회에서는 개인들이 규범적 행위보다 물질적 성취에 몰두하게 되며, 그 과정에서 범죄 발생 가능성이 높아지게 됩니다.

오늘날 제도적 아노미는 특정 국가에 국한된 문제가 아니라, 세계화된 자본주의 체제 전반에서 나타나는 보편적 현상으로 볼 수 있습니다. 빈부 격차가 심화된 지역에서는 경제적 성공을 달성하기 위한 불법 활동(예: 마약 거래, 조직범죄)이 증가하는 경향을 보이며, 이는 경제 중심주의가 가져온 구조적 문제의 한 단면입니다. 또한 청소년 비행, 화이트칼라 범죄 역시 물질적 성공을 우선시하는 사회

그림 5-6 제도적 아노미 이론

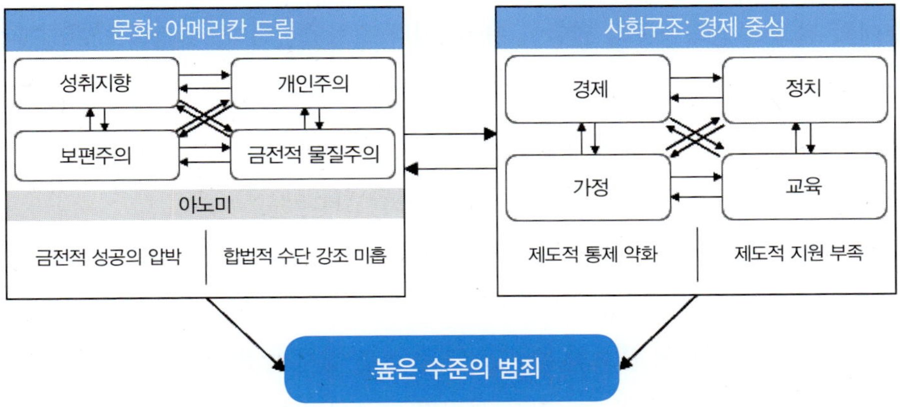

분위기와 무관하지 않습니다.

제도적 아노미 이론은 현대 자본주의 사회가 직면한 구조적 문제를 이해하는 데 중요한 이론적 틀을 제공합니다. 경제 중심주의로 인해 야기된 사회 균형의 붕괴는 더 이상 개인의 일탈 문제가 아닌, 사회 전체의 지속 가능성과 직결된 문제입니다. 이제는 경제와 비경제 제도 간의 균형을 회복함으로써 범죄 예방을 넘어 인간 존엄성과 공동체 회복을 지향하는 건강한 사회를 구축해 나가야 할 때입니다.

⑥ 일반긴장이론: 개인적 긴장과 범죄의 연결고리

현대 사회에서 범죄는 단순히 개인의 도덕적 결함이나 환경적 요인만으로는 충분히 설명되기 어렵습니다. 이에 대해 로버트 애그뉴(Robert Agnew)가 제안한 일반긴장이론(General Strain Theory, GST)은 범죄를 개인이 경험하는 다양한 형태의 긴장과 그로부터 유발되는 부정적 감정의 결과로 분석합니다.

이 이론은 기존의 구조 중심 긴장이론을 확장하여, 개인이 겪는 주관적 스트레스와 심리적 반응에 초점을 맞추며, 다양한 범죄 유형을 설명할 수 있는 이론적 유연성을 제공합니다. 특히, 애그뉴는 단순히 목표와 수단의 불일치뿐만 아니라, 긍정적 자극의 상실(Removal of Positive Stimuli), 부정적 자극의 제시(Presentation of Negative Stimuli), 가치 있는 목표의 차단(Strain from Failure to Achieve Goals) 등 다양한 형태의 긴장이 범죄행동의 원인이 될 수 있다고 보았습니다. 결과적으로 일반긴장이론은 범죄의 원인을 보다 개인화되고 감정적인 차원에서 접근함으로써, 범죄 예방과 개입 전략에 있어 보다 정서적, 심리사회적 대응의 필요성을 강조하는 현대 범죄학의 중요한 이론으로 자리 잡고 있습니다.

일반긴장이론에 따르면, 범죄로 이어지는 긴장은 세 가지 주요 원천에서 발생합니다. 첫째, 개인이 열망하는 목표를 달성하지 못할 때 좌절감이 생기고, 둘째, 가족이나 친구처럼 중요한 존재를 잃는 경우 정서적 불안이 유발되며, 셋째, 학교 폭력이나 직장 내 괴롭힘 같은 부정적 자극에 반복적으로 노출되면 심리적 스트레스가 증가합니다.

이러한 긴장은 분노, 좌절, 우울감 등 부정적 감정을 유발하고, 이 감정들이 범죄의 직접적인 매개가 됩니다. 예를 들어, 분노는 폭력적 행동으로, 좌절은 절도나 사기 같은 경제적 범죄로 이어질 수 있습니다. 다만, 모든 사람이 긴장을 범죄로 이어가지는 않으며, 사회적 유대, 문제 해결 능력, 정서적 지지, 그리고 범죄 성향 환경의 유무 등 다양한 요인이 범죄에 대한 반응을 결정짓습니다. 강한 사회적 유대와 충분한 대처 자원을 가진 사람일수록 비행 가능성이 낮아지는 반면, 범죄를 정당화하는 환경에 노출된 개인은 범죄로의 전환 가능성이 높아집니다.

애그뉴의 일반긴장이론은 기존 이론이 간과했던 심리적 요인과 긴장의 다양한 원천을 포괄적으로 설명하며, 특히 청소년 비행 연구에서 중요한 통찰을 제공합니다. 예컨대, 학교 폭력 피해자가 분노와 좌절을 해소하기 위해 또 다른 비행에 가담하는 사례는 이 이론으로 잘 설명됩니다. 그러나 이 이론은 빈곤이나 사회 불평등 같은 구조적 요인을 충분히 반영하지 못한다는 한계를 지니며, 조직범죄나 화이트칼라 범죄와 같은 특수한 범죄 유형을 설명하는 데는 한계가 있습니다. 그럼에도 불구하고 일반긴장이론은 현대 사회에서 개인이 경험하는 심리적 압박과 그로 인한 일탈 행동을 이해하는 데 중요한 이론적 틀을 제공하며, 법적 처벌보다는 개인의 스트레스 완화와 대처 능력 향상을 통해 예방책을 마련할 필요성을 강조합니다.

⑦ 비행하위문화이론

하위문화이론(Subculture Theories)은 사회구조이론에서 발전한 이론으로, 빈곤 지역이나 도시 하층민, 청소년 집단 등에서 형성되는 비행 행동과 밀접한 관련이 있습니다. 사회적 불평등과 경제적 박탈, 주류 문화에서의 배제가 특정 집단의 하위문화를 형성하는 원인이 되며, 이러한 하위문화는 주류 사회의 가치와 규범과는 구별되는 독자적인 신념, 태도, 행동 규범을 갖습니다.

하위문화이론은 이러한 집단 내부에서 범죄나 비행이 사회적으로 수용되거나 정당화되는 문화를 통해 재생산된다고 설명합니다. 특히 주류 사회에서 소외된 청소년들이 인정 욕구를 충족하고 소속감을 느끼기 위해 비행 집단에 참여하거나 범죄를 수단으로 삼는 경향이 강조됩니다. 이 이론은 사회적 불평등과 범죄 간의 구조적 연계를 설명하는 데 강점을 가지며, 구조적 개혁과 지역사회 기반 개발이 범죄 예방에 효과적일 수 있음을 시사하는 이론적 틀을 제공합니다.

알버트 코헨(Albert Cohen)의 비행하위문화이론(Delinquent Subculture Theory)은 청소년 비행이 단순한 개인의 일탈이 아니라, 집단적 좌절과 대안적 가치 형성 과정에서 비롯된다고 설명합니다. 특히 그는 하위계층 청소년들이 주류 사회의 성공 기준을 달성하지 못하면서 겪는 '지위 좌절(Status Frustration)'에 주목합니다.

중산층 중심의 사회는 학업 성취, 개인적 노력, 규범적 행동을 이상으로 삼지만, 하위계층 청소년들은 이러한 기준을 충족시키기 어려운 구조적 제약 속에 놓여 있습니다. 이로 인해 성적 실패, 학교 부적응, 사회적 인정 부족 등으로 좌절감을 경험하며, 주류 가치체계를 거부하게 됩니다. 이러한 좌절은 동조적 적응이 아닌 비행하위문화의 형성으로 이어지며, 이 하위문화 안에서는 주류 사회에서 부정적으로 간주되는 행동(예: 반사회적 행동, 규범 위반 등)이 오히려 집단 내에서 긍

그림 5-7 비행하위문화이론

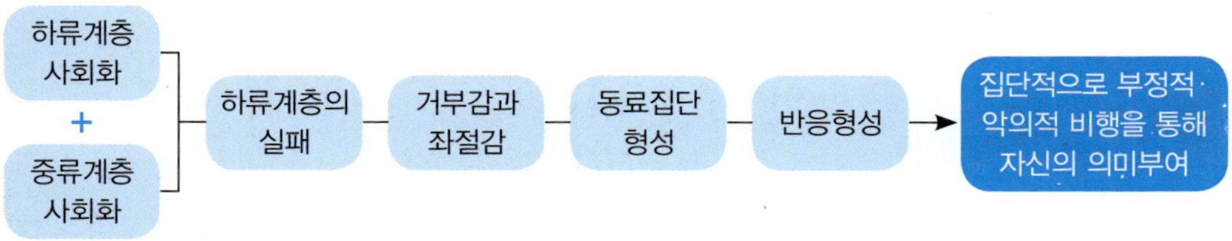

정적 가치로 전환됩니다. 즉, 청소년 비행은 대안적 지위 획득 방식으로 기능하며, 동료 집단 내 인정과 지지를 받는 수단이 됩니다.

비행하위문화는 주류 사회에 대한 집단적 반발과 대안적 가치 형성을 특징으로 합니다. 첫째, 주류 가치의 거부가 나타납니다. 비행하위문화에서는 중산층이 중요시하는 학업 성취나 규범적 행동 대신, 폭력성, 반항성, 즉각적 만족과 같은 요소가 긍정적으로 평가됩니다. 이는 주류 사회에 대한 상징적 저항의 표현입니다.

둘째, 비행 행동은 집단적 성격을 가집니다. 청소년 비행은 단독 행위라기보다는 또래 집단 내에서 소속감과 인정을 얻기 위한 수단으로 이루어지며, 집단의 유대 강화와 정체성 유지의 기능을 수행합니다. 예컨대, 갱단 내에서는 폭력 행위가 집단의 명예를 높이고, 개인의 위상을 드러내는 행위로 간주됩니다.

셋째, 하위문화는 대안적 지위를 제공합니다. 기존 사회에서 성공을 거두기 어려운 하위계층 청소년들은 비행하위문화 속에서 폭력성, 강인함, 도전 정신 등 새로운 가치 기준을 통해 지위를 획득합니다. 예를 들어, 학교 성적이 낮아 사회적 인정은 받지 못하더라도, 갱단 내에서는 리더로서 존경받는 위치를 차지할 수 있습니다. 이처럼 비행하위문화는 주류 사회의 실패 경험에 대한 집단적 대응이자, 대안적 성공 모델의 추구로 이해될 수 있습니다.

코헨의 비행하위문화이론은 청소년 비행을 개인의 일탈이 아닌 사회 구조적 불평등과 지위 좌절에서 비롯된 집단적 반응으로 설명합니다. 이는 교육과 경제적 기회의 불균형이 비행 하위문화를 형성하게 만들며, 비행은 소속감과 대안적 지위를 추구하는 수단으로 나타납니다.

이 이론은 청소년 범죄를 예방하기 위해 구조적 개혁, 대안 활동 제공, 멘토링과 심리 지원 등의 정책적 접근이 필요합니다. 다만, 중산층 중심적 시각, 개인 심리 요인 간과, 여성 청소년 비행에 대한 설명 부족 등의 한계가 지적됩니다. 결국, 코헨의 이론은 청소년 비행 문제를 사회적 배제와 불평등의 맥락에서 이해하고, 이를 해결하기 위한 사회적 노력의 중요성을 강조합니다.

⑧ 차별기회이론

클로워드와 올린(Richard Cloward & Lloyd Ohlin)의 차별적 기회이론(Differential Opportunity Theory)은 범죄 발생의 원인을 개인의 성향이 아닌, 사회 구조 내 기회 접근성의 불평등에서 찾습니다. 이들은 머튼의 아노미 이론과 서덜랜드의 차별접촉이론(Differential Association Theory)을 결합하여, 불법적인 기회조차도 사회적으로 불균등하게 분포되어 있다고 주장합니다. 즉, 합법적인 성공의 길이 막힌 개인들이 범죄로 눈을 돌리더라도, 불법적 기회에 접근할 수 있는지는 그들이 처한 지역사회의 구조에 따라 달라집니다. 어떤 지역은 조직화된 범죄 네트워크를 통해 경제적 범죄 기회를 제공하는 반면, 다른 지역은 조직화되지 않은 폭력적 범죄가 우세할 수 있습니다. 이런 구조적 차이가 지역에 따라 서로 다른 하위문화적 범죄 유형을 만들어낸다.

클로워드와 올린은 사회적 환경과 범죄적 기회의 차이에 따라 서로 다른 방식의 하위문화가 형성된다고 보았습니다.

첫째, 범죄 하위문화(Criminal Subculture)는 조직화된 범죄 기회가 존재하는 지역에서 나타납니다. 이 경우 청소년들은 절도, 사기, 마약 거래 등 경제적 이익을 위한 범죄를 통해 성공을 추구하며, 범죄 기술을 조직 내에서 학습하고 이를 삶의 경로로 삼습니다.

둘째, 갈등 하위문화(Conflict Subculture)는 사회적 혼란이 크고 조직화된 범죄조차 부재한 지역에서 나타납니다. 이 환경에서는 폭력과 힘이 곧 지위를 결정하는 수단이 되며, 청소년들은 갱단을 결성하고 폭력을 통해 명성과 소속감을 획득하려 합니다.

셋째, 도피 하위문화(Retreatist Subculture)는 합법적 성공도, 불법적 성공도 이루지 못한 이들이 현실을 회피하며 형성됩니다. 이들은 약물 남용, 알코올 중독 등 자기파괴적인 행동을 보이며 사회적 책임과 경쟁으로부터 벗어나려 합니다.

이와 같이, 클로워드와 올린의 이론은 범죄를 단순한 개인의 일탈이 아니라, 사회 구조와 기회의 불평등 속에서 나타나는 문화적 반응으로 이해하게 합니다. 이는 오늘날 범죄 예방과 사회통합을 위한 구조적 접근의 필요성을 강조하는 데 유용한 이론적 틀을 제공합니다.

차별적 기회이론은 현대 범죄 예방 정책에도 중요한 시사점을 제공합니다. 범죄를 줄이기 위해서는 단순히 법 집행을 강화하는 것만으로는 충분하지 않으며, 사회적 기회의 불평등을 해소하는 근본적인 대책이 필요합니다. 예를 들어, 청소년에게는 교육과 취업의 기회를 더욱 확대하고, 지역사회 개발을 통해 범죄가 발생할 수 있는 환경 자체를 개선해야 합니다. 또한 약물 중독이나 방황과 같은 도피형 하위문화에 대해서는 조기 개입과 적극적인 지원이 필요합니다.

결국 우리가 해결해야 할 과제는 법을 어긴 개인만이 아니라, 불평등한 사회가 만들어낸 기회의 차이입니다. 범죄를 예방하기 위해서는 처벌보다는 사회적 기회의 확장이 우선되어야 하며, 특히 청소년들에게 합법적인 성공의 경로를 제시하는 것이 가장 효과적인 범죄 예방 전략이 될 수 있습니다.

(3) 사회과정이론

사회과정이론은 범죄나 일탈 행동이 개인의 성격이나 생물학적 특성보다는 사회적 상호작용과 학습 과정을 통해 형성된다고 보는 이론입니다. 즉, 사람은 범죄적 행동을 태어나면서부터 갖고 있는 것이 아니라, 가족, 또래, 학교, 지역사회 등과의 상호작용 속에서 범죄를 배우거나 유도될 수 있다고 설명합니다.

① 차별접촉이론

차별접촉이론(Differential Association Theory)은 미국의 범죄학자 에드윈 서덜랜드(Edwin Sutherland)가 1939년에 발표한 이론으로, 범죄는 개인이 타인과의 사회적 상호작용을 통해 학습되는 행위라고 설명합니다. 이 이론은 사회해체이론과 문화전달이론의 영향을 받아 발전하였으며, 범죄를 개인의 일탈이나 유전적 특성보다는 사회화 과정의 산물로 이해합니다. 서덜랜드는 범죄의 원인을 설명하기 위해 차별적 사회조직과 차별적 접촉이라는 두 개념을 제시합니다. 차별적 사회조직은 사회조직을 범죄적 전통을 가진 집단과 그렇지 않은 집단으로 구분하며, 범죄적 전통이 강한 집단에 속할수록 범죄를 저지를 가능성이 높다고 봅니다. 차별적 접촉은 개인이 범죄 행위에 대한 동기, 기술, 태도 등을 범죄자와의 상호작용을 통해 학습하는 과정을 의미합니다.

서덜랜드는 범죄를 정치적·법률적 문제라기보다는 사회적 학습의 결과로 보며, 사람은 법을 준수하는 행동과 위반하는 행동 모두를 주변 사람들과의 접촉을 통해 배우게 된다고 주장합니다. 이 이론은 이후 학습이론과 하위문화이론 등 다양한 사회과정이론의 기초가 되었으며, 범죄를 설명하는 데 있어 사회적 관계와 환경의 중요성을 강조하는 대표적인 이론으로 평가됩니다.

차별접촉이론의 9가지 명제(principles)는 다음과 같습니다.

- 범죄행위는 학습의 결과이다.
- 범죄행위는 다른 사람들과의 교제나 접촉 등의 상호작용을 통하여 학습된다.
- 범죄행위의 사회화의 주요대상은 가족·친구·친지 등 가장 친밀한 집단과의 접촉이다.
- 범죄행위의 학습내용에는 범죄의 기법·동기·욕구·합리화의 태도 등이 포함된다.
- 구체적인 동기와 욕구의 학습은 법규범을 우호적으로 또는 비우호적으로 정의하는 것부터 이루어진다.

- 법규위반에 대한 긍정적 감정이 부정적 감정보다 클 때 범죄행위를 하게 된다.
- 차별적 접촉의 효과는 접촉의 빈도(frequency), 기간(duration), 우선성(priority), 강도(intensity) 등에 따라 다르다.
- 범죄행위의 학습기제는 일상생활 속에서 행해지는 다른 행위의 학습기제와 동일하다.
- 범죄행위도 욕구와 가치관의 표현이라는 점에서 다른 일반적인 행위와 같다.

차별접촉이론은 청소년 범죄, 성인 범죄, 조직범죄 등 다양한 범죄 유형을 설명할 수 있다는 점에서 높은 설명력을 지닌 이론으로 평가받습니다. 특히, 기존의 사회구조이론이 설명하기 어려웠던 중산층의 범죄 행위에 대해서도 유효한 해석을 제시한다는 점에서 긍정적인 평가를 받습니다. 그러나 이 이론은 몇 가지 한계점을 지니고 있습니다. 우선, 차별적 사회조직이나 차별적 접촉이라는 개념이 모호하여 실증적으로 검증하기 어렵다는 비판을 받습니다. 또한, 범죄에 대해 호의적인 태도를 가진다고 해서 반드시 범죄를 저지른다고 단정할 수 없으며, 모든 범죄가 후천적으로 학습되는 것만은 아니라는 점에서 생물학적 요인을 간과하였다는 지적도 제기됩니다. 더불어 인간을 지나치게 학습적 존재, 즉 수동적인 존재로 간주하였다는 점에서도 비판을 받습니다. 이러한 한계에도 불구하고, 차별접촉이론은 범죄의 사회적 원인을 이해하는 데 있어 여전히 중요한 이론적 틀로 활용되고 있습니다.

② 차별강화이론

로널드 에이커스(Ronald Akers)는 미국의 저명한 범죄학자로, 플로리다 대학교 인문과학대학에서 범죄학 및 법학 명예교수로 재직하였습니다. 그는 조작적 조건화(operant conditioning)이론과 사회학습이론을 바탕으로 서덜랜드의 차별접촉이론을 발전시켜 차별강화이론(Differential Association-Reinforcement Theory)을 제안하였습니다.

이 이론은 범죄가 단순히 다른 사람과의 접촉을 통해 학습되는 것뿐만 아니라, 그러한 행동이 긍정적으로 강화되거나 처벌되지 않는 상황에서 지속적으로 강화되어 나타난다고 설명합니다. 즉, 인간은 보상을 통해 타인의 행동을 적극적으로 학습하는 존재이며, 개인의 범죄적 행동은 그러한 행동을 긍정적으로 평가하고 보상하는 개인이나 집단과의 상호작용을 통해 강화된다고 봅니다. 에이커스의 차별강화이론에 따르면, 특정 범죄행위가 다른 행동보다 더 큰 보상을 받거나, 다른 일탈적 행동보다 더 강하게 강화되며, 개인이 이를 바람직한 것으로 인식할 경우 그 행동이 실제로 나타나게 됩니다. 이는 범죄가 학습되고 유지되는 과정을 설명하는 데 중요한 틀을 제공합니다.

에이커스(Akers)의 차별강화이론은 사회학습이론의 관점에서 범죄의 발생을 설명하며, 그 학습과정을 네 가지 핵심 요소인 차별접촉(differential association), 정의(definition), 차별강화(differential reinforcement), 모방(imitation)으로 제시합니다.

첫째, 차별접촉이란 개인이 법 준수나 법 위반에 대해 우호적 또는 비우호적인 태도를 가진 사람들과 얼마나, 얼마나 자주, 얼마나 오랫동안, 그리고 얼마나 밀접하게 접촉하는지를 의미합니다. 특히 가족, 친구와 같은 일차 집단과의 접촉은 중요한 영향을 미치며, 학교, 이웃, 종교기관, 법집행기관 등 이차 집단도 일정한 영향을 줍니다.

둘째, 정의는 개인이 특정 행위에 대해 갖는 신념이나 태도를 의미합니다. 즉, 범죄나 일탈 행동을 정당화하거나 긍정적으로 인식할 경우, 해당 행동이 실제로 나타날 가능성이 높아집니다.

셋째, 차별강화란 특정 행동에 대해 경험하는 보상이나 처벌을 의미하며, 강화 요인으로는 사회적 인정, 경제적 보상, 자아 만족 등이 포함됩니다. 반대로 처벌이나 부정적 결과는 해당 행동의 가능성을 낮춥니다.

넷째, 모방은 타인의 행동이나 태도를 관찰하고 그것을 따라 하는 과정입니다. 특히 새로운 범죄 수법이나 일탈적 행동의 학습에서 중요한 역할을 하며, 모방의 강도는 대상의 매력도나 개인의 가치관에 따라 달라집니다.

이러한 네 가지 요소는 개인이 범죄를 학습하고 지속하는 데 있어 상호 작용하며 작동합니다. 에이커스는 이를 통해 범죄가 단순히 개인의 성향이나 충동이 아니라, 사회적 관계 속에서 학습된 결과임을 강조합니다.

에이커스의 차별강화이론은 서덜랜드의 차별접촉이론을 보완하면서, 사회학적 변수와 심리학적 변수를 통합적으로 연계하였다는 점에서 중요한 의의를 갖습니다. 이 이론은 범죄에 대한 강한 처벌이 오히려 개인의 기존 행동을 강화할 수 있다는 점을 강조함으로써, 사회학적 접근에 고전주의적 입장을 결합한 독창적인 시도를 보여줍니다. 또한 이 이론의 핵심 요소인 접촉, 모방, 정의, 강화와 같은 사회학습 원리는 비행이나 범죄자에 대한 다양한 개입 프로그램의 이론적 기반이 됩니다. 예를 들어, 지역 공동체나 기관에서 실시하는 집단상담, 자활 프로그램, 또래집단 상담, 범죄단체 중재, 약물 및 알코올 중독 예방 프로그램 등은 이러한 학습 이론에 근거하여 설계되고 운영됩니다.

나아가 교정, 치료, 행동수정 프로그램 등 청소년 및 성인을 대상으로 한 지역사회 기반 개입들도 사회학습이론의 원리를 실천적으로 활용하는 대표적인 사례라 할 수 있습니다. 이를 통해 에이커스의 이론은 범죄 예방과 재범 방지를 위한 실천적 해법을 제시하는 데 기여하고 있습니다.

③ 사회유대이론

트래비스 허쉬(Travis Hirschi)는 미국의 사회학자이자 애리조나 대학교 사회학 명예교수로, 청소년 비행의 원인을 분석한 저서 「Causes of Delinquency」을 통해 사회유대이론(Social Bond Theory)을 제시하며 범죄학의 패러다임을 전환한 인물입니다.

허쉬는 "범죄는 인간의 자연스러운 경향이다. 질문은 '왜 범죄를 저지르는가'가 아니라 '왜 하지 않는가'여야 한다"는 관점에서, 범죄를 억제하는 사회적 요소에 주목하였습니다. 즉, 인간은 본래 이기적인 성향을 지니고 있으며, 범죄는 특별한 동기가 아니라 사회적 통제가 약화될 때 자연스럽게 나타난다고 보았습니다.

허쉬의 사회유대이론(Social Bond Theory)은 1969년, 캘리포니아에 거주하는 6학년부터 12학년까지의 백인 청소년 약 1,300명을 대상으로 실시한 자기보고식 조사를 기초로 제시된 이론입니다. 허쉬는 이 조사에서 가족, 특히 부모에 대한 애착이 강할수록, 학업 성취도가 높을수록, 관습적인 도덕적 가치에 대한 신념이 클수록 청소년의 비행 가능성이 낮다는 사실을 발견하였습니다. 그는 청소년의 비행 행동을 억제하는 사회적 유대 요소로 애착, 전념, 참여, 신념을 제시하였다.

첫째, 애착(attachment)은 청소년이 부모, 친구, 교사 등 중요한 타인과의 관계를 중요하게 여기고 감정적으로 유대감을 느끼는 정도를 의미합니다. 이러한 애착이 강할수록 사회 규범을 내면화하고 비행을 저지를 가능성은 낮아지게 됩니다. 예를 들어, "당신은 당신의 아버지와 같은 사람이 되고 싶은가요?"와 같은 질문으로 부모나 또래, 교사와의 애착 정도를 측정할 수 있습니다.

둘째, 전념(commitment)은 청소년이 학업이나 미래의 성공 등 사회적으로 가치 있는 목표에 헌신하고자 하는 정도를 뜻합니다. 전념이 클수록 비행 행동은 자기 손해로 인식되기 때문에 범죄 가능성이 줄어들게 됩니다. 이는 좋은 성적을 중요하게 생각하는 정도 등으로 측정됩니다.

셋째, 참여(involvement)는 학업, 아르바이트, 운동, 동아리 활동 등 정규적이고 생산적인 활동에 적극적으로 참여하는 정도를 말합니다. 참여가 많을수록 비행에 할애할 시간이 줄어들기 때문에 범죄 가능성은 낮아집니다.

넷째, 신념(belief)은 사회의 규범, 법, 도덕적 가치에 대한 내면화된 믿음을 의미합니다. 경찰과 법률에 대한 존중, 전통적 가치에 대한 지지 등이 포함되며, 이러한 신념이 강할수록 비행을 저지를 가능성은 낮아집니다.

허쉬의 사회유대이론은 경험적 연구를 통해 일정 부분 검증되었으나, 몇 가지 이론적 한계를 가지고 있습니다. 첫째, 사회적 유대의 네 가지 요소(애착, 전념, 참여, 신념) 간의 상관관계가 명확히 규명되지 않았으며, 각각의 요소가 비행에 미치는 영향력의 정도 또한 구체적으로 확인되기 어렵다는 점이 지적됩니다. 둘째, 모든 사람이 동일한 사회적 환경에 처해 있더라도 왜 어떤 사람은 강한 사회적 유대를 형성하고, 다른 사람은 그렇지 못한지에 대한 설명이 부족합니다. 셋째,

사회적 통제가 약한 경우에도 모두가 범죄를 저지르지 않는 이유에 대해 충분히 설명하지 못한다는 한계가 있습니다.

그럼에도 불구하고, 허쉬의 이론은 범죄를 단순한 개인적 일탈이 아닌 사회적 유대의 약화로 인한 사회구조적 문제로 보았다는 점에서 의미가 큽니다. 이는 범죄 대응의 초점을 처벌에서 예방 중심으로 전환하는 데 기여하였으며, 청소년 교육, 상담, 교정 프로그램 등 다양한 실천적 영역에서 활용되고 있습니다. 특히 팬데믹 이후 사회적 고립이 심화되는 시대에, 사회적 유대를 회복하고 강화하는 것이 범죄 예방과 사회통합의 핵심 과제로 부각되고 있습니다. 나아가, 가상공간에서의 새로운 형태의 애착이나 다문화 사회에서의 신념 형성 등, 유대 개념의 질적 재정의를 통해 이 이론의 현대적 확장이 요구되고 있습니다.

④ 중화기술이론

중화기술이론(Neutralization Theory)은 그레셤 사이크스(Gresham Sykes)와 데이비드 마짜(David Matza)가 제시한 이론으로, '표류이론(Drift Theory)'이라고도 불립니다. 이들은 대부분의 범죄자가 전통적인 도덕과 사회 규범을 완전히 거부하는 것이 아니라, 자신의 범죄행위를 정당화하거나 합리화함으로써 내적 갈등을 중화시킨다고 보았습니다. 즉, 범죄자는 비행 이전에 심리적 갈등을 줄이기 위한 '중화기술'을 사용하며, 이러한 기술을 통해 자신이 평소 존중하던 규범과의 괴리를 일시적으로 해소하고 범죄행위에 나선다는 것입니다.

이 이론은 범죄가 지속적인 비행 성향에서 비롯된 것이 아니라, 정상적인 규범의 틀 안에 있는 사람들이 상황에 따라 일시적으로 일탈 행동에 빠질 수 있다는 점에서 기존의 낙인이론이나 하위문화이론과 차별화됩니다. 또한, 이들의 접근은 서덜랜드의 차별접촉이론의 학습 원리를 받아들여, 범죄 행위뿐만 아니라 그에 대한 정당화 방식도 사회적 상호작용을 통해 학습된다고 설명합니다. 이처럼 중화기술이론은 범죄자의 도덕성과 범죄행위 간의 괴리를 설명하는 데 중요한 틀을 제공하며, 특히 청소년 비행이나 일시적 일탈행위의 심리적 기제를 이해하는 데 유용하게 활용됩니다.

사이크스와 마짜는 사람들이 범죄를 실행하기 위해선 내면화된 도덕규범으로부터 오는 죄책감을 줄이고, 자기 정체성의 손상을 막기 위한 심리적 정당화가 필요하다고 보았습니다. 이를 위해 그들은 개인이 범죄를 저지르기 전에 사용하는 다섯 가지 대표적인 중화기술(Techniques of Neutralization)을 제시했습니다.

첫째, 책임의 부정(denial of responsibility)은 자신의 범죄행위가 의도적이 아니거나 잘못이 아니며, 친구나 주변 환경 탓이라고 책임을 전가하는 행위를 말합니다.

둘째, 손상의 부정(denial of injury)은 자기의 행위로 아무도 침해를 받지 않았다고 생각하는 행위를 의미합니다.

셋째, 피해자의 부정(denial of victim)은 자신의 범죄행위는 피해자가 마땅히 받아야 할 것이라며 마치 자신의 행위를 도덕적 보복이나 사회적 응징 등으로 미화시키는 행위를 말합니다.

넷째, 비난자의 비난(condemnation of condemners)은 자기를 비난한 교사, 경찰, 법관 등에 대하여 그들 역시 약점과 비행이 있다고 생각하며 자신의 행위를 정당화하거나 양심의 가책을 줄이는 행위를 의미합니다.

다섯째, 높은 충성심에의 호소(appeal to higher loyalties)는 자신의 행위는 친구나 가족 등의 친밀한 관계에 대한 충성심으로 인한 행위라 주장하며 범죄를 정당화합니다.

사이크스와 마짜의 중화기술이론은 범죄를 도덕적 결핍의 결과로만 보지 않고, 개인이 자신의 비행이나 범죄 행위를 정당화하기 위해 사용하는 심리적 기제로 해석함으로써 범죄에 대한 새로운 이해의 틀을 제시합니다. 이 이론은 중화기술이 범죄자에게만 나타나는 특수한 현상이 아니라 일반적인 사람들에게도 존재하는 보편적 심리기제임을 강조하며, 특히 청소년들이 일시적으로 비행에 관여하더라도 성인이 된 이후에는 다시 전통적 가치와 규범을 따르는 삶으로 돌아가는 경향을 설명하는 데 유용합니다. 그러나 이 이론은 중화기술이 범행 이전에 작동하는지, 아니면 범행 후의 자기 합리화 과정인지가 명확하지 않다는 점에서 한계를 가집니다. 또한 청소년들이 왜 관습적 가치와 비행 사이에서 표류하게 되는지를 충분히 설명하지 못한다는 비판도 제기됩니다.

그럼에도 불구하고, 중화기술이론은 범죄를 단순한 악의 결과로 보기보다는 인지적 방어 메커니즘의 일환으로 이해함으로써, 범죄 예방과 교정에서 처벌 중심이 아닌 인지 재구조화 중심의 접근을 가능하게 합니다.

⑤ 자기통제이론

1990년 마이클 갓프레드슨(Michael Gottfredson)과 트래비스 허쉬(Travis Hirschi)가 제안한 자기통제이론(Self-Control Theory)은 범죄 행동의 근본 원인을 개인의 자기통제력 부족에서 찾는 이론입니다. 이 이론은 "범죄는 유전적 성향이 아닌 사회화 과정의 실패로 인해 발생한다"는 주장을 중심으로 하며, 범죄학에서 행동의 원인을 설명하는 중요한 틀로 자리 잡았습니다.

이론의 핵심 명제는 다음과 같은 세 가지로 요약됩니다. 첫째, 자기통제력은 주로 아동기, 특히 8~10세 이전의 양육 과정에서 형성됩니다. 부모가 자녀의 행동을 적절히 관찰하고, 규제하며, 비행에 대해 일관되게 처벌하지 않을 경우, 낮은 자기통제가 발달하게 됩니다. 이는 이후의 범죄 가능성을 높이는 핵심 요인으로 작용합니다.

둘째, 한 번 형성된 자기통제 수준은 아동기 이후에도 평생 동안 비교적 안정적으로 유지됩니다. 즉, 초기 아동기의 사회화가 성공적이지 못하면, 이후 환경 변화에도 불구하고 자기통제의 결핍은 지속될 가능성이 높습니다.

셋째, 범죄의 주된 원인은 낮은 자기통제에 있으며, 빈곤, 교육 수준, 가족 구조 등 다른 사회적 변수들은 범죄를 설명하는 데 있어서 본질적 원인이 아니라 결과적으로 동반되는 허상(spurious)일 뿐이라고 봅니다. 즉, 이러한 변수들은 자기통제력 부족의 부산물일 가능성이 크다는 주장입니다.

자기통제이론에 따르면, 낮은 자기통제를 가진 사람은 충동적이고, 단기적 만족을 추구하며, 위험을 회피하지 않고, 즉각적인 쾌락을 우선시하는 경향이 있습니다. 이러한 특성은 범죄나 비행과 같은 문제 행동으로 쉽게 이어질 수 있습니다. 자기통제는 주로 아동기에서 형성되며, 부모의 양육 방식이나 훈육 과정이 핵심적인 역할을 합니다. 특히, 부모가 일관성 있게 감독하고 규범을 내면화하도록 지도하지 않을 경우, 아동은 낮은 자기통제를 갖게 되어 장기적으로 범죄 가능성이 높아집니다.

자기통제이론은 개인의 행위 선택이 단지 환경이나 기회 때문이 아니라, 내면의 자제력에 따라 달라진다고 강조합니다. 따라서 범죄 예방을 위해서는 청소년 시기의 올바른 사회화 과정, 즉 가정, 학교, 지역사회에서의 효과적인 지도와 교육이 중요하다는 점을 시사합니다.

결론적으로, 자기통제이론은 범죄를 개인의 성향과 사회화 실패의 결과로 바라보며, 특히 초기 아동기의 교육과 훈육이 범죄 예방의 핵심이라는 점에서 실천적 함의를 가지고 있습니다.

(4) 사회반응이론

① 낙인이론: 사회가 만드는 범죄의 악순환

낙인이론(Labeling Theory)은 1960년대 하워드 베커(Howard Becker)와 에드윈 레머트(Edwin Lemert) 등이 제시한 이론으로, 일탈(deviance)과 범죄가 개인의 내적 특성에 의해 결정되는 것이 아니라, 사회적 반응과 낙인(label)에 의해 형성된다고 설명합니다. 이 이론은 사회반응이론(social reaction theory)으로도 불리며, 개인이 왜 일탈행동을 하게 되는지를 사회의 규정과 반응 속에서 해석합니다.

낙인이론은 상징적 상호작용론에 기반을 두고 있으며, 개인의 정체성과 행동은 타인과의 상호작용 속에서 형성된다고 봅니다. 즉, 사회가 어떤 사람에게 '범죄자'라는 낙인을 부여하면, 그 사람은 점차 그 정체성을 내면화하여 실제로 범죄자처럼 행동하게 되는 경향이 있습니다. 이는 찰스 쿨리(Charles Cooley)의 '거울자아(looking-glass self)' 개념과도 연결되며, 타인의 시선과 평가가 개인의 자아 형성에 결정적인 영향을 미친다는 것을 의미합니다.

낙인이론은 일탈을 사회적 상호작용의 산물로 이해합니다. 즉, 특정한 행위가 본질적으로 일탈적인 것이 아니라, 사회나 법집행기관이 그 행위를 일탈로 규정하고 반응함으로써 비로소 일탈이 된다고 봅니다. 따라서 같은 행위라 하더라도 사회가 어떻게 반응하느냐에 따라 일탈이 되기도 하고, 그렇지 않기도 합니다.

청소년이 사소한 비행을 저질렀을 때, 사회가 이에 대해 부정적인 반응을 보이게 되면, 해당 청소년은 자신을 실제로 부정적인 사람으로 인식하게 됩니다. 이러한 인식은 점차 부정적인 행동으로 이어지며, 결국 비행청소년 집단과 어울리는 방향으로 나아가게 됩니다. 이러한 과정을 프랭크 탄넨바움(Frank Tannenbaum)은 '악의 극화(dramatization of evil)'라고 명명하였습니다. 탄넨바움은 청소년 비행을 줄이기 위해서는 이러한 '악의 극화'를 만들지 않는 것이 중요하다고 보았습니다.

레머트(Edwin Lemert)는 탄넨바움의 '악의 극화' 개념을 발전시켜, 일탈행위를 '일차적 일탈(primary deviance)'과 '이차적 일탈(secondary deviance)'로 구분하여 청소년의 비행을 설명하였습니다. 일차적 일탈은 개인이 처음으로 저지르는 비교적 경미한 일탈행위를 의미합니다. 이러한 행위는 일시적이고 반복되지 않을 수도 있으며, 사회적 낙인을 받지 않는 경우 일탈로 고착되지 않습니다. 반면, 이차적 일탈은 일차적 일탈에 대해 사회가 보이는 부정적 반응(예: 처벌, 비난, 낙인)에 의해 개인이 '범죄자'라는 정체성을 내면화하고, 반복적이고 지속적인 일탈행위를 하게 되는 과정을 말합니다.

레머트는 특히 경찰, 검찰, 법원, 교도소 등 공식 기관으로부터 '일탈자'라는 낙인을 받을 경우, 이차적 일탈이 더욱 강화된다고 보았습니다. 이는 제도적 반응이 오히려 일탈을 고착화시키는 결과로 이어질 수 있음을 시사합니다.

끝으로, 베커(Howard Becker)는 레머트의 이론을 보완하여, 특정 행위가 일탈로 낙인찍히는 과정은 단순히 행위 자체보다 행위자의 사회적 지위에 따라 달라진다고 보았습니다. 즉, 형사사법기관이나 사회의 주도적인 집단은 자신들만의 규범을 설정하고, 특정 개인이 이를 어길 경우 '일탈자'로 낙인을 찍고 사회적으로 배제합니다. 이러한 낙인은 해당 개인을 '아웃사이더(outsider)'로 만들며, 이 지위는 점차 그 사람의 주지위(master status)가 되어 교육이나 직업 등 정상적인 사회생활에 장애를 초래하게 됩니다. 결과적으로 이 개인은 사회로부터의 소외와 낙인으로 인해 일탈행위를 반복하게 되는 경로에 놓이게 됩니다.

이와 같이, 베커는 일탈이 단순한 규범 위반이 아니라 사회적 권력 관계 속에서 구성되고 강화되는 사회적 산물임을 강조하였습니다.

② 평가 및 정책적 함의

낙인이론은 범죄의 원인을 사회적 상호작용에서 찾는다는 점에서 혁신적인 접근으로 평가됩니다. 그러나 몇 가지 한계도 존재합니다. 첫째, 낙인이 범죄의 원인인지 혹은 결과인지에 대한 인과관계의 불명확성이 지적됩니다. 둘째, 낙인의 효과는 문화적 맥락에 따라 달라질 수 있습니다. 예를 들어, 집단주의 성향이 강한 사회에서는 낙인을 회피하기 위한 자기통제가 강하게 작동하여 재범률이 낮아질 가능성도 있습니다. 셋째, 이 이론은 사회 구조나 권력 관계와 같은 거시적 요인에 대한 설명이 부족하다는 비판을 받기도 합니다.

그럼에도 불구하고 낙인이론은 기존의 처벌 중심 사법체계의 한계를 지적하며, 회복적 사법(restorative justice)과 같은 대안적 접근의 이론적 기반을 제공하고 있습니다. 회복적 사법은 범죄자에게 낙인을 찍는 방식 대신, 피해자와 가해자가 대화를 통해 화해하고, 사회적 유대를 회복하는 데 중점을 둡니다. 이러한 접근은 낙인의 악순환을 방지하고, 범죄자의 성공적인 사회 복귀를 지원하는 실효성 있는 방법으로 평가됩니다.

PART 03

현대 사회와 범죄

CHAPTER

06 사이버범죄와 사기

1. 사이버범죄

(1) 개념

사이버범죄(Cybercrime)는 컴퓨터, 스마트폰, 인터넷, 정보통신망 등 디지털 기술을 기반으로 사이버공간에서 이루어지는 각종 불법행위를 말합니다. 보다 엄밀하게는 사이버공간을 범행의 수단, 표적, 그리고 범죄 발생 장소로 삼는 모든 범죄 행위를 의미합니다. 예를 들어, 해킹을 통해 시스템에 침입하거나, 타인의 개인정보를 무단으로 수집·이용하거나, 불법 콘텐츠를 유포하는 행위 등이 이에 해당합니다.

사이버범죄는 정보통신기술의 비약적인 발전과 사회 전반의 디지털화 흐름 속에서 등장하게 됩니다. 일상생활의 다양한 영역에서 컴퓨터와 인터넷의 활용도가 높아짐에 따라, 범죄자들 역시 디지털 공간을 새로운 범행의 무대로 삼기 시작하였습니다. 특히 사이버공간은 익명성이 보장되고 시간과 장소의 제약이 없기 때문에 범죄자에게 유리한 환경을 제공합니다. 또한 디지털 정보의 경제적 가치가 높아지면서 개인정보, 금융정보, 기업의 영업비밀 등을 노린 범죄가 급격히 증가하게 됩니다. 이와 더불어 사회적 관계와 업무가 비대면·온라인 중심으로 전환되면서 사이버범죄의 기회 역시 넓어지게 됩니다.

사이버범죄는 전통적인 범죄와 여러 측면에서 차이를 보입니다. 우선 범행이 이루어지는 공간이 물리적인 장소가 아니라 사이버공간이라는 점에서 근본적인 차이가 있습니다. 범죄자는 실제로 피해자와 대면하지 않고도 범행을 저지를 수 있으며, 국경의 제약 없이 전 세계를 대상으로 범죄를 실행할 수 있습니다. 또한 사이버범죄는 범행 흔적이 디지털 로그와 같은 비물질적 형태로 남기 때문에 수사와 증거 확보가 어렵습니다. 반면, 전통적인 범죄는 흔히 물리적 증거가 남고, 범행 현장과 행위자가 명확하게 드러나는 경우가 많습니다. 사이버범죄는 특히 짧은 시간 안에 대규모 피해를 야기할 수 있으며, 국제적 공조 없이는 효과적인 대응이 어려운 특징을 지닙니다.

(2) 발생원인 및 주요 특징

사이버범죄 발생의 근본적인 원인 중 하나는 범죄자들이 형성한 잘못된 가치관에 있는 것으로 볼 수 있습니다. 대부분의 사이버범죄자는 사회에 적응하지 못한 경우가 많으며, 손쉬운 방법으로 일확천금을 얻고자 하는 경향을 보입니다. 또한 대면 관계를 어려워하는 특성으로 인해 물리적 접촉 없이 범행을 실행할 수 있는 사이버공간을 주요 수단으로 활용하는 경우가 많습니다.

이러한 범죄자들은 성장 과정에서 초기 사회화가 적절히 이루어지지 않아 자기통제력이 낮은 편입니다. 이는 갓프레드슨과 허쉬(Michael Gottfredson & Travis Hirschi)의 자기통제이론(Self-Control Theory)으로 설명할 수 있습니다. 이 이론에 따르면, 낮은 자기통제력은 충동적인 행동, 단기적 만족 추구, 위험 회피 부족 등의 성향을 유발하며, 이러한 성향은 결국 범죄로 이어질 가능성을 높입니다. 따라서 사이버범죄를 예방하기 위해서는 청소년기에 올바른 가치관 형성과 자기조절 능력을 기를 수 있는 교육 환경을 조성하는 것이 중요합니다.

사이버범죄는 현실 세계의 전통적 범죄와는 여러 측면에서 차별화되는 특징을 가지고 있습니다. 이러한 특징은 범죄의 발생 방식, 피해 규모, 수사 및 대응의 어려움 등에서 뚜렷하게 드러납니다.

첫째, 사이버범죄는 익명성과 비대면성을 특징으로 합니다. 범죄자는 인터넷이나 다양한 디지털 채널을 통해 피해자와 직접 대면하지 않고도 범행을 실행할 수 있으며, 자신의 신분을 쉽게 숨길 수 있기 때문에 반복적이고 대담한 범행이 가능해집니다.

둘째, 사이버범죄는 빠른 전파성과 광역성을 가집니다. 정보와 프로그램은 네트워크를 통해 단시간 내에 전 세계로 확산될 수 있으며, 이로 인해 불특정 다수에게 동시에 피해를 입힐 수 있습니다. 이러한 특성은 사이버범죄의 파급력을 크게 증가시키는 요인으로 작용합니다.

셋째, 사이버범죄는 시간과 공간의 제약을 받지 않습니다. 인터넷이 연결된 환경이라면 언제 어디서든 범죄가 발생할 수 있으며, 이는 전통적 범죄와 뚜렷하게 구별되는 점입니다.

넷째, 사이버범죄는 고도의 전문성과 기술성을 요구합니다. 해킹, 악성코드 제작 등은 상당한 수준의 정보기술 지식을 필요로 하며, 최근에는 인공지능(AI)과 같은 첨단기술이 범죄 수단으로 활용되고 있습니다. 이에 따라 사이버범죄의 수법은 점점 더 정교하고 고도화되고 있습니다.

다섯째, 사이버범죄는 증거 인멸이 용이하고 입증이 어려운 특징이 있습니다. 전자 정보는 쉽게 삭제되거나 변조될 수 있으며, 범죄자의 신원을 특정하는 데에도 어려움이 따릅니다. 이는 수사와 처벌의 실효성을 저하시킬 수 있습니다.

여섯째, 사이버범죄는 영속성과 잠재성을 내포합니다. 사이버공간에서 발생한 범죄는 장기간 잠복할 수 있고, 피해자나 수사기관이 이를 인지하지 못하는 경우도 있습니다. 이로 인해 피해가 반복되거나 확대되는 경우가 발생합니다.

일곱째, 사이버범죄는 국제적인 성격을 가집니다. 사이버범죄는 국경을 넘나드는 방식으로 발생하기 때문에 단일 국가의 대응만으로는 한계가 있으며, 국제적인 공조와 정보 공유가 필수적으로 요구됩니다.

이처럼 사이버범죄는 익명성과 비대면성, 빠른 전파성과 광역성, 시간적·공간적 무제약성, 전문성과 기술성, 증거 인멸의 용이성, 영속성, 그리고 국제적 특성 등 다양한 특징을 가지고 있어, 전통적인 범죄와는 구별되는 새로운 대응 전략이 필요합니다.

(3) 유형

사이버범죄의 유형은 일반적으로 사이버공간이나 컴퓨터 시스템을 범죄의 대상(target)으로 삼거나, 이를 범행의 도구(instrument)로 활용하는 경우로 구분할 수 있습니다. 사이버범죄는 전통적 범죄와 달리 시공간의 제약이 없고, 익명성과 자동화가 용이하다는 점에서 더욱 복잡하고 다양한 양상으로 발전하고 있습니다.

우리나라 경찰청에서는 최근 사이버범죄를 크게 세 가지 유형으로 분류하여 관리하고 있습니다. 첫째, 정보통신망 침해형 범죄입니다. 이 유형은 해킹, 서비스 거부 공격(DDoS), 악성코드 유포 등과 같이 정보통신망 자체를 직접 공격하거나, 그 기능을 마비시키는 행위를 포함합니다. 예를 들어, 정당한 접근권한 없이 정보통신망에 침입하거나, 대량의 신호나 데이터를 보내 네트워크를 마비시키는 행위, 악성코드를 유포해 시스템을 손상시키는 행위 등이 이에 해당합니다. 이러한 범죄는 사이버공간이 직접적인 범죄 대상이 되는 사례로, 시스템과 데이터의 보안을 위협하고, 공공기관이나 기업의 정상적인 운영을 방해하는 결과를 초래합니다.

둘째, 정보통신망 이용형 범죄입니다. 이는 정보통신망을 범죄의 실행 수단으로 활용하는 유형으로, 사이버 사기, 사이버 금융 사기(예: 피싱, 파밍, 스미싱), 개인정보 유출, 저작권 침해, 불법 스팸 발송 등이 포함됩니다. 특히 사이버 금융 사기는 정보통신망을 통해 피해자의 계좌에서 자금을 부정하게 이체하거나, 소액결제를 유도하는 신종 수법으로 진화하고 있습니다. 이들 범죄는 피해자에게 접근하거나 범죄 수익을 취득하는 수단으로 정보통신망을 적극적으로 활용하는 것이 특징입니다.

셋째, 불법 콘텐츠형 범죄입니다. 이 유형은 정보통신망을 통해 유해하거나 불법적인 콘텐츠를 배포하거나 유포하는 행위로 구성됩니다. 대표적으로 불법촬영물 유포, 사이버 성폭력, 온라인 도박, 사이버 명예훼손, 사이버 스토킹 등의 범죄가 여기에 포함됩니다. 이러한 범죄는 피해자의 인격권과 사생활을 침해하며, 사회적으로도 큰 불안을 야기합니다.

이처럼 사이버범죄는 기술의 발전에 따라 유형과 수법이 다양해지고 있으며, 그 피해 또한 심각해지고 있습니다. 따라서 사이버범죄에 대한 정확한 이해와 함께, 효과적인 예방과 대응을 위한 사회적 관심과 제도적 정비가 필요합니다.

(4) 발생실태

국가수사본부 사이버수사국이 발행한 통계자료에 따르면, 2022년 한 해 동안 발생한 전체 사이버범죄는 총 230,355건으로 집계되었습니다. 이는 2021년의 217,807건에 비해 약 5.8% 증가한 수치입니다. 이러한 증가 추세는 사이버범죄가 우리 사회 전반에 꾸준히 확산되고 있으며, 디지털 환경에 대한 의존도가 높아짐에 따라 범죄의 유형 또한 점차 다양화되고 있음을 시사합니다.

사이버범죄 유형별 발생 건수는 상이한 변화를 보였습니다. 먼저, 정보통신망 침해범죄(예: 해킹, 악성프로그램 유포 등 정보통신망에 불법적으로 침입하는 방식으로 저지른 범죄)는 전년 대비 9.1% 감소한 것으로 나타났습니다. 반면, 정보통신망 이용범죄(예: 사이버사기, 사이버금융범죄 등 정보통신망을 범행 수단으로 활용한 범죄)는 9.3% 증가하

그림 6-1 5년 간 사이버범죄 전체 발생건수 추이

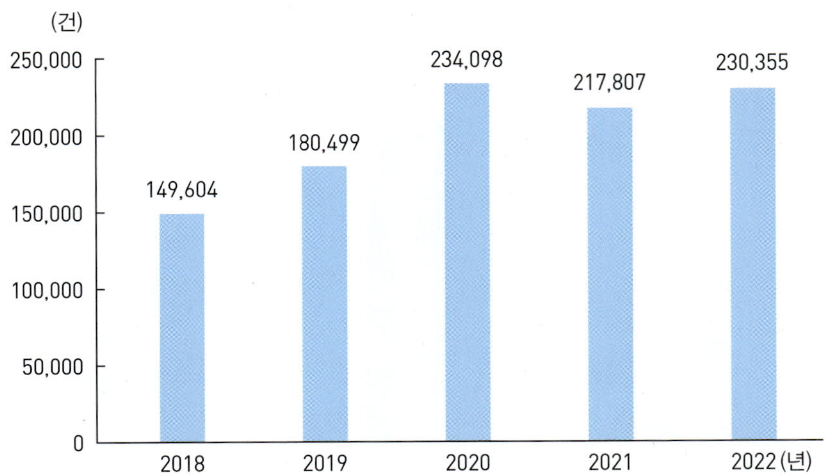

출처: 사이버범죄트렌드(2023), 국가수사본부 사이버수사국

그림 6-2 사이버범죄 유형별 발생 비율(대분류)

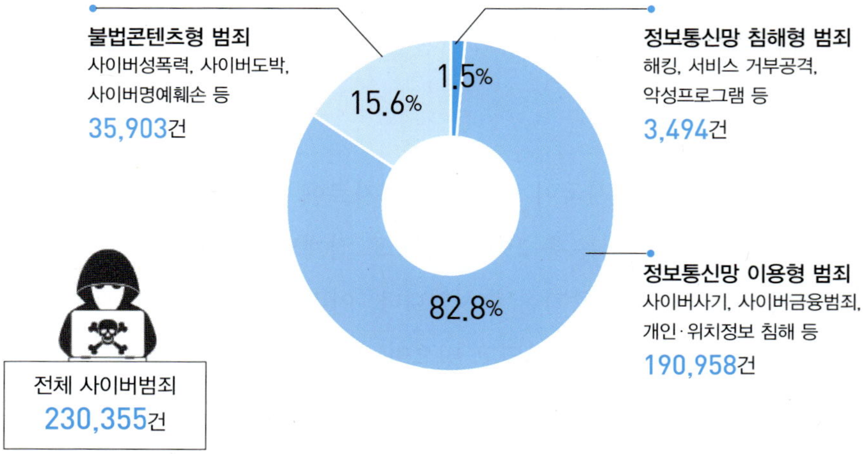

출처: 사이버범죄트렌드(2023), 국가수사본부 사이버수사국

그림 6-3 사이버범죄 유형별 발생건수 증가율(대분류)

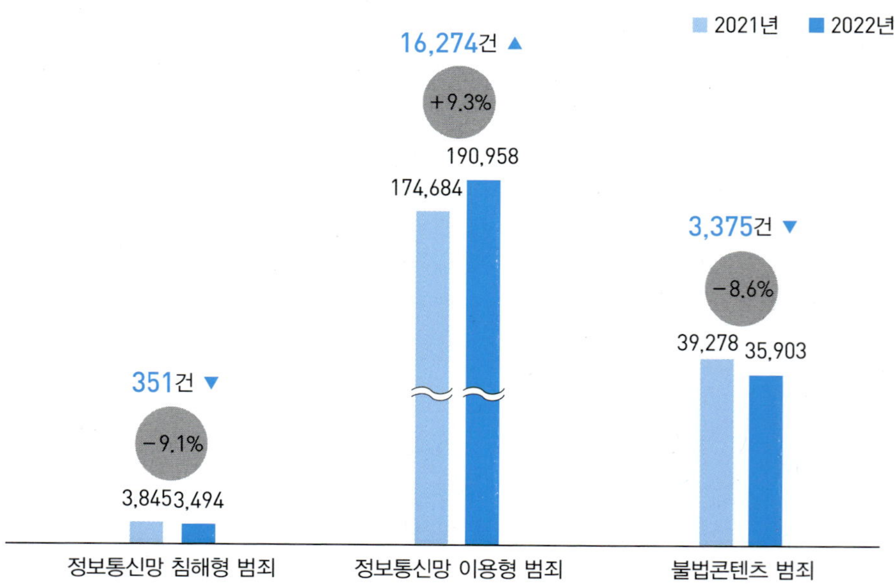

출처: 사이버범죄트렌드(2023), 국가수사본부 사이버수사국

그림 6-4 사이버범죄 유형별 발생 비율(중분류)

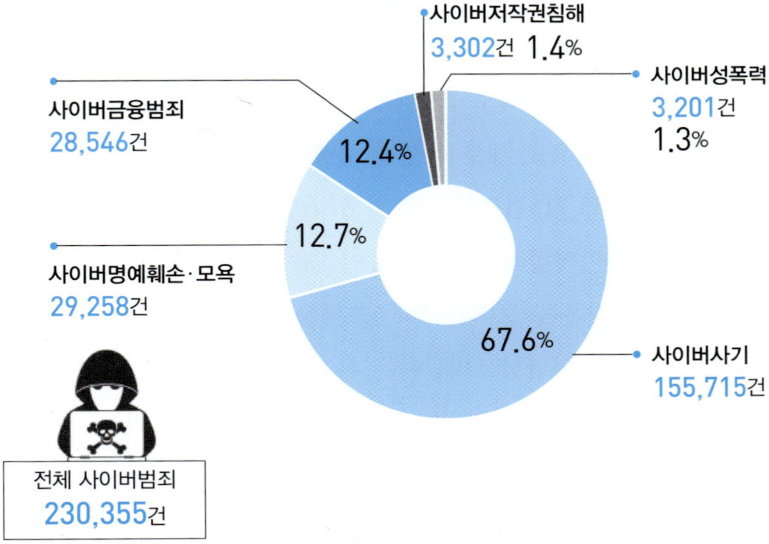

출처: 사이버범죄트렌드(2023), 국가수사본부 사이버수사국

그림 6-5 사이버범죄 유형별 발생건수 비교(중분류)

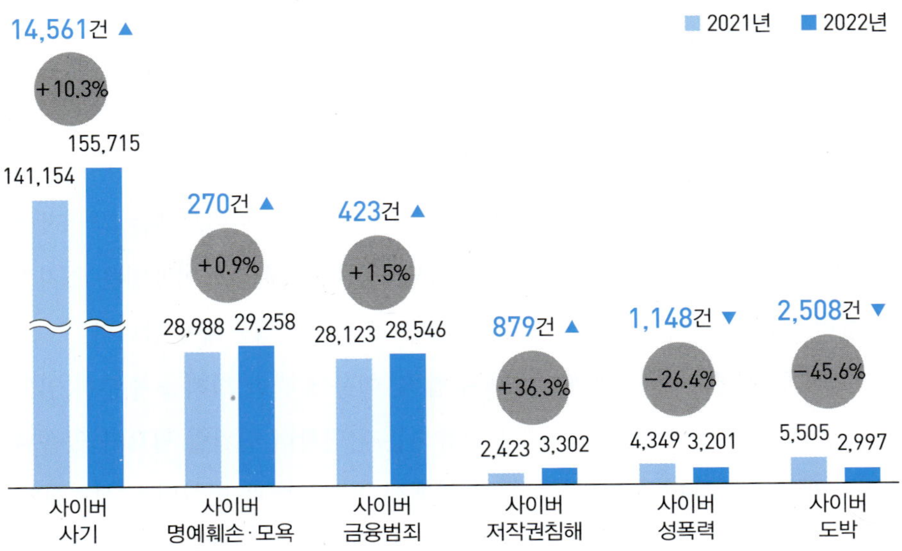

출처: 사이버범죄트렌드(2023), 국가수사본부 사이버수사국

여 가장 큰 폭의 증가율을 보였습니다. 이는 디지털 환경의 일상화와 함께, 사이버공간을 활용한 경제적 이익 추구 범죄가 지속적으로 늘고 있음을 보여줍니다. 한편, 불법 콘텐츠 범죄(예: 불법 성영상물 유포, 사이버도박 등 법에서 금지하는 정보를 생산·유포하는 범죄)는 8.6% 감소한 것으로 조사되었습니다.

사이버범죄를 중분류 기준으로 세부 유형별 비중을 살펴보면, 사이버사기 범죄가 전체 230,355건 중 155,715건으로 전체의 67.6%를 차지하여 가장 높은 비중을 보였습니다. 이는 사이버범죄 중 경제적 이익을 목적으로 한 사기 유형이 가장 빈번하게 발생하고 있음을 보여줍니다. 그다음으로는 사이버명예훼손 및 모욕이 29,258건(12.7%)으로 나타났으며, 이는 온라인상의 표현과 관련된 갈등이 점차 증가하고 있는 현실을 반영합니다. 이어서 사이버금융범죄가 28,546건(12.4%)으로 집계되었으며, 피싱, 파밍, 스미싱 등 신종 수법이 여전히 활발하게 이용되고 있음을 시사합니다.

그 외에 사이버저작권 침해는 3,302건(1.4%), 사이버성폭력은 3,201건(1.3%)으로 상대적으로 낮은 비중을 보였으나, 피해자의 인권 침해 측면에서 심각한 사회적 문제로 인식되고 있습니다.

(5) 예방대책

사이버범죄는 점점 더 지능화되고 조직화되고 있으며, 그 범행 수법도 날로 복잡해지고 있습니다. 그러나 약간의 관심과 주의를 기울인다면 사이버범죄의 상당 부분은 예방이 가능합니다. 무엇보다 의심스러운 사이트에는 가급적 회원가입을 하지 않는 것이 중요합니다. 또한 발신인이 불분명한 이메일은 열지 않도록 하며, 첨부파일이나 링크 클릭 역시 매우 신중하게 접근해야 합니다.

회원가입 시에는 반드시 개인정보 수집 및 이용에 관한 정책을 충분히 읽고 검토해야 하며, 본인의 정보가 어떻게 활용되는지 명확히 인지할 필요가 있습니다. 또한, 개인용 컴퓨터나 스마트기기에는 백신 프로그램과 방화벽을 설치하여 악성코드나 해킹에 대비해야 합니다. 또한 중요한 자료는 주기적으로 외부 저장장

치나 클라우드에 백업해두는 습관이 필요합니다.

음란물이나 불법 콘텐츠를 검색하거나 다운로드하는 행위는 범죄 피해의 직접적인 통로가 될 수 있으므로 자제해야 합니다.

끝으로, 아이디, 비밀번호 등 개인정보를 입력할 때에는 자동완성 기능을 사용하는 것을 피해야 합니다. 특히 공공장소의 PC를 사용할 경우에는 더욱 주의가 필요하며, 사용 후 반드시 로그아웃과 인터넷 사용기록 삭제 등을 실행해야 합니다. 이러한 기본적인 보안 수칙을 실천함으로써 사이버범죄로부터 스스로를 보호할 수 있으며, 건강한 사이버 환경 조성에도 기여할 수 있습니다.

2. 사기

(1) 개념

사기(Fraud)는 대표적인 지능범죄 중 하나로, 타인을 속여 금전적 이익을 취하는 행위를 말합니다. 사기범죄는 주로 상대방의 판단에 착오를 일으켜, 그 결과로 재산상의 손해를 입히는 방식으로 이루어집니다. 우리 형법은 이러한 사기행위를 엄중히 다루고 있으며, 형법 제347조에 따라 사람을 기망하여 재물을 교부받거나 재산상의 이익을 취득한 자는 10년 이하의 징역 또는 2천만 원 이하의 벌금에 처하도록 규정하고 있습니다. 여기서 '기망'이란, 재산상 거래관계에서 신의성실의 원칙을 위반하여 상대방을 착오에 빠뜨리는 행위를 의미합니다. 이러한 기망을 통해 상대방의 자발적인 행위로 재산을 이전받거나 이익을 얻는 것이 사기의 핵심입니다.

사기와 유사한 형태로 규정된 범죄로는 편의시설부정이용, 부당이득, 준사기 등이 있습니다. 편의시설 부정이용이란 부정한 방법으로 대가를 지급하지 않고 자동판매기나 교통카드 단말기 같은 유료 자동설비를 사용하는 경우를 말하며, 이를 통해 재산상의 이익을 취득하는 행위는 형법상 사기와 유사하게 처벌됩니다. 또한, 부당이득은 사람의 궁핍하고 절박한 상황을 이용하여, 일반적인 거래 기준에서 현저히 벗어난 부당한 이익을 취득하는 경우를 말합니다. 이는 사회적 약자의 처지를 악용하는 비윤리적 범죄로 간주됩니다.

준사기는 미성년자의 사리분별 능력 부족이나 심신장애인의 판단력 결여 상태를 이용하여 재산상의 이익을 취득하는 경우를 말합니다. 피해자의 의사표시가 외형상 자발적일 수 있으나, 실질적으로는 보호받아야 할 상태를 악용한 것이기 때문에 형법상 사기와 유사한 방식으로 처벌됩니다. 이처럼 사기죄는 고의적인 기망뿐만 아니라, 사회적 약자나 특수한 상황을 이용하여 부당한 재산상의 이익을 취득하는 다양한 행위들까지 포함하여 규율하고 있습니다. 이는 단순한 법 위반을 넘어 사회적 신뢰를 해치는 중대한 범죄로 간주되며, 예방과 법적 대응이 매우 중요합니다.

(2) 사기범죄 발생원인

사기(fraud)가 발생하는 원인을 설명하는 이론 중 가장 널리 알려진 이론은 1950년대 미국의 범죄학자 도널드 크레시(Donald Cressey)가 제안한 부정삼각형이론(Fraud Triangle Theory)입니다. 이 이론은 개인이 조직 내에서 사기행위를 저지를 때 반드시 세 가지 요인, 즉 압박(Pressure), 기회(Opportunity), 합리화(Rationalization)가 동시에 존재한다는 점을 강조합니다.

첫째, 압박은 개인이 감당하기 어려운 재정적 또는 조직적 스트레스를 의미합니다. 예를 들어, 개인적으로는 빚이나 질병, 사치에 대한 욕망 등 경제적 어려움이 원인이 될 수 있으며, 조직 차원에서는 과도한 매출 목표, 투자자들의 압박, 경쟁사와의 성과 비교 등이 구성원에게 심리적 압박을 가할 수 있습니다.

둘째, 기회는 사기를 저지를 수 있는 여건이 갖춰져 있는지를 뜻합니다. 이는 주로 조직의 내부 통제가 제대로 작동하지 않거나, 감독 체계가 느슨하거나, 문서 처리 과정에 허점이 있는 경우에 발생합니다. 실제로 여러 연구에서는 내부 통제가 취약한 조직에서 사기 사건이 발생할 확률이 평균보다 4배 이상 높다는 분석 결과가 보고된 바 있습니다.

셋째, 합리화는 개인이 자신의 부정행위를 스스로 정당화하는 과정을 의미합니다. 예컨대 "잠시 빌려 쓰는 것뿐이다", "어차피 회사 돈이다", "다른 사람도 하고 있다"는 식의 자기 합리화가 이에 해당됩니다. 최근 신경과학 연구에 따르면, 사람이 도덕적 판단을 유보하고 자신의 행동을 합리화할 때, 도덕성과 관련된 전전두엽의 뇌 활동이 현저히 감소한다는 결과도 제시되고 있습니다.

크레시는 사기범죄자가 일반적인 범죄자와는 달리, 자신을 범죄자로 인식하지 않고 '어쩔 수 없이 선택한 것'이라고 믿는 경향이 있다고 분석했습니다. 그는 자신의 저서 「Other People's Money」에서 "사기범은 자신을 범죄자로 보지 않는다. 그들은 상황이 강요한 선택이라 믿는다"고 말했습니다. 이 이론은 이후 수십 년 동안 회계 감사, 내부통제, 기업 윤리 교육 등 다양한 분야에서 광범위하게 응용되어 왔으며, 현대 조직에서 사기 예방 및 감시체계를 설계하는 데 필수적인 개념으로 자리 잡고 있습니다.

전 장에서 설명된 합리적 선택 이론(Rational Choice Theory)은 사기범죄를 이해하는 새로운 틀을 제시한 이론으로, 인간이 이익과 손실을 저울질한 끝에 최선의 선택을 한다는 전제를 기반으로 합니다. 이 이론은 경제학의 기대효용이론(Expected Utility Theory)에서 기원하였으며, 범죄학에서는 1986년 코니시(Derek Cornish)와 클라크(Ronald Clarke)가 저서 「The Reasoning Criminal」을 통해 범죄를 단순한 충동이나 병리적 현상이 아니라, 계산된 의사결정의 결과로 해석한 데서 본격적으로 체계화되었습니다.

합리적 선택 이론에 따르면 범죄자는 단순히 감정이나 환경에 휘둘리는 존재가 아닙니다. 그들은 범행의 성공 가능성, 예상되는 보상, 법적 처벌의 위험, 사회적 낙인, 도덕적 갈등 등 다양한 요소를 고려해 '이득이 위험보다 크다'고 판단되는 경우 범죄를 선택합니다. 즉, 잠재적 범죄자에게 사기범죄는 높은 경제적 보상, 낮은 검거 위험, 실행의 간편함, 도덕적 합리화의 용이성 등으로 인해 비교적 '이성적인 범죄 선택'으로 인식될 수 있습니다.

그림 6-6 합리적 선택 이론의 의사결정과정

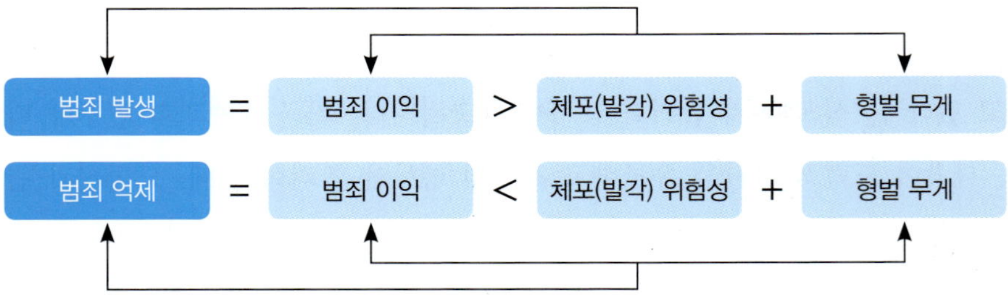

이러한 접근은 범죄를 사회 병리나 충동의 결과로 보던 기존 이론들과는 달리, 범죄 역시 일상적 선택의 결과로 이해하는 새로운 관점을 제공합니다. 이에 따라, 범죄 예방은 단순한 억제보다는 범죄자가 인식할 수 있는 비용(예: 처벌 가능성)을 높이고, 범죄 기회를 사전에 차단하는 방식으로 이루어져야 합니다. 실제로 경찰 등 형사사법기관은 셉테드(CPTED), 표적 강화, 감시 강화와 같은 전략을 통해 이 이론을 실무에 적극 반영하고 있습니다.

(3) 사기범죄의 수법과 특성

사기범죄자들은 매우 다양한 수단과 최신 기술을 활용하여 피해자를 속이고 재산상의 이익을 취득합니다. 단순히 거짓말을 하는 수준을 넘어서, 사람의 심리와 사회적 맥락을 교묘히 이용하는 방식으로 범행을 실행합니다. 이러한 경향은 정보통신기술의 발전과 함께 더욱 두드러지게 나타나며, 급변하는 사회환경 속에서 새로운 형태의 사기 수법이 끊임없이 등장하고 있습니다.

최근에는 '사회공학적 기법(Social Engineering)'이라는 개념이 중요하게 다루어지고 있습니다. 이는 기술적인 해킹이 아닌, 사람의 심리를 조작하여 정보를 빼내거나 특정 행동을 유도하는 수법을 의미합니다. 예를 들어, 사기범이 금융기관 직원이나 공공기관 공무원으로 가장하여 피해자에게 전화나 이메일을 보내고, 비밀번호나 인증번호와 같은 민감한 정보를 알아낸 후 이를 범행에 이용하는 방식이 대표적입니다.

사회공학적 기법은 인간의 신뢰, 불안, 호기심과 같은 심리적 취약점을 노리는 특성이 있어, 피해자가 자신이 속았다는 사실조차 인지하지 못한 채 피해를 입게 되는 경우가 많습니다. 따라서 단순한 기술적 방어만으로는 이러한 범죄를 완전히 예방하기 어렵고, 개인의 경각심과 정보보안에 대한 지속적인 교육이 반드시 필요합니다.

사기범죄는 다음과 같은 몇 가지 특징을 지닙니다.

첫째, 비대면성과 익명성이 강해 피해자가 범인을 직접 식별하거나 범행을 저지하기 어렵습니다.

둘째, 범행 수법이 매우 지능적이고 다양하며, 사회 변화나 기술 발전에 따라 끊임없이 진화합니다.

셋째, 금전적인 피해뿐만 아니라 심리적 충격과 대인 신뢰 상실 등 2차 피해가 동반되는 경우가 많습니다.

넷째, 피해자가 기망 당한 사실을 범행 당시 인식하지 못해 신고가 지연되거나 아예 누락되는 일이 자주 발생합니다.

이러한 특성으로 인해 사기범죄는 단순한 경제범죄를 넘어, 사회 전반의 안전과 신뢰를 위협하는 심각한 범죄 유형으로 간주됩니다. 사기범죄에 효과적으로 대응하기 위해서는 법적 처벌뿐만 아니라, 사회 전반의 감시체계, 사기 예방을 위한 교육, 개인정보 보호 의식 강화 등 종합적인 노력이 필요합니다.

결국 사기범죄는 새로운 사회 변화와 기술 발전에 발맞추어 지속적으로 진화하고 있으며, 단순한 법률 지식만으로 이를 예방하기는 어렵습니다. 따라서 개인과 사회가 모두 최신 사기 수법에 대한 경각심을 갖고, 사회공학적 기법에 대응할 수 있는 정보보호 역량을 함께 강화해 나가야 합니다.

(4) 발생실태

경찰청이 발행한 「2023 범죄통계」에 따르면, 2023년 한 해 동안 사기범죄는 총 347,901건 발생하였으며, 검거건수는 198,167건, 검거인원은 186,902명으로 집

그림 6-7 최근 5년 사기 발생건수 및 검거건수

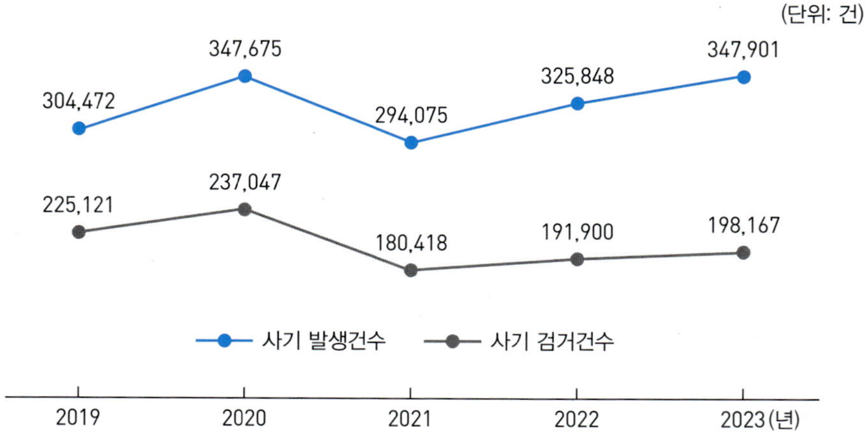

출처: 2023 범죄통계, 경찰청

계되었습니다. 사기범죄의 발생건수와 검거건수는 2020년까지 꾸준한 증가세를 보이다가 2021년에 큰 폭으로 감소하였으나, 2022년부터 다시 증가 추세로 전환되었습니다. 특히, 인구 10만 명당 사기범죄 발생률인 '사기범죄 발생비'는 2020년에 670.8건으로 정점을 찍은 뒤, 2021년에는 569.5건으로 감소하였습니다. 그러나 2022년에는 633.5건으로 다시 증가하였고, 2023년에는 677.8건으로 다시 최고치를 경신하며 심각한 사회문제로 대두되고 있습니다.

이러한 통계는 우리 사회에서 사기범죄가 여전히 높은 빈도로 발생하고 있으며, 일시적인 감소 이후 다시 확산되는 경향을 보이고 있음을 보여줍니다. 따라서 사기범죄 예방과 대응을 위한 지속적인 관심과 체계적인 정책 대응이 필요합니다.

(5) 유형 및 예방대책

사기범죄는 범행의 동기, 수단, 범죄의 대상에 따라 여러 유형으로 분류할 수 있습니다.

먼저, 범행 동기에 따른 구분으로는 연성사기와 경성사기로 나눌 수 있습니다. 연성사기는 처음부터 사기를 계획한 것은 아니었으나, 사업의 실패, 과도한 채무, 불의의 사고 등으로 인해 변제 능력을 상실하게 되면서 결과적으로 사기범죄로 이어지는 경우를 말합니다. 반면, 경성사기는 처음부터 피해자를 속여 재산상의 이익을 취득할 의도를 가지고 계획적으로 범행을 저지르는 경우를 의미합니다.

다음으로, 범행 수단에 따른 유형은 악성사기, 전통적 사기, 사이버사기로 구분됩니다. 악성사기는 경성사기와 유사하게 처음부터 기망의 의도를 가지고 상대방을 속여 이익을 취하는 방식입니다. 전통적 사기는 사람을 직접 대면하여 신뢰를 유도한 뒤 거짓 정보로 기망하고 금품을 편취하는 방식이며, 비교적 오래전부터 존재해 온 고전적인 형태입니다. 사이버사기는 정보통신망이나 컴퓨터 시스템을 활용하여 온라인상에서 피해자에게 물품이나 서비스를 제공할 것처럼 속이고 금전을 가로채는 방식입니다. 이는 최근 디지털 환경의 발달과 함께 급격히 증가하고 있는 유형입니다. 예를 들어, 중고거래 플랫폼에서 물건을 판매한다고 속인 뒤 돈만 받고 연락을 끊는 경우가 이에 해당합니다. 이와 같은 사기는 '컴퓨터 등 사용사기'로 형법에 규정되어 있습니다.

마지막으로, 범죄의 대상에 따른 구분으로는 국가사기, 조직사기, 다중사기, 개인사기가 있습니다. 국가사기는 국고 보조금이나 세금 환급 등의 제도를 악용하여 국가 재정에 손해를 끼치는 범죄로, 정책자금을 부정하게 수령하거나 세금을 부당하게 환급받는 행위 등이 포함됩니다. 조직사기는 주로 기업이나 단체 내부에서 발생하며, 업무상 횡령이나 배임 등을 통해 조직의 자산을 불법적으로 취득하는 범죄입니다. 다중사기는 다수의 불특정 개인을 대상으로 하는 범죄로, 보이스피싱, 스미싱, 파밍 등의 사이버금융사기가 대표적인 예입니다. 한편, 개인사기는 특정 개인을 대상으로 투자 명목의 고수익을 약속하거나 거짓 정보를 제공하여 금전을 유인하는 투자사기 등이 해당됩니다.

이처럼 사기범죄는 다양한 형태로 발생하며, 각 유형에 따라 접근 방식과 피해 양상이 다르기 때문에 이에 맞는 예방과 대응 전략이 요구됩니다.

예를 들어, 정부기관은 유선 또는 무선 전화를 통해 공식적인 의견을 전달하거나, 금전의 이체를 요구하거나, 개인정보를 요청하지 않습니다. 따라서 정부기관이나 공공기관을 사칭하여 전화를 걸어와 금융정보나 개인정보를 요구하는 경우, 이는 사기일 가능성이 매우 높습니다. 이러한 전화를 받을 경우 즉시 통화를 종료하고 관계기관에 신고하는 것이 바람직합니다. 또한 타인에게 자신의 개인정보나 금융정보를 절대로 알려주어서는 안 됩니다. 주민등록번호, 계좌번호, 비밀번호, 인증번호 등은 반드시 스스로 보호해야 하며, 이를 안전하게 관리하는 것이 사기 예방의 기본이 됩니다.

일상생활에서는 “세상에 공짜는 없다”는 인식을 갖는 것이 중요합니다. 과도한 수익을 약속하거나 특별한 혜택을 무상으로 제공하겠다는 제안은 대부분 허위일 가능성이 높으며, 이와 같은 유혹에는 냉정하게 대응해야 합니다.

끝으로, 자신이 알고 있는 정보는 남들도 알고 있을 수 있다는 점을 인식해야 합니다. 특정 정보가 나만 알고 있는 특별한 정보라고 착각하거나 맹신할 경우, 오히려 사기의 표적이 될 위험이 커집니다. 정보를 객관적으로 판단하고, 비현실적인 기대는 경계해야 합니다. 이와 같은 인식이 사기범죄로부터 자신을 지키는 첫걸음이 됩니다.

3. 사이버사기, 사이버금융사기, 다단계사기

(1) 사이버사기

① 개념 및 유형

사이버사기(Cyber fraud)는 사이버공간에서 발생하는 대표적인 사기범죄를 의미합니다. 정보통신망을 통해 피해자에게 물품이나 용역을 제공할 것처럼 거짓 정보를 제시하고, 금품을 편취하는 행위를 사이버사기라고 정의할 수 있습니다. 사이버사기는 주로 피해자의 개인정보나 금융정보를 수집한 뒤, 이를 악용하여 금전적 이익을 취득하는 방식으로 이루어집니다. 예를 들어, 실제로 존재하지 않는 온라인 쇼핑몰을 개설하여 물품을 판매할 것처럼 속이고 돈만 받은 후 연락을 끊는 경우가 이에 해당합니다. 또는 가족이나 지인을 사칭하여 메신저나 문자메시지를 보내고, 긴급 상황을 가장해 금전을 요구하는 수법도 대표적인 사례입니다. 이러한 사이버사기는 피해자가 범죄임을 인식하기 어려울 정도로 교묘하게 이루어집니다. 특히 사회공학적 기법이 동원되는 경우가 많아, 범죄자는 피해자의 신뢰를 유도하고 심리를 조작하여 정보를 탈취하거나 행동을 유도합니다.

대표적인 사이버사기의 유형은 다음과 같이 분류할 수 있습니다.

첫째, 직거래 사기는 중고나라, 당근마켓 등 중고거래 플랫폼이나 온라인 커뮤니티 등을 통해 허위의 물품 판매 의사를 게시한 뒤, 구매자로부터 대금을 받은 후 물품을 보내지 않고 연락을 끊는 방식으로 이루어집니다. 이 과정에서 정보통신망이 범행의 주요 수단으로 활용됩니다.

둘째, 쇼핑몰 사기는 존재하지 않는 허위의 인터넷 쇼핑몰을 개설하거나, 운영이 중단되기 직전의 쇼핑몰을 통해 소비자에게 상품을 판매하는 것처럼 속이고 대금을 편취한 뒤 물품을 발송하지 않는 방식입니다.

셋째, 게임 사기는 온라인 게임에서 캐릭터나 아이템 등을 거래하는 과정에서, 허위 정보를 제공하거나 거짓으로 거래 의사를 밝힌 뒤 상대방으로부터 대금을 받은 후 이를 전달하지 않고 사라지는 방식으로 이루어집니다. 게임 내 거래 시스템을 악용한 사기 유형으로, 청소년과 청년층에서 특히 피해 사례가 많습니다.

넷째, 기타 사이버사기는 위에서 언급한 직거래, 쇼핑몰, 게임 사기에 해당하지 않지만, 정보통신망을 이용하여 다양한 방식으로 피해자를 기망하고 재산상의 이익을 편취하는 모든 유형의 사기를 포함합니다.

② 특성 및 예방대책

사이버사기는 연령과 계층을 불문하고 누구에게나 위협이 되는 범죄입니다.

그러나 특히 청소년과 고령층은 사이버사기에 상대적으로 취약한 계층으로 지목되고 있습니다.

청소년의 경우, 인터넷 사용에는 능숙하지만 사회적 경험과 판단력이 부족하여 사기의 피해자뿐만 아니라 가담자로도 쉽게 연결될 수 있습니다. 실제로 인터넷 사기에 가담한 청소년을 대상으로 한 여러 연구에서는, 사회적 환경을 개선하고 비뚤어진 사고방식을 교정하는 것이 재범 방지에 중요하다는 점이 강조되고 있습니다. 한편, 고령층은 스마트기기와 디지털 환경에 대한 이해도가 낮은 경우가 많아, 자녀나 가족을 사칭한 문자 메시지나 메신저 사기에 속기 쉬운 특성을 보입니다. 특히 문자로 긴급 상황을 조작하거나 송금을 유도하는 수법은 고령자들에게 큰 피해를 주고 있습니다.

사이버사기에 효과적으로 대응하기 위해서는 다각적인 접근이 필요합니다.

첫째, 인공지능(AI)과 빅데이터 등 첨단 기술을 활용하여 사기 시도를 실시간으로 탐지하고 차단할 수 있는 시스템을 구축해야 합니다. 이러한 기술은 사기 패턴을 빠르게 분석하고 이상 징후를 조기에 식별할 수 있도록 하여, 피해를 예방하는 데 큰 도움이 됩니다.

둘째, 사이버사기는 국경을 초월해 발생하는 특성이 있기 때문에 국제적 협력이 매우 중요합니다. 국가 간 공조와 정보 공유 체계를 강화함으로써, 해외에서 발생한 사기 범죄에 대해서도 효과적으로 대응할 수 있습니다.

셋째, 청소년과 고령층 등 취약계층을 보호하기 위한 맞춤형 교육과 예방 캠페인을 확대해야 합니다. 특히 디지털 기기와 온라인 환경에 취약한 고령층, 사회적 경험이 부족한 청소년을 대상으로 한 교육과 지원 프로그램을 통해 이들의 디지털 역량을 높이는 것이 필요합니다.

넷째, 사기 피해자의 정신적·경제적 회복을 위한 제도적 지원도 중요합니다. 피해자를 위한 상담 인프라와 지원 체계를 마련하여 2차 피해를 줄이고, 사기 범죄로 인해 손상된 사회적 신뢰를 회복할 수 있도록 해야 합니다.

이러한 대응 방안들은 기술적, 제도적, 교육적 측면에서 균형 있게 추진되어야 하며, 사회 전체가 함께 노력해야 사이버사기의 위협으로부터 안전한 디지털 환경을 조성할 수 있습니다.

(2) 사이버금융사기

① 개념 및 유형

사이버금융사기는 정보통신망과 전자금융 시스템을 악용하여 타인을 기망하고 금융정보를 탈취하거나, 이를 이용해 부정한 방식으로 금전적 이익을 취득하는 범죄를 의미합니다. 이러한 범죄는 대체로 비대면으로 이루어지며, 스마트폰, 인터넷뱅킹, 메신저, 문자메시지 등을 통해 피해자를 속이는 방식으로 발생합니다. 대표적인 예로는 보이스피싱(Voice Phishing)이 있습니다. 이는 금융기관, 수사기관, 공공기관 등을 사칭해 전화를 걸고, 피해자가 범죄에 연루되었다거나 계좌가 위험하다는 식의 거짓말로 불안감을 조성하여 금전을 송금하게 만드는 방식입니다.

보이스피싱은 「전기통신금융사기 피해 방지 및 피해금 환급에 관한 특별법」에서 정의하는 전기통신금융사기의 대표적인 유형입니다. 이는 전화, 인터넷, 휴대전화 등 전기통신 수단을 이용해 타인을 기망하거나 협박하여 자금을 송금·이체하게 만든 후, 이를 통해 범죄자 본인 또는 제3자가 재산상의 이익을 얻는 일련의 행위를 포함합니다. 이러한 행위는 형법 제347조에 따라 사기죄로도 처벌되며, 일반 사기의 경우 10년 이하의 징역 또는 2천만 원 이하의 벌금이 부과될 수 있습니다. 한편, 특별법에 따라 전기통신금융사기를 저지른 자는 보다 강화된 처벌 규정에 따라 10년 이하의 징역 또는 1억 원 이하의 벌금형에 처해질 수 있습니다. 이처럼 보이스피싱은 법률적으로 중대 범죄로 간주되며, 엄중한 제재가 뒤따르는 범죄 유형입니다.

사이버금융사기의 대표적인 유형은 크게 여섯 가지로 구분할 수 있습니다.

첫째, 피싱(Phishing)은 '개인정보(Private data)'와 '낚시(Fishing)'의 합성어로, 주로 금융기관을 사칭한 이메일을 발송해 수신자가 이메일 내 인터넷 주소를 클릭하도록 유도한 뒤, 가짜 은행 사이트에 접속하게 하여 보안카드 번호 등의 금융정보를 탈취하고 피해자의 계좌에서 범죄자의 계좌로 자금을 이체하는 방식입니다.

둘째, 파밍(Pharming)은 악성코드에 감염된 피해자의 PC를 조작하여 정상적인 은행 사이트에 접속하더라도 가짜 사이트로 연결되게 만든 뒤, 금융정보를 입력하도록 유도해 정보를 탈취하고 범행 계좌로 자금을 이체하는 수법입니다.

셋째, 스미싱(Smishing)은 문자메시지(SMS)와 피싱(Phishing)의 합성어로, '무료 쿠폰 제공' 등의 내용이 담긴 문자메시지를 보내 피해자가 포함된 인터넷 주소를 클릭하면 악성코드가 스마트폰에 설치되어, 피해자가 모르게 소액결제가 이루어지거나 개인정보 및 금융정보가 탈취되는 범죄입니다.

넷째, 메모리 해킹은 피해자의 PC 메모리에 상주한 악성코드를 이용해, 정상적인 은행 사이트에서 보안카드 번호 앞·뒤 2자리만 입력해도 범죄자가 정보를 조작하여 자금을 탈취하는 방식입니다. 피해자가 정상적으로 이체를 시도했지만 오류가 반복되는 상황을 만들어, 이후 범죄자가 동일한 정보를 이용해 자금을 빼가는 수법입니다.

다섯째, 몸캠피싱은 음란 화상채팅을 유도한 후 해당 영상으로 협박하여 금전을 갈취하는 범죄입니다. 범죄자는 타인의 사진을 도용해 여성으로 가장하고, 랜덤채팅 앱이나 메신저를 통해 접근한 뒤, 미리 준비된 여성 영상으로 상대방의 음란행위를 유도합니다. 이후 피해자의 얼굴이 담긴 영상을 확보하고, 주소록 유출을 통해 지인을 언급하며 영상 유포를 빌미로 금전을 요구합니다.

여섯째, 기타 전기통신금융사기는 앞선 유형에 해당하지 않지만, 메신저 피싱이나 피해자의 스마트폰·PC를 통해 직접 계좌에서 자금을 이체하거나 소액결제를 유도하는 등 다양한 방식의 금융사기를 포함합니다.

② 보이스피싱 유형

보이스피싱 사기는 수법에 따라 여러 유형으로 나뉘며, 각각의 방식은 피해자의 심리적 취약점을 노려 범행을 시도합니다.

첫째, 보호형(피해방지빙자형)은 검찰, 경찰, 금융감독원 등 공공기관을 사칭하여 피해자가 개인정보 유출이나 범죄에 연루되었다고 믿게 만든 후, “보호조치”를 명목으로 보안계좌로의 자금 이체를 유도하는 방식입니다. 피해자는 국가기관의 개입이라는 심리적 압박으로 인해 속기 쉽습니다.

둘째, 협박형은 피해자의 자녀를 납치했다거나 사고를 당했다는 등의 거짓말로 공포심을 조성하고, 이를 해결하기 위해 돈을 보내야 한다며 자금을 요구하는 방식입니다. 특히 사전에 자녀나 가족의 이름, 학교, 전화번호 등 신상정보를 파악해 접근하는 경우가 많아 사실처럼 느껴질 수 있습니다.

셋째, 지인사칭형 또는 의무부과형은 가족, 친구, 지인 또는 동창회, 대학교 등으로 가장하여 급전, 병원비, 회비, 등록금 등을 요구하는 방식입니다. 이 경우 메신저 계정을 탈취하거나 문자 메시지를 통해 접근하는 사례가 많습니다.

넷째, 보상제공형(이익제공빙자형)은 연금, 보험금, 재난지원금 환급 또는 경품 당첨 등과 같이 피해자가 기대할 수 있는 이익을 미끼로 접근한 후, 세금, 수수료, 인증비 등의 명목으로 금전을 요구하는 수법입니다. “공짜 혜택”이라는 말에 현혹되어 속기 쉬운 유형입니다.

다섯째, 대출사기형은 대부업체나 금융기관 직원을 사칭하여 피해자에게 대출을 받을 수 있다고 접근한 뒤, 신용등급 향상, 보증금 납부, 수수료 등의 명목으로 돈을 송금하게 만드는 방식입니다. 이와 유사하게 카드론 대출사기는 문자나 전화를 통해 피해자를 가짜 금융기관 홈페이지로 유도하고, 그곳에서 입력한 개인정보를 이용해 피해자 명의로 대출을 실행한 후 자금을 가로채는 방식입니다.

③ 보이스피싱 발생실태

경찰청 통계에 따르면, 보이스피싱 범죄는 2006년 1,488건이 발생한 이후 꾸준한 증가세를 보여 왔습니다. 2011년에는 8,244건으로 증가했으나, 2012년에는 5,709건으로 다소 감소하였습니다. 그러나 2013년에는 2만 1,634건으로 급증하며 처음으로 연간 2만 건을 돌파했고, 이후 2017년까지는 연간 2만 건 안팎의 등

그림 6-8 보이스피싱 발생건수(2006~2021)

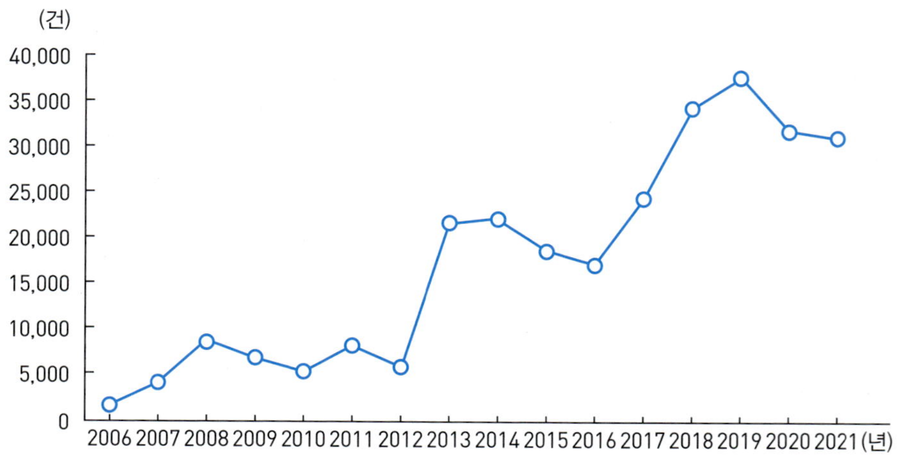

출처: 경찰청, 「보이스피싱 통계자료」, 2022.6.

락을 반복했습니다. 2018년에는 3만 4,132건으로 다시 급증해 3만 건을 처음 넘어섰고, 2019년에는 3만 7,667건으로 사상 최대치를 기록하였습니다. 이후 감소세로 전환되어 2020년에는 3만 1,681건, 2021년에는 3만 982건으로 다소 줄어들었으나 여전히 높은 수준을 유지하고 있습니다.

2006년부터 2021년까지의 누적 보이스피싱 발생 건수는 총 27만 8,200건에 달하며, 같은 기간 동안 누적 피해금액은 무려 3조 8,681억 원에 이릅니다. 이는 보이스피싱이 단순한 개인 범죄를 넘어, 국민 경제와 사회적 신뢰를 심각하게 훼손하는 중대한 범죄 유형으로 자리 잡고 있음을 방증합니다.

④ 예방대책

사이버금융사기와 보이스피싱 사기를 예방하기 위해서는 개인정보 보호에 대한 경각심을 갖는 것이 무엇보다 중요합니다. 주민등록번호, 계좌번호, 비밀번호, 인증번호 등은 어떠한 상황에서도 타인에게 제공하지 않아야 하며, 정부기관이나 금융기관은 전화나 문자메시지를 통해 이러한 정보를 요구하지 않는다는 점을 분명히 인식해야 합니다. 또한 문자메시지, 메신저, 이메일 등을 통해 전달되는 출처 불명의 인터넷 주소나 파일은 클릭하거나 설치하지 말고 즉시 삭제하는 것이 안전합니다. 금융거래는 반드시 해당 기관의 공식 애플리케이션이나 웹사이트를 통해 진행해야 합니다.

정부기관, 금융기관, 가족이나 지인을 사칭해 금전을 요구하거나 개인정보를 묻는 연락을 받았을 경우, 일단 전화를 끊은 뒤 해당 기관이나 당사자에게 직접 사실 여부를 확인하고, 경찰청(112)이나 금융감독원(1332)에 즉시 신고해야 합니다. 스마트폰이나 PC의 보안 프로그램은 항상 최신 상태로 유지하고, 백신 소프트웨어와 운영체제의 업데이트를 정기적으로 실시하여 악성코드 감염을 예방해야 합니다.

아울러 고령층과 청소년 등 사이버사기에 취약한 계층을 대상으로 하는 맞춤형 교육과 예방 캠페인도 중요합니다. 이를 통해 사회 전체의 인식을 높이고, 범죄 피해를 사전에 줄일 수 있도록 해야 합니다. 이처럼 개인의 주의와 함께 제도적·교육적 대응이 병행될 때, 사이버금융사기와 보이스피싱 범죄로부터 실질적인 안전을 확보할 수 있습니다.

(3) 다단계사기: 이윤은 위로, 피해는 아래로

① 개념 및 특성

다단계사기(Pyramid Fraud)는 적은 금액의 투자로 고수익을 얻을 수 있다거나, 지인을 소개하면 수당이 지급된다는 식의 유혹적인 문구로 사람들을 끌어들이는 조직적 금융사기입니다. 이 방식은 실제 상품이나 서비스의 판매보다는 새로운 참가자를 모집하는 데 초점이 맞추어져 있으며, 상위 참여자가 하위 참여자의 투자금으로 수익을 얻는 구조를 갖고 있습니다.

이러한 구조는 신규 참여자가 계속해서 유입되어야만 유지될 수 있는 지속 불가능한 시스템으로, 일정 시점이 지나면 모집 가능한 인원이 한계에 이르러 조직은 결국 붕괴하게 됩니다. 이로 인해 초기 상위 참가자 일부만 이익을 얻고, 대부분의 하위 참가자는 심각한 금전적 피해를 입게 됩니다.

다단계사기가 반복적으로 발생하는 배경에는 빠른 수익에 대한 기대, 지인을 통한 사회적 신뢰, 남들도 하고 있다는 군중심리 등 다양한 심리적·사회적 요인이 작용합니다. 특히 경기 불안이나 경제적 압박이 심한 상황에서는 이러한 사기 수법에 대한 경계심이 약화되기 쉽습니다. 법적으로 다단계사기는 「방문판매 등에 관한 법률」 위반이나 형법상 사기죄로 처벌될 수 있으며, 학문적으로는 사회적 신뢰를 악용한 전형적인 기망형 사기로 분석됩니다. 수학적으로도 구조의 지속 가능성이 없다는 점에서, 다단계사기는 본질적으로 '제로섬 게임' 이상의 피해를 초래하는 반사회적 범죄라 할 수 있습니다.

② 유형 및 범행수법

다단계사기와 유사한 유형으로는 방문판매와 다단계판매가 있고, 범행수법은 크게 폰지수법(Ponzi Scheme)과 피라미드수법(Pyramid Scheme)으로 구분합니다.

방문판매는 다단계판매의 외형을 띠고 있지만, 실제로는 상품 거래보다는 이를 가장하여 사기성 피라미드 조직을 통한 유사수신 행위가 주된 목적이 되는 경우가 많습니다. 이러한 방식은 대규모 피해자를 양산하는 특징을 가지고 있으며, 법적 처벌 대상이 됩니다.

다단계판매는 전통적인 도소매 유통경로를 거치지 않고 소비자가 다른 소비자에게 제품을 직접 소개하고 판매하는 방식으로, 일정한 조건(3단계 이상)을 갖출 경우 다단계판매로 분류됩니다. 합법적인 형태도 존재하지만, 구조적으로 사기와 유사한 경우가 많아 주의가 필요합니다.

폰지수법은 새로운 투자자들의 자금을 기존 투자자들에게 이자나 수익금 명목으로 지급하면서, 실제로는 수익을 창출할 사업이 없는 상태에서 운영되는 금융사기입니다. 이 방식은 시간이 지날수록 신규 투자자의 유입이 줄어들면서 붕괴되며, 다단계사기의 한 유형으로 분류됩니다.

피라미드수법은 다단계사기와 유사한 구조를 가지고 있으며, 실제 수익성이 있는 사업계획 없이 고수익을 미끼로 참여자를 기만하는 방식입니다. 주로 대출을 알선하거나 물건을 강제로 판매하는 수단을 통해 금전적 피해를 유발하며, 이는 명백한 사기 행위로서 엄격한 법적 제재의 대상이 됩니다. 경제학적으로는 피라미드수법을 폰지수법의 변형으로 해석합니다. 실질적인 상품이나 서비스로부터 발생하는 수익이 아니라, 신규 참여자의 자금을 기존 참여자의 이익 충당에 사용하는 구조적 유사성 때문입니다. 범죄학적으로는 피라미드수법을 조직적 기망과 대규모 경제적 피해를 특징으로 하는 구조적 범죄이자, 화이트칼라범죄의 대표적 유형으로 간주합니다. 특히 법적으로 합법처럼 포장된 외형 때문에 단속이 쉽지 않으며, 제도적 감시의 사각지대를 악용하는 전형적인 사례로 분석되고 있습니다. 이러한 특성 때문에 피라미드수법은 단순한 개인의 일탈을 넘어서는, 복합적이고 구조적인 범죄로 평가됩니다.

③ 발생원인 및 실태

다단계사기의 발생 원인은 경제적, 심리적, 구조적 요인이 복합적으로 작용한 결과로 해석할 수 있습니다. 우선, 경제적 여유가 부족한 개인에게 '단기간 내 고수익'이라는 유혹은 강력한 유인 요인으로 작용합니다. 특히 금융이나 투자에 대한 기초 지식이 부족하거나, 합리적 의사결정을 위한 정보 접근성이 낮은 경우에는 사기의 위험을 인지하지 못하고 쉽게 현혹될 가능성이 높습니다. 비판적 사고력의 결여와 함께, 주변 지인의 권유나 사회적 분위기에 영향을 받는 '사회적 증거(social proof)' 효과도 다단계사기 참여를 유도하는 심리적 요인으로 작용합니다.

더불어, 다단계사기의 구조적 특징 중 하나는 일반 소비자들이 이해하기 어려운 복잡한 투자상품이나 금융구조를 제시한다는 점입니다. 이러한 상품은 실질적 수익 창출이 아닌, 신규 참여자의 투자금으로 기존 참여자에게 수당을 지급하는 방식으로 운영되며, 일종의 '합법처럼 보이는 기만'이 핵심 수단입니다. 최근에는 유명 정치인, 연예인, 사회 저명인사의 이름이나 사진을 무단 도용하거나, 이들이 실제로 참석한 화려한 투자설명회를 통해 신뢰를 형성하려는 수법도 사용되고 있습니다. 이러한 '권위의 오남용'은 투자자들에게 심리적 안정감을 주고, 위험성을 은폐하는 효과를 낳습니다. 또한, 블록체인 기반 가상화폐나 NFT 등 새로운 금융기술을 사기 수단으로 악용하는 사례도 증가하고 있습니다. 이들은 기술적 전문성과 시장의 불투명성을 이용하여 피해자들의 투자금 유치를 정당화하고, 실체 없는 가상 자산 거래를 통해 자금을 은닉하거나 추적을 어렵게 만듭니다.

합리적 선택 이론의 관점에서 볼 때, 다단계사기는 낮은 형사처벌 수위와 수사기관이 복잡한 사기 구조를 입증하는 데 겪는 현실적 한계로 인해 범죄자에게 유리한 선택지로 작용합니다. 즉, 범죄로부터 얻을 수 있는 기대이익은 높은 반면, 적발 가능성과 처벌 수준은 상대적으로 낮기 때문에 사기 행위의 유인이 증가합니다. 이러한 조건들이 맞물리면서 다단계사기는 반복적이고 구조적으로 재생산되며, 특히 법적·제도적 감시가 미치지 못하는 사각지대를 파고드는 전형적인 화이트칼라범죄로 자리매김하고 있습니다.

2024년 한 해 동안 금융감독원 「불법사금융신고센터」에 접수된 유사수신 관련 신고·제보 건수는 총 410건으로, 이는 2023년의 328건에 비해 82건(약 25%) 증가한 수치입니다. 수사의뢰된 유사수신 사례를 유형별로 살펴보면, 신기술·신사업 분야에 대한 투자 명목이 17건(48.6%)으로 가장 많았고, 가상자산 및 주식·채권 등 금융상품 투자가 12건(34.3%), 부동산 투자 명목이 6건(17.1%)으로 뒤를 이었습니다. 이들 사례는 모두 정상적인 업체나 사업을 가장하거나 빙자하여 투자자를 속이고 불법적으로 자금을 모집한 유형으로, 최근 유사수신 사기의 수법이 더욱 다양화·지능화되고 있음을 보여줍니다.

④ 예방대책

소비자들이 다단계 사기를 포함한 유사수신 사기 등 불법 금융행위로부터 자신을 보호하기 위해서는 몇 가지 기본적인 원칙을 반드시 유념해야 합니다. 우선, '고수익이면서 원금이 보장되는 투자'는 현실적으로 존재하지 않는다는 점을 항상 기억해야 합니다. 이는 사기의 가장 흔한 유인 문구이며, 투자 판단의 첫 관문입니다.

온라인상에서 접하는 투자 성공 사례나 후기는 실제 피해자를 유인하기 위한 불법업체의 조작된 수단일 수 있으므로, 이를 맹신해서는 안 됩니다. 특히 가치 평가가 어렵거나 생소한 대상에 투자할 경우, 제안된 내용의 진위를 면밀히 검토하고, 사실관계를 철저히 확인하는 것이 필요합니다. 또한, 지인이나 가족 등 신뢰 관계에 있는 사람이 투자 기회를 소개하더라도, 고수익을 보장한다면 유사수신 또는 사기 가능성을 의심해야 합니다. 이는 다단계 투자사기에서 자주 이용되는 방식이며, 심리적 경계가 무너지는 지점을 노리는 수법입니다. 아울러, 보험설계사나 금융기관 직원, 공공기관 관계자 등 전문성을 지닌 인물로 보이더라도, 이들의 말을 무조건적으로 신뢰하는 것은 위험합니다. 신분을 철저히 확인하고, 금융감독원 등 공신력 있는 기관에 사실 여부를 조회하는 것이 안전합니다.

끝으로, 유사수신이나 불법 자금 모집 행위가 의심될 경우, 지체하지 말고 금융감독원 '불법사금융신고센터' 등에 즉시 제보하는 것이 피해 확산을 막는 가장 효과적인 대응책입니다. 예방은 의심에서 시작되며, 경계는 내 재산을 지키는 첫 걸음입니다.

CHAPTER

07 마약범죄

1. 개관

“마약은 나와는 상관없는 이야기.” 과거에는 이 말이 통했지만, 이제는 더 이상 그렇지 않습니다. SNS를 통해 유통되는 이른바 ‘대마 쿠키’, 청소년 사이에서 유행처럼 번지는 ‘뽕 음료’, 유명인의 투약 고백까지 마약은 더 이상 사회의 음지에 머무는 문제가 아니라, 우리의 일상에 스며든 현실의 위협입니다.

(1) 정의

마약범죄(Drug-related Crimes 또는 Narcotic Crimes)는 단순히 불법 약물을 사용하는 행위에 국한되지 않습니다. 마약의 생산, 유통, 소지, 투약 등 전 과정을 포함하는 중대한 범죄로, 개인의 중독 문제를 넘어 사회 질서와 공공안전 전반에 심각한 영향을 미칩니다. 이러한 이유로 마약범죄는 형사법, 범죄학, 심리학, 사회학 등 여러 학문 분야에서 다각도로 분석되며, 그 원인과 대응책에 대한 연구가 활발히 이루어지고 있습니다.

‘마약(Narcotics)’이라는 용어는 그리스어 ‘narko(감각을 없애다)’에서 유래하였습니다. 이는 단순한 약물이 아니라, 정신을 마비시키고 진통 효과나 강한 쾌감을 유발하는 한편, 사용자의 의존과 남용을 초래하는 위험한 약물이라는 의미를 담고 있습니다.

세계보건기구(WHO)는 마약류를 다음과 같은 특성을 가진 약물로 정의하고 있습니다. 첫째, 사용에 대한 강한 욕구와 의존성이 있으며, 둘째, 점차 더 많은 양을 필요로 하게 되는 내성이 나타납니다. 셋째, 사용을 중단하면 신체적·정신적으로 견디기 힘든 금단증상이 나타나고, 넷째, 이러한 폐해가 개인에 그치지 않고 사회 전체에 악영향을 미친다는 점에서 문제가 됩니다.

우리나라의 「마약류 관리에 관한 법률」에 따르면, 마약류는 크게 마약, 향정신성의약품, 대마로 구분됩니다. 이러한 물질은 일반적으로 '피해자가 없는 범죄(Victimless Crime)'의 대표적 사례로 분류되며, 외형상 직접적인 피해자가 존재하지 않지만 사회 전체에 심각한 해악을 끼치는 중대한 범죄로 간주됩니다.

마약범죄는 다양한 형태로 나타납니다. 단순한 투약이나 소지와 같은 개인적 범죄부터, 제조·수입·수출·매매·운반·보관·자금세탁·범죄조직 운영 등과 같이 보다 조직적이고 체계적인 조직범죄에 이르기까지 그 범위는 매우 넓습니다. 특히 밀수나 대규모 유통, 마약 자금을 통한 범죄조직 운영은 국제적 조직범죄와 연계될 가능성이 높아, 국가 간 공조와 국제기구와의 협력이 필수적입니다.

마약류를 규제하는 우리나라의 법체계는 다층적으로 구성되어 있습니다. 우선 기본법인 「마약류 관리에 관한 법률」은 과거의 마약법, 대마관리법, 향정신성의약품관리법을 통합한 것으로, 마약류의 제조·유통·사용에 대한 전반적인 규제를 다룹니다. 이 외에도 「마약류 불법거래 방지에 관한 특례법」은 국제적 차원의 불법 거래를 단속하기 위한 특별 규정을 담고 있으며, 「특정범죄 가중처벌 등에 관한 법률」은 마약범죄 중 중대하고 악의적인 행위에 대해 형량을 더욱 엄중하게 적용하고 있습니다.

(2) 유형 및 특성

마약류는 약리 작용에 따라 흥분제, 억제제, 진통제, 환각제 등으로 구분되며, 각 물질은 중독성의 강도, 남용 가능성, 사회적 피해 수준에 따라 법적 규제를 달리 받습니다. 우리나라 「마약류 관리에 관한 법률」에서는 마약류를 다음과 같이 세 가지 유형으로 나누어 규정하고 있습니다.

첫째, 마약은 원형 그대로이거나 화학적으로 변형된 형태로, 중추신경계에 작용하여 일시적 또는 지속적으로 신체 또는 정신 기능에 변화를 일으키는 물질입니다. 이들 중 보건복지부 장관이 남용의 우려가 있다고 판단한 물질이 마약으로 지정됩니다. 대표적인 예로는 천연마약인 양귀비, 아편, 모르핀, 코데인, 헤로인, 코카인 등이 있고, 합성마약에는 페치딘계와 메사돈계 합성약물 등이 있습니다.

둘째, 향정신성의약품은 중추신경계에 작용해 정신 상태에 영향을 미치는 의약품으로, 남용될 가능성이 있거나 국제적으로 규제되는 물질을 말합니다. 암페타민, 메스암페타민(히로뽕), 바비튜레이트계, 벤조디아제핀계 약물 등이 이에 해당하며, 의료용으로 사용되기도 하지만 오남용 시 심각한 중독과 사회적 폐해를 유발할 수 있습니다.

셋째, 대마는 대마초(Cannabis) 및 그 수지, 이를 원료로 제조된 모든 제품을 포함합니다. 의료용 대마는 별도 규정을 두고 있으며, 일반적으로 대마의 재배, 소지, 사용은 엄격히 금지되어 있습니다. 이처럼 마약류는 약리적 특성과 사회적 위험성을 기준으로 세분화되어 규제되며, 각 유형에 따라 처벌 수위나 사용 기준도 달라집니다. 따라서 마약류의 종류와 특성을 올바르게 이해하는 것은 개인의 건강은 물론 사회 전체의 안전을 지키는 데 매우 중요한 요소라 할 수 있습니다.

마약범죄의 초기 진입은 대개 비교적 낮은 수준의 약물이나 알코올과 같은 합법적 기호품에서 시작되는 경우가 많습니다. 이후 마리화나(대마)와 같은 비교적 약한 불법 약물로 이어지고, 점차 더 강력한 환각 효과나 중독성을 가진 약물로 옮겨가는 경향이 나타납니다. 이러한 단계적 약물 사용 경로를 문지기 가설(Gateway Thesis)이라고 합니다. 문지기 가설은 초기의 가벼운 약물 사용이 이후 더 위험한 약물 사용의 '출입문' 역할을 한다는 관점으로, 마약 예방 정책에서 중요한 이론적 근거로 활용되고 있습니다. 이 이론은 특히 청소년이나 청년층의 초기 약물 노출이 장기적으로 심각한 중독으로 이어질 수 있다는 점에서, 초기 사용 단계에서의 적극적인 개입과 교육이 필요함을 강조합니다.

(3) 마약범죄 발생실태

우리나라의 마약류 범죄는 2015년 이후 급격한 증가세를 보이기 시작하였습니다. 이는 다크웹, SNS(특히 텔레그램) 등을 통한 해외 공급자와의 접촉이 쉬워지면서, 국제우편을 이용한 마약류 밀반입 사례가 크게 늘어난 것이 주요 원인으로 분석됩니다. 실제로 2023년에는 마약류 사범 수가 사상 최초로 2만 명을 넘어서며 큰 사회적 우려를 낳았습니다.

2024년에는 전체 마약류 사범이 23,022명으로 전년도(27,611명) 대비 16.6% 감소하면서 다소 진정세를 보였으나, 여전히 2만 명을 상회하는 높은 수준을 유지하고 있습니다. 세부적으로 살펴보면, 마약사범은 1,954명으로 전년 대비 50.8%나 감소한 반면, 향정신성의약품 관련 사범은 17,751명으로 9.2%, 대마사범은 3,317명으로 18.8% 각각 감소한 것으로 나타났습니다. 이러한 수치는 최근 마약류 유통 경로의 디지털화와 개인 간 거래의 은밀화 현상을 반영하고 있으며, 이에 대한 지속적인 감시와 제도적 대응이 요구됩니다.

그림 7-1 최근 10년 마약류 사범 단속 현황

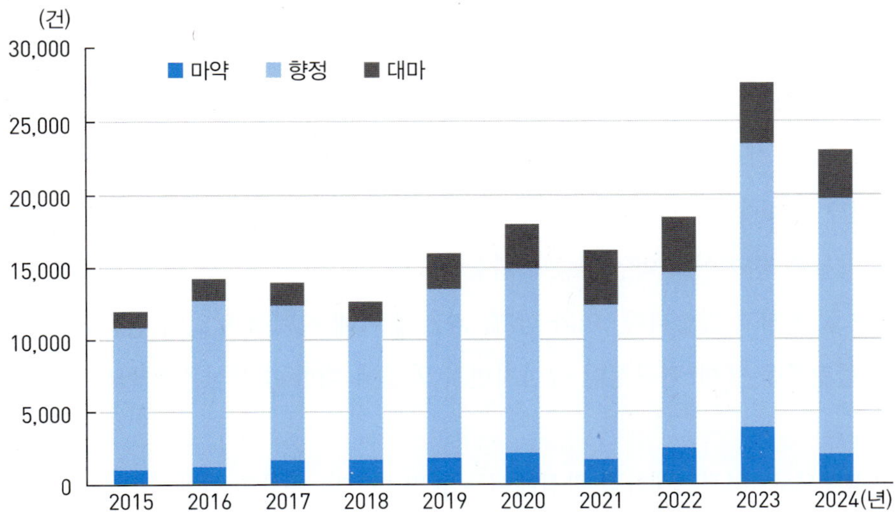

출처: 대검찰청, 「2024 마약류 범죄백서」

2024년 마약류 범죄통계에 따르면, 전체 적발 인원 중 20대와 30대가 전체의 60.8%를 차지하며 가장 높은 비율을 보이고 있습니다. 이는 전년도(15,051명)와 비교했을 때 7.0% 감소한 수치지만, 여전히 청년층이 마약류 범죄의 주요 연령대임을 보여줍니다. 한편, 10대 마약류 사범은 649명으로 전체의 2.8%에 해당하며, 전년도(1,477명) 대비 56.1% 급감한 것으로 나타났습니다.

마약류 종류별 연령 분포를 살펴보면, 마약사범은 60대가 전체의 60.7%로 가장 높은 비중을 차지하고 있으며, 그 뒤를 이어 30대(10.1%), 50대(9.8%) 순으로 나타났습니다. 향정신성의약품 관련 사범은 20대(34.6%)와 30대(28.5%)가 주를 이루고 있으며, 40대가 17.2%로 뒤를 잇고 있습니다. 대마사범은 20대(37.0%)와 30대(36.8%)가 거의 동일한 비중을 보이며, 이어서 40대가 11.6%를 차지하고 있습니다.

(4) 마약범죄의 확산요인

마약범죄의 발생 배경은 개인의 심리적 특성과 사회적 환경, 그리고 범죄경제학적 구조가 복합적으로 작용한 결과로 이해됩니다. 먼저, 개인 심리·정신적 요인에서 마약 사용은 우울증, 불안장애, 외상 후 스트레스 장애(PTSD) 등 정신질환과 밀접한 관련이 있음이 여러 연구를 통해 확인되었습니다. 특히 회피적 대처방식, 쾌락 추구 성향, 충동조절 능력의 결여는 약물을 자기조절의 수단으로 잘못 선택하게 만드는 주요 요인입니다.

다음으로, 사회·문화적 요인 역시 마약 사용의 확산에 중요한 영향을 미칩니다. 현대 사회에서 스트레스, 성과주의, 외모 개선에 대한 강박이 심화되면서, 일부 약물은 '다이어트 약', '집중력 향상 약' 등으로 위장되어 청소년과 대학생을 대상으로 퍼지고 있습니다. 이와 함께, 과거에 비해 사회적 낙인이 완화되고, 온라인 플랫폼을 통한 접근성이 높아지면서 약물에 대한 경계심은 약화되고 있습니다.

마지막으로, 범죄경제학적 관점에서는 불법 마약의 유통이 높은 수익성과 낮은 진입 장벽으로 인해 조직범죄의 주요 재정 수단으로 활용됩니다. 마약 거래에서 발생한 자금은 종종 무기 밀매, 인신매매, 테러 등 국제적인 불법 활동으로 연결되어, 단순한 개인 범죄를 넘어 글로벌 안보를 위협하는 요인이 되기도 합니다.

(5) 마약정책

① 공급차단정책

공급차단(supply reduction) 정책은 마약의 생산, 유통, 밀수 등 공급 경로를 원천적으로 차단함으로써, 사회 전반의 마약 접근성을 낮추는 데 중점을 둔 마약 통제 전략입니다. 미국에서는 이 정책이 '마약과의 전쟁(War on Drugs)'이라는 이름으로 대표되며, 생산지 파괴, 유통망 단속, 국경 감시 강화, 사이버 유통 차단 등이 주요 수단으로 활용되고 있습니다. 또한 국제적 공조를 통해 마약 조직과의 연결 고리를 차단하는 것도 핵심 목표 중 하나입니다.

이러한 조치는 마약의 물리적 접근성을 제한함으로써 수요 자체를 억제하는 효과도 기대할 수 있으며, 국경 및 항만 통제, 사이버 단속, 조직범죄 근절, 불법 약물 제조시설 및 재배지 폐쇄 등의 다양한 조치들이 종합적으로 시행됩니다.

그러나 이 정책은 몇 가지 부작용도 동반합니다. 마약 가격이 상승하면서 오히려 범죄조직의 이익이 증대되고, 단속을 피해 암시장이 활성화되며 유통 경로가 더욱 은밀해지는 '풍선 효과'가 발생할 수 있습니다. 미국의 경우, 강력한 처벌 중심의 접근이 삼진아웃제 확대를 불러와 교도소 과밀수용 문제를 심화시켰다는 비판도 제기되었습니다.

결국 이러한 한계로 인해, 공급차단 정책은 수요차단(demand reduction)이나 피해경감(harm reduction) 전략과 병행되거나, 보다 실효적인 방향으로의 정책 전환을 촉진하는 계기가 되기도 합니다.

② 수요차단정책

수요차단(demand reduction) 정책은 마약 사용을 유발하는 심리적, 사회적, 환경적 요인에 개입하여 개인의 마약 수요를 줄이는 데 목적을 둡니다. 이는 마약의 생산이나 유통을 단속하는 공급차단 정책과 달리, 사람들이 애초에 마약을 찾지 않도록 하는 '근본적 예방'에 방점을 둔 접근 방식입니다.

이 정책은 크게 예방, 치료, 재활, 사회복귀의 네 축으로 구성됩니다. 우선 예방 교육은 청소년과 일반 국민을 대상으로 마약의 유해성과 중독의 위험을 인식시키는 활동으로, 대표적으로 미국의 D.A.R.E.(Drug Abuse Resistance Education) 프로그램과 같은 학교 기반 교육이 있습니다. 또한, 또래 집단 교육, 미디어 캠페인 등을 통해 마약의 첫 사용을 사전에 차단하려는 노력이 병행됩니다.

치료와 재활은 이미 마약에 중독된 사람들을 대상으로 한 심리상담, 약물보조요법, 행동치료 등을 포함하며, 전문 의료기관이나 중독재활센터에서 이루어집니다. 약물대체치료(예: 메타돈 치료)도 대표적인 치료 전략 중 하나입니다. 사회복귀 지원은 치료 후 재범을 막기 위한 제도로, 직업훈련, 취업 연계, 주거 지원 등을 통해 안정적인 일상생활 복귀를 도우며, 가족 상담과 공동체 중심의 재활 프로그램도 함께 운영됩니다.

아울러, 형사사법체계와의 연계도 중요한 요소입니다. 단순 마약 사범에 대해 형벌보다는 치료명령을 내리는 약물법원(drug court) 제도나, 사법기관과 복지기관이 협업하여 치료 중심의 처우를 제공하는 제도가 확대되고 있습니다. 이러한 체계적 접근은 마약 사용자에 대한 낙인을 줄이고, 재범을 효과적으로 방지하는 데 기여합니다.

③ 대마를 대상으로 한 비범죄화와 합법화 논의

대마의 비범죄화(decriminalization)는 대마의 소지나 개인 사용에 대해 형사처벌을 하지 않거나, 처벌을 과태료 등 행정적 제재로 완화하는 정책을 의미합니다. 이는 대마 자체를 '합법'으로 인정하는 것은 아니지만, 소규모 개인 소비 행위에 대해서는 사법적 개입을 최소화하자는 접근입니다. 비범죄화는 특히 과잉처벌 및 교도소 과밀화 문제를 완화하고, 경찰력과 사법자원을 보다 중대한 범죄로 집중시키기 위한 현실적 대안으로 논의되어 왔습니다.

한편, 대마의 합법화(legalization)는 일정한 조건하에 대마의 생산, 유통, 판매, 사용을 법적으로 허용하는 것을 말합니다. 이는 일반적으로 의료용 대마(medical marijuana)와 기호용 대마(recreational marijuana)로 구분되며, 특히 의료용 대마의 경우 통증 완화, 식욕 촉진, 신경병성 질환 치료 등에서 효능이 인정되어 많은 국가에서 법적으로 허용되고 있습니다.

미국, 캐나다, 독일 등 일부 국가에서는 의료용뿐 아니라 기호용 대마까지 합법화하는 추세에 있으며, 이를 통해 세수 확대, 범죄 감소, 소비자 보호 등을 기대하기도 합니다. 합법화를 통해 음지에서 이루어지던 거래를 제도권 안으로 흡수함으로써, 품질관리와 청소년 보호 등 공공의 이익을 추구하겠다는 의도입니다.

그러나 이러한 정책에는 대마 사용의 사회적 정상화, 청소년 접근성 증가, 정신건강 문제 유발에 대한 우려도 존재합니다. 특히, 대마의 장기 사용이 기억력 저하, 학습 능력 저해, 불안 및 정신증과의 연관성 등이 지적되며, 공중보건 차원의 접근이 필요하다는 반론도 강합니다.

우리나라의 경우, 대마는 여전히 「마약류 관리에 관한 법률」에 따라 엄격히 금지된 물질이며, 현재로서는 의료용 대마에 한해 극히 제한적인 범위에서만 사용이 허용되고 있습니다. 그러나 세계적으로는 대마의 의료적 효능에 대한 재평가와 규제 완화 움직임이 확산되면서, 국내에서도 향후 대마의 법적 지위에 변화를 둘러싼 논의가 점차 확대될 가능성이 있습니다. 이러한 변화에 대비하기 위해서는 단순한 찬반의 이분법적 접근을 넘어, 대마의 비범죄화 및 합법화 문제를 보건의료, 형사정책, 경제적 파급효과, 사회적 윤리 등 다양한 측면에서 종합적으로 검토하고, 사회적 공감대를 형성해 나가는 과정이 필요합니다.

CHAPTER

08 화이트칼라범죄

1. 개관

'화이트칼라(White-collar)'와 '블루칼라(Blue-collar)'는 20세기 초 미국에서 직업군의 특성과 계층을 구분하기 위해 등장한 개념입니다. 이 용어들은 주로 업무 환경, 복장, 직무 성격의 차이를 반영하고 있습니다. 화이트칼라는 사무직이나 전문직 종사자를 가리키며, 이들이 주로 흰색 셔츠와 정장을 입는 데서 유래된 명칭입니다. 반면, 블루칼라는 육체노동이 중심인 직종, 예컨대 제조업, 건설업, 운송업 등에 종사하는 노동자를 지칭합니다. 이들은 작업 중 오염이나 손상을 줄이기 위해 주로 파란색 작업복을 착용했으며, 이러한 복장에서 '블루칼라'라는 표현이 생겨났습니다.

(1) 정의

우리는 범죄자를 떠올릴 때 흔히 후드티를 입고 어두운 골목을 서성이는 인물을 상상하곤 합니다. 그러나 현실 속의 범죄자는 정장을 입고 회의실에 앉아 있거나, 법률서류와 회계자료를 검토하며 기업 이사회의 일원으로 활동하고 있을 수 있습니다. 이처럼 사회적으로 지위와 권력을 지닌 이들이 자신의 직업적 지위와 신뢰를 이용해 저지르는 범죄를 '화이트칼라범죄(White-collar crime)'라고 합니다.

화이트칼라범죄라는 용어는 1939년 미국의 사회학자 서덜랜드(Edwin Sutherland)가 처음으로 학문적으로 사용한 개념입니다. 그는 화이트칼라범죄를 "높은 사회적 지위와 직업을 가진 사람들이, 자신의 직무를 이용하여 저지르는 비폭력적 범죄”로 정의하였습니다. 오늘날 이 개념은 단순한 범죄 유형을 넘어, 권력, 신뢰, 그리고 사회적 책임의 문제와 밀접하게 연결되어 있으며, ‘엘리트 범죄(Elite crimes)’라는 유사 개념으로도 불리기도 합니다.

화이트칼라범죄는 사기(fraud), 횡령(embezzlement), 내부자 거래(insider trading), 가격담합(collusion), 조세포탈(tax evasion) 등과 같이 경제적 이득을 목적으로 하는 행위가 중심을 이룹니다. 이들은 일반적인 노상 범죄(Street crimes)와는 달리 고위험적이지만 폭력성을 수반하지 않으며, 피해가 물리적으로 가시화되지 않아 사회적 경각심이 낮을 수 있습니다. 그러나 실질적인 피해 규모와 사회적 파장은 오히려 폭력범죄를 능가할 수 있습니다.

이러한 범죄는 고위층 또는 사회적 존경을 받는 이들에 의해 은밀하게 이루어지며, 법과 제도의 사각지대를 교묘히 활용해 이루어지는 경우가 많습니다. 특히 범죄자가 자신의 직업적 역할 수행 과정에서 범행을 저지르는 경우에 한하여 화이트칼라범죄로 간주되며, 단순히 상류계층에서 발생했다고 해서 모두 화이트칼라범죄로 분류되지는 않습니다. 예를 들어, 상류층 인사가 개인적 이유로 저지른 살인행위는 직무와 관련된 범죄가 아니므로 이에 해당하지 않습니다. 화이트칼라범죄는 형벌이 쉽게 닿지 않는 직종에서 주로 발생하며, 제도와 신뢰를 무기로 삼아 이루어지는 대표적인 구조적 범죄로서, 현대 사회의 투명성과 공정성을 위협하는 중요한 문제로 인식되고 있습니다.

(2) 발생원인 및 피해

① 발생원인: 이론적 검토

화이트칼라범죄는 단지 개인의 윤리적 결함이나 탐욕 때문만이 아니라, 사회적·조직적 환경 속에서 학습되고 정당화되는 과정에서 발생하기도 합니다. 이를 설명하는 대표적인 이론으로는 차별접촉이론과 중화기술이론이 있습니다.

먼저, 서덜랜드의 차별접촉이론은 범죄가 학습되는 행위라는 점에 주목합니다. 그는 사회적 지위와 관계없이 누구나 범죄를 학습할 수 있다고 보았으며, 고위직에 있는 사람들 역시 조직 내에서 반복적으로 접하게 되는 범죄 정당화 논리, 즉 법을 위반하는 데 유리한 정의(definitions favorable to violation)를 통해 비행을 학습한다고 설명하였습니다. 이는 화이트칼라범죄가 단순한 개인의 일탈이 아니라, 조직문화 속에서 암묵적으로 전승되고 정당화되는 집단 학습의 산물일 수 있음을 보여줍니다.

또한, 중화기술이론은 범죄자가 자신의 불법 행위를 정당화하고 죄책감을 완화하는 심리적 기제에 주목합니다. 화이트칼라범죄자는 '법이 너무 까다롭다', '모두가 하는 일이다', '나도 피해자다'와 같은 논리를 통해 자신을 설득하고 죄의식을 중화합니다. 이러한 정서적 방어기제는 자신이 저지르는 행위에 대한 도덕적 갈등을 감소시켜, 범죄를 계속 이어가도록 하는 역할을 하게 됩니다.

이 두 이론은 화이트칼라범죄가 단순히 탐욕의 결과가 아니라, 사회적 환경과 심리적 합리화 과정을 통해 정당화되고 반복된다는 점을 보여줍니다. 따라서 범죄 예방을 위해서는 법률적 처벌뿐 아니라 조직 문화, 윤리 교육, 그리고 사회적 규범에 대한 감수성 제고 등 구조적 접근이 함께 이루어져야 합니다.

② 범죄피해

화이트칼라범죄는 일반적인 전통 범죄와는 다른 양상을 보입니다. 노상 강도나 절도와 같은 범죄는 피해가 즉각적이고 가시적으로 드러나는 반면, 화이트칼라범죄는 그 피해가 간접적이고 지연되어 나타나는 경우가 많습니다. 하지만 그 폐해의 심각성은 오히려 전통적인 범죄보다 훨씬 클 수 있습니다.

화이트칼라범죄는 단순한 경제적 손실을 넘어, 때로는 신체적·정신적 손상까지 유발하며, 궁극적으로는 사회적 신뢰 기반을 무너뜨리는 구조적 피해를 초래합니다. 특히 금융사기, 담합, 조세포탈, 의료보험 사기 등은 다수의 일반 국민에게 광범위하고 지속적인 피해를 입히며, 그 결과 사회 전체의 윤리성과 법치주의에 대한 신뢰가 저하됩니다. 더 큰 문제는 이러한 피해의 범위와 실태를 명확히 파악하기 어렵다는 점입니다. 범죄 자체가 은밀하게 이루어지고, 피해자가 피해 사실을 인지하지 못하거나 신고하지 않아 범죄로 인식되지 않는 경우도 많기 때문입니다. 설사 피해가 드러난다 해도, 그 규모나 파급 효과는 통계나 수치로 온전히 환산하기 어렵습니다.

결국 화이트칼라범죄는 눈에 잘 띄지 않지만, 사회 전반에 미치는 악영향은 매우 크고 깊습니다. 이는 단순한 범죄행위를 넘어 제도적 신뢰와 공공의 안전을 위협하는 중대한 사회 문제로 인식되어야 합니다. 더불어, 반복적이고 은밀한 범행은 사회 전반에 불신풍조를 확산시키고, 규범에 대한 존중을 약화시키는 등 무규범 상태를 심화시키는 사회적 폐해를 동반합니다. 이러한 측면에서 화이트칼라범죄는 개인의 일탈을 넘어서, 사회 구조와 윤리 체계를 훼손하는 중대한 위협 요인으로 평가되어야 합니다.

(3) 화이트칼라범죄의 특성

① 조직성과 전문성

화이트칼라범죄는 일반적으로 조직이나 직업적 지위를 활용해 이루어지는 범죄로, 조직성과 전문성이 중요한 특징으로 꼽힙니다. 이 범죄는 기업, 정부, 또는 기타 단체의 이익을 위해 조직 내부에서 체계적으로 이루어지는 경우도 있고, 개인이 자신의 직무상 권한을 남용하여 사적인 이익을 취하는 형태로 나타나기도 합니다. 다시 말해, 조직체 범죄는 단체의 집단적 이익을 위한 범죄인 반면, 직업범죄는 개인의 사적 이익을 위한 행위라는 점에서 차이가 있습니다.

이러한 범죄들은 단순히 개인의 일탈로 보기 어렵고, 조직 내부의 규범, 문화, 권력 구조와 밀접하게 연관되어 있습니다. 조직 내 묵인 또는 암묵적인 조장이 범죄의 지속과 확산을 가능케 하며, 권력과 책임이 집중된 위치에 있는 자일수록 그 범죄는 더욱 교묘하고 구조적으로 이루어집니다. 또한, 화이트칼라범죄는 대부분 경제적 이득을 주된 목적으로 하며, 범죄를 실행하는 데 있어 법률, 회계, 정보기술 등 고도의 전문 지식이 동원됩니다. 이로 인해 범죄 사실이 쉽게 드러나지 않으며, 수사나 기소까지 많은 시간과 자원이 소요되는 경향이 있습니다.

② 사회적 지위와 신뢰 악용

화이트칼라범죄는 사회적 신뢰와 권위를 기반으로 저질러지는 경우가 많습니다. 사회 지도층, 전문가, 기업 임직원 등 신뢰받는 지위에 있는 이들이 자신에게 부여된 직무와 권한을 악용하여 범죄를 저지르는 것이 특징입니다. 이러한 행위는 단순한 법률 위반을 넘어, 사회 전반에 걸쳐 신뢰를 훼손하고 법의식을 약화시키며, 하위계층에게 상대적 박탈감을 안겨주는 등 사회통합을 저해하는 요인으로 작용할 수 있습니다.

특히, 화이트칼라범죄는 경제적 손실뿐 아니라 사회적 손실 비용도 매우 큽니다. 자본주의 사회에서 '신뢰'는 금융과 기업 활동, 공공 서비스 등 거의 모든 제도의 운영 기반이 되기 때문에, 신뢰가 무너지면 경제적 불안정과 사회적 갈등이 심화될 수밖에 없습니다. 실제로 미국에서는 화이트칼라범죄로 인한 사회적 손실이 연간 3,000억에서 6,000억 달러에 달할 만큼 막대한 것으로 추산되고 있으며, 이는 전통적인 폭력범죄로 인한 피해보다 훨씬 큰 규모입니다. 이러한 점에서 화이트칼라범죄는 경제 정의뿐만 아니라 사회 정의의 실현에도 중대한 위협이 되는 범죄 유형으로 평가받고 있습니다.

③ 범죄의 은밀성과 탐지의 어려움

화이트칼라범죄는 복잡한 법률 절차와 고도의 전문지식을 활용하여 은밀하게 이루어지는 경우가 많습니다. 이로 인해 수사기관이나 규제 당국이 범죄 사실을 초기에 포착하기 어렵고, 실제 조사를 개시하더라도 범죄 구조를 해석하고 입증하는 데 상당한 시간과 자원이 소요됩니다. 특히 기업이나 조직은 막강한 자금력과 전문성을 갖춘 법률 대리인을 통해 적극적인 방어 전략을 구사하기 때문에, 정부나 규제기관은 수사와 기소 과정에서 구조적으로 불리한 위치에 놓이게 됩니다. 이러한 제도적 비대칭성은 화이트칼라범죄에 대한 효과적인 대응을 더욱 어렵게 만들며, 법 집행의 공정성과 형평성에 대한 사회적 의문을 야기하기도 합니다.

④ 사회구조적·문화적 특성

화이트칼라범죄는 단순한 개인의 일탈이나 도덕적 결함으로만 설명되지 않습니다. 오히려 그것은 사회구조적·문화적 요인과 밀접하게 연관되어 있으며, 그 뿌리는 보다 깊고 복합적입니다. 예를 들어, 경제적 성공과 성과만을 과도하게 중시하는 사회문화는 수단과 절차보다 결과를 중시하는 풍조를 강화하여, 불법적 행위를 정당화하거나 무시하는 분위기를 조장할 수 있습니다. 또한, 구조적 불평등이 심화되거나, 혈연과 연고 중심의 가족주의 문화가 강한 사회에서는 공적 규범보다 사적 관계가 우선시되면서 부패와 같은 화이트칼라범죄가 더욱 용이하게 발생할 수 있습니다. 반면, 제도적 투명성과 시민 간의 신뢰를 중시하는 사회에서는 이러한 범죄 발생 가능성이 낮아지며, 제도적 감시와 공정한 법 집행이 부패를 효과적으로 억제할 수 있습니다. 따라서 화이트칼라범죄는 개인의 윤리성 문제를 넘어, 사회 전체의 문화와 구조, 그리고 제도의 성숙도와 직결된 중대한 과제로 이해되어야 합니다.

⑤ 신경인지적·심리적 특성

최근 신경범죄학(neurocriminology)의 연구 결과는 화이트칼라범죄자를 기존의 범죄자 유형과는 다른 방식으로 조명하고 있습니다. 일반적으로 범죄자는 충동성, 낮은 지능, 자기통제력 부족 등과 관련지어 설명되어 왔으나, 화이트칼라범죄자는 오히려 높은 수준의 신경인지기능을 갖추고 있는 것으로 나타납니다. 이들은 실행기능(예: 계획 수립, 문제 해결), 주의 집중력, 그리고 도덕적 판단에 관여하는 뇌 영역에서 우수한 활동을 보이는 경우가 많으며, 뇌피질의 두께나 회백질의 양도 상대적으로 높은 경향을 보입니다.

이러한 인지적 우수성은 범죄 예방에 작용하기보다는 오히려 정교하고 체계적인 범죄를 기획하고 수행하는 데 활용될 수 있다는 점에서 역설적입니다. 이들은 자신이 저지르는 행위를 합리화하거나, 법적·도덕적 책임으로부터 자신을 분리시키는 데 능하며, 심지어 사회적 기준을 왜곡하거나 조작할 수 있는 설득력까지 갖춘 경우도 많습니다. 더불어, 높은 통제 욕구, 실패나 몰락에 대한 극도의 두려움, 성취에 대한 강박 등 특정한 심리적 특성 또한 범죄 동기를 강화시키는 요인으로 작용할 수 있습니다.

결국 화이트칼라범죄는 단순한 충동적 일탈이 아니라, 고도의 계획성과 자기합리화 능력, 심리적 압박이 결합된 복합적인 범죄 유형으로 이해될 필요가 있습니다. 이러한 특성을 고려할 때, 전통적 처벌이나 윤리 교육만으로는 예방에 한계가 있으며, 보다 정교한 제도적·구조적 감시 체계가 필요하다는 점이 강조됩니다.

(4) 범행수법

무어(Mark Moore)는 화이트칼라범죄를 범죄자의 사회적 지위와 범행 수법에 초점을 맞추어 일곱 가지 유형으로 분류하였습니다. 이 분류는 전통적인 계층 중심 접근에서 벗어나, 구체적인 실행 방식과 피해 양상을 중심으로 범죄를 분석하는 틀을 제공합니다.

첫째, 신용사기 및 일반 사취(Stings & Swindles)는 허위의 투자정보 제공이나 과장된 상품 설명 등을 통해 상대방의 신뢰를 얻고 금전을 편취하는 형태로, 방문판매, 유사수신, 대출사기 등이 이에 해당합니다.

둘째, 기만적 반복 사취(Chiseling)는 소비자나 고객을 대상으로 규칙적이고 반복적으로 이익을 취하는 범죄 유형입니다. 예를 들어, 계량기를 조작해 과다요금을 부과하거나, 불필요한 수리를 권유해 비용을 청구하는 경우가 대표적입니다.

셋째, 지위 남용형 착취(Exploitation of Institutional Position)는 공적 권한이나 직위를 사적으로 남용하는 경우로, 조직 내 권력을 이용해 부당한 이득을 챙기는 행위입니다. 예를 들어, 공무원이 허가 과정에서 금품을 요구하거나, 기업의 구매담당자가 납품업체로부터 뇌물을 받는 경우가 이에 속합니다.

넷째, 횡령(Employee Fraud & Embezzlement)는 조직 구성원이 자신의 직무상 권한을 이용해 조직의 자산을 유용하는 경우를 말합니다. 내부 회계직원이 자금을 빼돌리거나, 컴퓨터를 활용한 전산 조작을 통해 이득을 취하는 사례 등이 이에 포함됩니다.

다섯째, 고객사기(Client Fraud)는 소비자나 민간인이 보험회사나 복지제도 등을 상대로 허위 정보를 제출하거나 허점을 악용하여 부당한 이익을 취하는 경우입니다. 예를 들어, 허위 진단서를 통해 보험금을 청구하거나, 복지 수당을 이중 수령하는 행위 등이 있습니다.

여섯째, 정보 불법 유출(Unauthorized Disclosure of Information)은 기관이나 조직 내에서 중요한 정보에 접근할 수 있는 지위에 있는 사람이, 이를 외부의 승인받지 않은 제3자에게 넘기는 행위를 말합니다. 이러한 정보는 기업의 영업기밀, 정부의 정책자료, 수사나 재판 관련 정보 등 민감하거나 전략적인 내용을 포함할 수 있으며, 정보의 대가로 금품이나 특혜를 받는 경우가 많아 영향력 행사(influence peddling)나 뇌물수수(bribery)와 밀접하게 연관되기도 합니다. 이 행위는 조직의 신뢰성과 공공의 이익을 심각하게 훼손하는 중대한 범죄로 간주됩니다.

마지막으로, 기업범죄(Corporate Crime)는 기업이나 조직 자체가 법과 규제를 의도적으로 위반하여 이윤을 극대화하려는 범죄입니다. 가격 담합, 소비자 안전기준 위반, 환경오염 방치, 허위 광고 등 조직 단위로 이루어지는 범죄가 이에 해당합니다.

이러한 Moore의 분류는 화이트칼라범죄의 다양한 양상을 체계적으로 설명할 수 있게 해주며, 범죄의 구조적 성격과 실행방식을 이해하고, 예방과 규제정책을 수립하는 데 유용한 틀을 제공합니다.

(5) 예방대책

화이트칼라범죄에 효과적으로 대응하기 위해서는 단순히 처벌 수위를 높이는 방식만으로는 부족하며, 제도적 개선과 사회적 인식 변화가 병행되어야 합니다. 우선, 내부고발 보호제도의 실효성 강화가 중요합니다. 공익신고자 보호법을 실질적으로 작동하게 만들고, 내부고발자에 대한 법적·경제적 인센티브를 제공함으로써 조직 내부의 비리를 드러낼 수 있는 환경을 조성해야 합니다.

또한, 투명한 조직문화 구축이 필수적입니다. 윤리경영을 실천하고, 권한의 집중을 방지하며, 독립적인 내부 감시 체계를 강화함으로써 조직 내 부정을 사전에 차단할 수 있어야 합니다. 금융, 회계, 조세 등 고도의 전문성이 요구되는 범죄 영역에 대해서는, 일반 수사기관이 아닌 전문기관이 독립적인 수사권을 보유하고 기능을 강화해야 합니다. 이를 통해 복잡한 구조의 범죄도 체계적으로 접근하고 규명할 수 있습니다.

무엇보다 중요한 과제는 화이트칼라범죄에 대한 사회적 인식의 전환입니다. 언론과 교육은 이러한 범죄가 단순한 윤리적 일탈이 아니라, 신뢰와 책임을 저버리는 사회적 배신이자 구조적 폭력이라는 점을 강조해야 합니다. 범죄는 종종 정장을 입고 등장하며, 이들이 행사하는 침묵의 권력은 사회를 근본부터 무너뜨릴 수 있습니다. 따라서 법은 약자에게만 엄격해서는 안 되며, 권력과 지위를 가진 자에게도 단호하고 공정해야 합니다.

그러나 현실에서는 화이트칼라범죄가 형법이 아닌 행정법으로 다뤄지는 경우가 많고, 사법기관에서도 상대적으로 관대한 처분이 이루어지는 경우가 적지 않기 때문에, 실질적 처벌과 예방이 어렵다는 지적이 이어지고 있습니다. 이러한 점에서 화이트칼라범죄는 단순히 법적 처벌이 아닌, 제도적·문화적 구조 전반에 걸친 대응체계의 혁신이 요구되는 중대한 사회 과제입니다.

CHAPTER

09 학교폭력과 집단따돌림

1. 학교폭력

(1) 개념

"장난이었습니다.", "서로 친해서 그런 것이었습니다." 학교폭력이 발생할 때 자주 들리는 변명입니다. 그러나 피해자의 입장에서 이러한 '장난'은 외상후 스트레스장애(PTSD)로 이어질 수 있으며, 평생을 짊어져야 할 고통이 되기도 합니다.

학교폭력(School Violence)은 단순한 학생 간의 갈등이 아닙니다. 교육이라는 보호 장치 안에서 발생하는 구조적인 폭력이자, 제도적 침묵이 만들어낸 사회적 문제입니다. 오늘날의 학교폭력은 특정 학교나 시기에 국한되지 않습니다. 오프라인은 물론 온라인 공간에서도 발생하며, 피해 양상은 신체적 폭력을 넘어 정서적·사회적 영역까지 확산되고 있습니다. 특히, 과거에 비해 괴롭힘이 매우 집요해져 결국에는 자살에 이르기까지 하는 강한 집착을 보이고, 괴롭힘의 형태나 수법이 매우 악랄해지고 있으며, 참여하는 가해 학생의 집단이 증가하는 등

학교폭력은 더이상 학생 개인의 문제가 아니라, 우리 사회 전체가 함께 해결해야 할 구조적 과제입니다. 이를 예방하고 대응하기 위해서는 학교, 가정, 지역사회 모두의 책임 있는 참여가 필요합니다.

「학교폭력예방 및 대책에 관한 법률」 제2조에서는 학교폭력을 "학교 내외에서 학생을 대상으로 발생한 신체, 정신 또는 재산상의 피해를 수반하는 행위"로 정의하고 있습니다. 이 정의에는 신체적 폭력뿐 아니라 언어폭력, 따돌림, 사이버폭력, 금품 갈취, 강요, 성폭력 등 다양한 형태의 행위가 모두 포함되고, 서울행

정법원의 판례(2014구합250)에서도, 학생의 신체·정신 또는 재산상의 피해를 수반하는 모든 행위는 학교폭력에 해당한다고 판시한 바 있습니다.

학교폭력은 단순한 물리적 행위에 그치지 않으며, 반복성과 의도성, 그리고 힘의 불균형이 있는 지속적인 괴롭힘을 특징으로 합니다. 올웨우스(Dan Olweus)는 학교폭력을 세 가지 기준으로 설명하였습니다. 첫째, 반복성과 지속성으로, 이는 학교폭력이 우발적이거나 일회성 사건이 아니라는 점을 강조합니다. 둘째, 의도성은 가해자가 피해자에게 고통을 주기 위한 명확한 의도를 가지고 있다는 것을 의미합니다. 셋째, 힘의 불균형은 가해자가 신체적, 사회적 또는 심리적으로 피해자보다 우위에 있는 상태를 말합니다.

(2) 유형

학교폭력은 신체적, 정신적, 사회적 측면에서 다양한 방식으로 나타나며, 그 유형은 다음과 같이 구분됩니다.

첫째, 신체폭력은 주먹질, 발길질, 밀치기, 물건 던지기 등과 같이 신체에 직접적인 해를 가하는 행위를 말합니다. 피해가 눈에 띄게 드러나기 때문에 상대적으로 인식되기 쉬우나, 일상적인 장난으로 위장되기 쉽다는 문제가 있습니다.

둘째, 언어폭력은 욕설, 조롱, 협박, 성적인 비하 발언 등 언어를 이용하여 상대방의 감정을 해치는 행위입니다. 겉으로 드러나는 상처가 없어 피해 사실이 은폐되기 쉬우며, 반복될 경우 심각한 정신적 손상을 유발할 수 있습니다.

셋째, 관계적 폭력(relational violence)은 따돌림, 무시, 배제, 악의적인 소문 퍼뜨리기 등 사회적 관계를 이용한 괴롭힘입니다. 이 유형의 폭력은 피해 학생을 정서적으로 고립시키고 자존감을 무너뜨리며, 장기적으로 깊은 상처를 남깁니다.

넷째, 금품 갈취 및 강요는 돈이나 물건을 빼앗거나 원치 않는 일을 강제로 시키는 행위를 포함합니다. 명백한 범죄에 해당하지만, 피해자가 처벌에 대한 두려움이나 보복 우려로 인해 신고를 꺼리는 경우가 많습니다.

다섯째, 사이버폭력은 SNS, 메신저, 온라인 게임 등 디지털 공간에서 이루어지는 폭력으로, 조롱, 협박, 허위 정보 유포 등이 대표적인 예입니다. 이러한 폭력은 시간과 공간을 가리지 않고 지속되며, '디지털 낙인'으로 인한 장기적인 심리적 피해를 초래합니다.

여섯째, 성폭력 및 성희롱은 불쾌한 신체 접촉, 외모나 성적 특징에 대한 부적절한 언급, 동의 없는 사진 촬영 등을 포함합니다. 피해자는 수치심이나 두려움으로 인해 침묵하는 경우가 많으며, 가해자는 이를 '친근함의 표현'이라고 왜곡하기도 합니다.

끝으로, 따돌림(Bullying)은 집단적으로 의도성과 적극성을 가지고 특정 학생을 관계에서 소외시키거나 정서적으로 괴롭히는 행위를 말합니다. 이는 학교 내에서뿐만 아니라 최근에는 직장 내 따돌림으로까지 확대되며 사회적 문제로 대두되고 있습니다. 이에 대한 보다 구체적인 내용은 다음 절에서 자세히 설명하도록 하겠습니다.

(3) 발생실태 및 특징

교육부가 실시한 학교폭력 실태조사 결과에 따르면, 전체 피해 응답률은 1.9%로 나타났으며, 이는 2022년 1차 조사에 비해 0.2%포인트 증가한 수치입니다. 학교급별로 살펴보면, 초등학교는 3.9%, 중학교는 1.3%, 고등학교는 0.4%로 각각 소폭 증가한 것으로 조사되었습니다.

학교폭력의 주요 피해 유형으로는 언어폭력이 37.1%로 가장 높은 비중을 차지하였으며, 다음으로 신체폭력(17.3%), 집단따돌림(15.1%) 순으로 나타났습니다. 특히 언어폭력과 사이버폭력의 비율은 전년 대비 각각 감소한 반면, 신체폭력의 비중은 증가한 것으로 나타났습니다.

집단따돌림과 사이버폭력은 학교급이 높아질수록 피해를 경험했다는 응답률이 높아지는 경향을 보입니다. 이는 고학년일수록 또래 간의 사회적 관계가 복잡해지고, 스마트폰이나 SNS 등의 디지털 매체 활용이 활발해지면서 정서적·관계적 폭력에 더 많이 노출되기 때문으로 해석할 수 있습니다. 반면, 과잉접근 행위

(스토킹)와 신체폭력은 학교급이 높아질수록 피해 응답률이 낮아지는 것으로 나타납니다. 이는 저학년일수록 직접적이고 물리적인 폭력이 빈번하게 발생하며, 고학년으로 갈수록 보다 간접적이고 은밀한 방식의 괴롭힘으로 양상이 변화하고 있음을 보여줍니다.

그림 9-1 피해응답인원 및 응답률

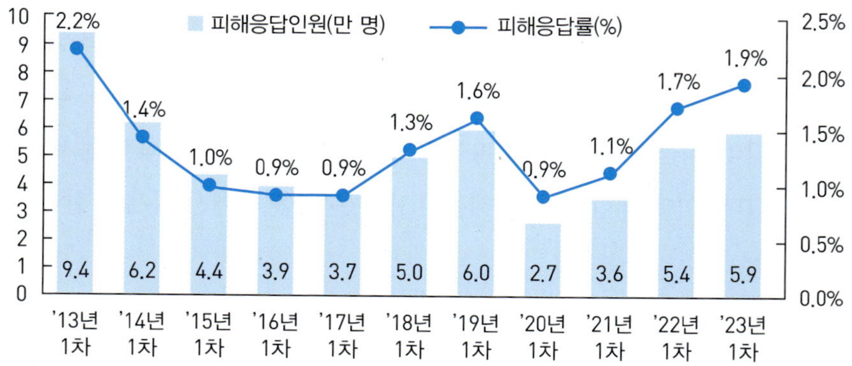

출처: 2023년 1차 학교폭력 실태조사 결과 발표, 교육부

그림 9-2 학교급별 피해응답률(%)

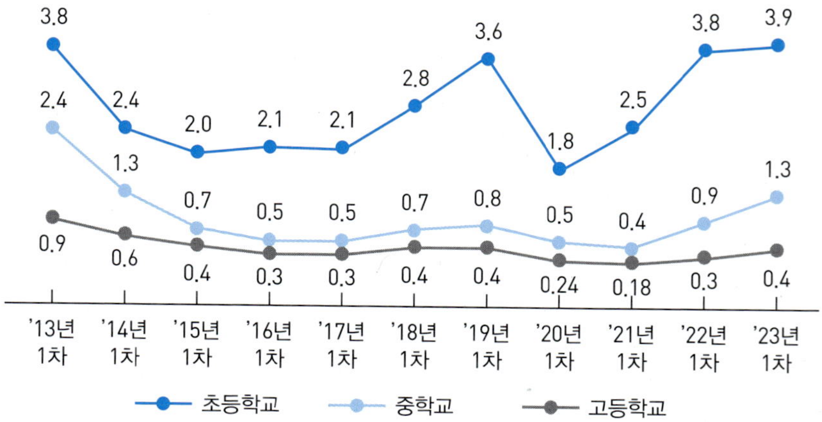

출처: 2023년 1차 학교폭력 실태조사 결과 발표, 교육부

학교폭력은 과거와 비교해 그 양상에서 뚜렷한 변화를 보입니다. 폭력은 저연령화되는 경향을 보이며, 갈수록 장기적이고 집요한 양상으로 지속됩니다. 또한 폭력의 심각성과 잔인성이 심화되고 있으며, 명확한 동기가 없는 폭력이 증가하고, 가해자가 죄책감을 느끼지 않는 경향도 두드러집니다. 학교폭력은 종종 은밀하게 이루어져 비밀성이 강하고, 피해자가 시간이 지나 가해자로 전이되는 가해·피해자의 동시성이 나타나기도 합니다. 특히 어린 시절 가정폭력이나 아동학대를 경험한 학생이 성장 후 폭력 가해자로 이어지는 사례도 보고되고 있습니다.

가해자의 특징으로는 높은 공격성과 함께 심리적 부적응 성향(우울, 불안, 열등감, 피해의식)이 두드러지며, 자신의 행동을 정당화하려는 강한 자기합리화 성향(예: 중화기술)을 보입니다. 또한 폭력 자체에 대해 수용적 태도를 지니는 경우가 많습니다.

학교폭력 피해자는 일반적으로 수동적 피해자와 도발적 피해자로 구분됩니다.

수동적 피해자는 신체적으로 약하거나 소극적인 성향을 지니며, 또래 관계에 잘 적응하지 못해 타인의 표적이 되기 쉬운 경향이 있습니다. 반면, 도발적 피해자는 때로는 짜증을 잘 내거나 자극적인 언행을 보이며, 또래 집단과 갈등을 빚는 과정에서 가해의 빌미를 제공하기도 합니다. 그러나 도발적 행동이 있었다 하더라도, 이들은 여전히 피해자이며, 책임을 피해자에게 전가해서는 안 됩니다. 피해학생들은 공통적으로 높은 불안감과 우울감, 만성적인 신체 통증이나 전환증상, 부정적인 자아개념, 대인관계 형성의 어려움 등을 경험하게 됩니다. 또한 정서와 분노 조절 능력이 저하되며, 심한 경우에는 자기파괴적 행동이나 자살 충동으로 이어질 위험도 존재합니다.

(4) 발생원인

학교폭력은 단일한 원인으로 발생하지 않습니다. 개인, 또래, 가족, 학교, 사회 등 다양한 수준의 요인들이 상호작용하면서 나타나는 복합적인 현상입니다.

① 개인적 요인

학교폭력은 개인의 성격, 정서조절 능력, 인지적 왜곡 등이 복합적으로 작용해 발생합니다. 충동성과 낮은 자기통제력은 폭력행동에 쉽게 노출되게 하며, 공감 능력이 부족한 경우 타인의 고통에 무감각해 괴롭힘에 죄책감을 느끼지 않습니다. 또한, 타인의 행동을 악의적으로 해석하는 적의 귀인 편향(hostile attribution bias)이나, 스트레스 상황에서 폭력으로 감정을 표출하는 경향도 영향을 줍니다. 폭력은 관찰과 모방을 통해 학습되기도 하며, 낮은 자존감과 심리적 불안도 가해와 피해 양측에 작용할 수 있습니다.

② 가정적 요인

부모의 양육 방식과 가족 내 상호작용은 학교폭력 행동에 중요한 영향을 미칩니다. 가정 내에서 폭력이나 방임을 경험한 아이는 폭력을 정당한 의사소통 방식으로 학습할 수 있으며, 과잉통제나 애정 결핍은 반항심이나 소외감을 유발해 공격적 행동으로 이어질 수 있습니다. 권위적·방임적·거부적인 양육 태도는 아이의 반사회적 성향을 강화시키며, 가정 내 갈등이 많은 경우 학교에서도 유사한 공격적 행동을 보일 수 있습니다. 안정적인 애착을 형성하지 못한 아동은 또래 관계에서도 갈등을 폭력적으로 해결할 가능성이 높습니다.

③ 학교 요인

학교의 조직문화와 교사-학생, 또래 간 관계는 학교폭력에 중요한 영향을 미칩니다. 권위적이고 폐쇄적인 학교 분위기는 학생의 갈등을 표현할 통로를 막아 폭력으로 이어지기 쉽고, 또래 집단 내 위계나 경쟁은 폭력을 지위 확보 수단으로 만들 수 있습니다. 또한 교사가 갈등에 무관심하거나 적극적으로 개입하지 않으면 폭력이 방조되거나 지속될 위험이 커집니다. 연구에 따르면, 민주적이고 개방적인 학교 문화는 학교폭력 발생률을 낮추는 데 효과적입니다.

④ 사회문화적 요인

청소년의 폭력적 행동은 외부 환경의 영향을 크게 받습니다. 특히 디지털 미디어에서 반복적으로 접하는 게임, 영상, SNS 등의 폭력적 표현은 청소년의 공격성을 키울 수 있으며, 온라인 공간의 익명성과 즉각성은 사이버폭력 발생 가능성을 높입니다. 또한 사회 전반에 존재하는 혐오, 차별, 서열 중심의 문화는 특정 집단에 대한 고정관념을 강화하고, 타인을 배척하거나 괴롭히는 행위로 이어질 수 있습니다. 이처럼 청소년은 주변 문화와 사회 분위기를 통해 폭력을 학습하고 정당화할 수 있는 환경에 노출되어 있습니다.

⑤ 다층적 설명: 사회생태학적 모델

학교폭력은 단순한 개인의 문제로 보기 어렵습니다. 개인을 둘러싼 다양한 환경과 구조가 상호작용하면서 폭력의 발생과 지속에 영향을 미치기 때문입니다. 이에 따라 달버그와 크루그(Linda Dahberg & Etienne Krug)의 사회생태학적 모델(Social-Ecological Model)은 학교폭력의 원인을 다층적으로 분석하고, 각 수준에 맞는 대응 전략이 함께 마련되어야 한다는 점을 강조합니다.

첫째, 개인 수준에서는 청소년 개개인의 성격, 충동성, 자기조절력, 학습 경험 등이 주요한 영향을 미칩니다. 따라서 공감 훈련, 정서 조절력 향상 교육 등을 통해 개인의 내적 역량을 강화하는 것이 필요합니다.

둘째, 관계 수준에서는 가족, 또래, 교사 등 가까운 관계 내 상호작용이 중요합니다. 부모의 양육방식이나 또래 내 폭력 허용 분위기 등이 학교폭력의 위험 요인이 될 수 있으므로, 가족 상담이나 또래 관계 개선 프로그램이 함께 추진되어야 합니다.

그림 9-3 달버그와 크루그의 사회생태학적 모델

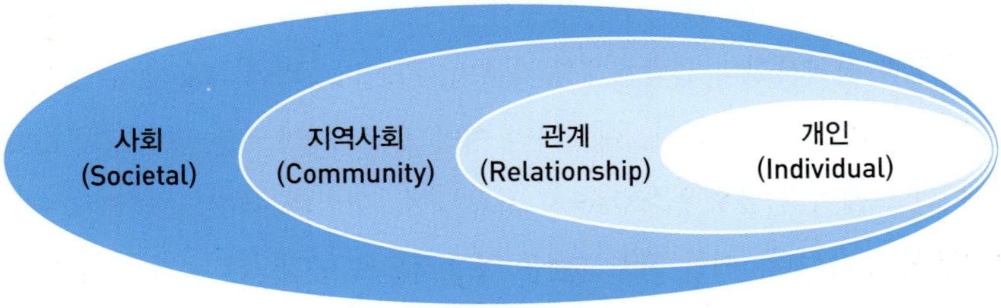

셋째, 지역사회 수준에서는 학교의 문화와 규율, 지역사회 내 안전망과 청소년 시설의 역할이 강조됩니다. 교사 연수, 학교 규범의 재정비, 지역사회 협력체계 구축 등이 병행되어야 합니다.

넷째, 사회 구조 수준에서는 법과 제도, 미디어, 문화적 가치관 등이 폭력에 영향을 미칩니다. 폭력을 조장하는 콘텐츠에 대한 규제, 교육의 형평성 확보, 차별 없는 사회문화 조성 등 거시적 차원의 정책이 함께 추진되어야 합니다.

이처럼 학교폭력에 대한 대응은 하나의 접근만으로는 충분하지 않으며, 문제의 원인만큼이나 입체적이고 통합적인 개입이 필요합니다. 교육, 보건, 복지, 사법 등 다양한 분야가 함께 협력하여 폭력 예방을 위한 사회적 기반을 마련해야 합니다.

(5) 예방대책

현재 많은 학교에서의 폭력 대응은 가해자에 대한 징계나 전학 조치에 집중되어 있습니다. 하지만 이러한 방식은 피해자의 회복이나 공동체 내 갈등 해결에는 한계가 있습니다. 이에 따라, 처벌보다는 관계 회복과 책임 인식을 강조하는 회복적 사법(restorative justice) 개념이 주목받고 있습니다.

회복적 사법은 가해자와 피해자, 그리고 공동체가 함께 참여해 갈등의 원인을 이해하고, 상호 존중과 책임을 바탕으로 관계를 회복하는 것을 목표로 합니다. 실제로 영국, 캐나다, 뉴질랜드 등에서는 회복적 서클이나 대화 프로그램을 통해 학교폭력 예방 효과를 거두고 있으며, 국내에서도 관련 시범사업이 이루어지고 있습니다.

학교폭력을 예방하기 위해서는 생태학적 관점에서 정서·사회성 교육을 강화하고, 가정과 지역사회의 협력체계를 갖추며, 사이버폭력에 대응할 수 있는 디지털 교육이 병행되어야 합니다. 대표적인 예방 프로그램으로는 핀란드의 KiVa 프로그램, 노르웨이의 올웨우스(Olweus) 프로그램, 미국의 세컨드스텝(Second Step) 프로그램이 있습니다. 이들 프로그램은 공통적으로 공감 능력, 갈등 해결력, 또래 관계 개선 등을 통해 폭력을 줄이고 학교 문화를 개선하는 데 효과를 보이고 있습니다. 학교폭력의 해결은 단순한 처벌이 아닌, 공감, 책임, 회복을 중심으로 한 공동체적 대응을 통해 이루어져야 합니다. 이를 위해서는 정책, 교육, 상담 등 다양한 분야의 협력이 필요합니다.

우리나라에서는 학교폭력 예방을 위한 다양한 프로그램이 운영되고 있습니다. 대표적으로 교육부의 '어울림 프로그램'은 초등 고학년부터 고등학생을 대상으로 실시되는 통합교육 프로그램입니다. 이 프로그램은 자기이해, 감정조절, 의사소통, 갈등해결, 공감능력 향상 등을 주제로 총 10차시 이상으로 구성되며, 체험활동, 역할극, 토론 등 참여 중심의 수업 방식을 활용합니다. 실제로 서울과 경기 지역의 시범학교에서는 학교폭력 발생률 감소와 공동체 의식의 향상 효과가 보고된 바 있습니다. 또한 회복적 생활교육 프로그램도 점차 확대되고 있습니다. 이 프로그램은 처벌보다는 관계 회복과 공동체 복원을 중심 가치로 삼습니다. 회복적 서클, 공감 인터뷰, 피해자-가해자 간 중재 등의 활동을 통해 학생 간 갈등을 평화적으로 해결하도록 돕습니다. 국내에서는 서울시교육청이 '회복적 생활교육 지원단'을 운영하며 갈등조정 동아리, 교사 연수, 상담교사 중심의 실천 프로그램 등을 시행하고 있습니다. 이러한 프로그램들은 단순한 징계를 넘어, 학교폭력의 근본적인 예방과 건강한 학교문화를 만드는 데 중요한 역할을 하고 있습니다.

최근 발표된 교육부의 「제5차 학교폭력 예방 및 대책 기본계획(2025~2029년)은 '교육공동체가 함께 만드는 안전한 학교'를 비전으로 삼고 있습니다. 이 계획은 학교폭력 예방 역량 강화, 디지털 환경 안전, 학교 기능 확대, 맞춤형 지원 강화 등을 목표로 합니다. 특히, 학교와 교원, 학부모의 학교폭력 예방 역량 강화, 민관 협력을 통한 안전한 디지털 환경 조성, 학교의 교육적 기능 강화 및 사안 처리 전문성 제고, 위기 및 피해·가해 학생 맞춤형 통합 지원 강화 등을 중점적으로 추진할 예정입니다.

끝으로, 학교폭력은 단순한 아이들 간의 갈등이 아니라, 우리 사회가 청소년을 어떻게 바라보고 있으며, 교육이 무엇을 놓치고 있는지를 비추는 거울입니다. 폭력은 학습됩니다. 하지만 공감도, 배려도, 회복도 마찬가지로 배울 수 있습니다. 진정한 해결은 가해자에 대한 처벌에만 있지 않습니다. 공동체 전체가 폭력에 침묵하지 않고, 함께 책임지는 문화를 만들어 나가는 것이 중요합니다. 아이들은 어른을 보고 자랍니다. 어른이 먼저 폭력을 거부하고, 공감과 존중의 언어로 세상을 이야기해야 합니다. 그것이 폭력을 멈추는 첫걸음입니다.

2. 집단따돌림

(1) 개념

집단따돌림은 단순한 또래 간 갈등이 아니라, 집단적인 의도와 적극성을 바탕으로 특정 개인을 관계에서 소외시키거나 괴롭히는 행위를 말합니다. '왕따'로도 불리는 이 현상은 단순한 무시를 넘어, 악의적인 소문을 퍼뜨리거나 명예를 훼손하는 발언, 무리에서 배제하는 등의 간접적이고 사회적인 공격 행동을 포함합니다.

이러한 집단따돌림은 기본적으로 힘의 불균형 관계에서 발생합니다. 즉, 피해자는 구조적으로 저항하기 어려운 위치에 있으며, 반복적인 괴롭힘에 노출되게 됩니다. 반면 일반적인 또래 간 갈등은 대체로 비슷한 힘의 관계에서 일어나며, 상황에 따라 역할이 바뀔 수 있지만, 집단따돌림은 가해자가 지속적으로 우위를 점하고 피해자는 점차 고립되는 특징을 보입니다. 따라서 집단따돌림은 관계의 일시적 충돌이 아니라, 장기적이고 구조적인 폭력으로 이해되어야 합니다.

'모빙(mobbing)'은 직장 내 집단따돌림(괴롭힘)을 의미하는 개념으로, 본래 한 마리의 동물을 집단의 다른 동물들이 위협하거나 공격하는 행동에서 유래된 말입니다. 이 용어는 직장이라는 조직 내에서 여러 사람이 특정 개인에게 심리적·사회적 압박을 가하거나 배제하는 행위를 설명할 때 사용됩니다. 모빙은 직무수행

과정에서 발생하는 사회적 스트레스 요인 중 가장 극단적인 형태로, 개인의 자존감과 정신건강에 심각한 악영향을 미칠 수 있습니다. 고용노동부는 이를 "사업주, 상급자 또는 근로자들이 집단을 이루어 특정인을 그가 소속한 집단 속에서 소외시키고, 구성원으로서의 역할 수행에 제약을 가하거나, 인격적으로 무시하거나 음해하는 정신적·육체적 가해행위"로 정의하고 있습니다. 대표적인 사례로는 의료 현장에서 간호사들 사이에서 자주 보고되는 '태움' 문화가 있습니다. 이는 신입 간호사를 대상으로 한 반복적이고 구조화된 정신적 압박과 괴롭힘으로, 직장 내 모빙의 전형적인 유형으로 지적되고 있습니다.

(2) 유형 및 특성

집단따돌림은 다양한 형태로 나타나며, 그 방식과 특성에 따라 신체적, 언어적, 소외형으로 나눌 수 있습니다. 신체적 따돌림은 강제적인 폭력이나 반복적인 장난 형태로 이루어지며, 언어적 따돌림은 욕설, 협박, 조롱 등 언어를 이용한 공격을 포함합니다. 소외형 따돌림은 집단적으로 특정인을 무시하거나 고립시키는 방식으로, 정서적인 고통을 유발합니다. 특히 최근에는 이러한 따돌림이 점점 더 저연령화되고 있으며, 오프라인뿐 아니라 온라인에서도 다양하게 나타나고 있습니다. 전통적인 형태 외에도 사이버 따돌림과 같이 디지털 공간에서 이루어지는 간접적이고 지속적인 괴롭힘이 확산되고 있습니다.

집단따돌림의 가해자는 자신감이 높고 외향적인 성향을 가지며, 종종 타인보다 신체적으로 우월하거나 나이가 많고, 또래 집단 내에서 인기가 많은 경우가 많습니다. 이들은 자신을 능력 있고 성공적인 사람으로 인식하며, 때로는 피해자가 처벌을 받을 만하다고 생각하면서 자신의 행동을 정당화하기도 합니다. 또한 활발하고 대담한 성격으로 인해 주변에서 쉽게 영향력을 발휘하기도 합니다. 반면, 피해자는 대체로 내향적이고 소극적인 성향을 가지며, 자신감이 낮고 또래와의 관계에서 어려움을 겪는 경우가 많습니다. 이들은 가해자에 비해 신체적으로 약하거나 심리적으로 위축되어 있는 경우가 많아, 따돌림의 표적이 되기 쉽습니다. 이처럼 따돌림은 개인의 성격과 심리적 특성, 또래 관계의 역학, 사회적 분위기 등 복합적인 요인에 의해 발생하며, 단순한 갈등을 넘어선 심각한 정서적·사회적 문제로 인식되어야 합니다.

직장 내 집단따돌림은 단순한 개인 간 갈등을 넘어 조직 내 권력 구조와 심리적 압박이 작용하는 구조적 폭력의 한 형태로 볼 수 있습니다. 그 유형은 다음과 같이 나뉘어 설명할 수 있습니다.

첫째, 의사소통 차단은 피해자가 조직 내에서 자신의 의견을 표현하거나 타인과 정상적으로 소통할 수 없도록 만드는 방식입니다. 예를 들어, 회의에서 발언을 무시하거나 정보를 의도적으로 공유하지 않는 행위가 이에 해당합니다.

둘째, 사회적 관계의 단절은 피해자를 직장 내에서 고립시키는 것으로, 점심식사나 회식 등 비공식적인 자리에서 배제하거나 인사조차 나누지 않는 등 조직 구성원 간의 인간관계에서 제외시키는 형태입니다.

셋째, 개인적 명성 훼손은 피해자의 평판에 손상을 주는 행위로, 근거 없는 소문을 퍼뜨리거나 능력과 인격에 대해 부정적인 말을 반복적으로 유포하는 방식입니다. 이는 피해자의 자존감과 직업적 정체성에 큰 타격을 줍니다.

넷째, 업무적 상황에의 영향은 피해자에게 과도한 업무를 부과하거나, 반대로 정당한 업무에서 배제하여 무능력한 사람처럼 보이게 하는 방식입니다. 이로 인해 피해자는 직무 수행에 어려움을 겪고, 업무 평가나 경력에도 불이익을 입을 수 있습니다.

이러한 따돌림은 피해자에게 심각한 정서적 고통과 함께 직무 만족도 저하, 이직, 심할 경우 정신건강 문제로까지 이어질 수 있기 때문에 조직 차원의 인식 개선과 제도적 대응이 필요합니다.

(3) 예방대책

학내 집단따돌림과 직장 내 집단따돌림을 예방하고 대응하기 위해서는 개인의 태도 변화뿐 아니라 조직 차원의 체계적인 접근이 필요합니다. 우선, 학교폭력

예방을 위해서는 방관자(Bystander)의 역할 교육이 중요합니다. 폭력을 목격하고도 개입하지 않는 방관자들을 대상으로 공감 능력과 개입 전략을 교육함으로써 피해자를 보호하고 가해자 행동을 중단시키는 데 기여할 수 있습니다. 아울러 학생들에게 자기보호 방법을 지도하고, 친사회적 행동을 강화하는 교육을 실시하는 것도 필요합니다.

또한, 학급·학교·지역사회 전반에 폭력에 대한 무관용 원칙을 확립하고, 안전하고 지지적인 분위기를 조성하는 환경적 접근도 병행되어야 합니다. 담임교사는 학생 간 갈등을 조기에 인식하고 중재하는 핵심적 역할을 수행하므로, 교사의 관찰력과 지도력을 높이기 위한 연수도 필수적입니다. 나아가 학부모, 경찰, 아동복지기관 등과의 유기적인 협력체계 구축을 통해 다차원적인 예방과 사후 대응이 가능하도록 해야 합니다.

한편, 직장 내 집단따돌림에 대해서는 기업 차원의 공식적인 고충처리 시스템을 적극적으로 활용해야 합니다. 피해자 보호와 가해자 제재가 명확히 이루어질 수 있는 내부 규정과 절차를 마련하고, 경우에 따라 피해자가 심리적 안전을 확보할 수 있도록 부서나 근무지의 전환 등의 조치를 취할 수 있어야 합니다. 또한, 모든 구성원을 대상으로 따돌림 예방과 대응 수단에 대한 정기적인 교육을 실시해 조직문화 전반을 건강하게 유지하는 노력이 요구됩니다.

결국, 폭력과 따돌림을 예방하는 것은 단순히 가해자를 처벌하는 것을 넘어, 구성원 모두가 안전하고 존중받는 공동체를 만들어가기 위한 실천입니다.

CHAPTER

10 테러리즘

1. 역사적 배경

테러리즘의 기원은 고대로 거슬러 올라갑니다. 대표적인 예로, 1세기 유대 지역에서 활동했던 시카리(Sicarii)라는 유대인 광신도 집단은 로마 제국에 저항하며 정치적 목적을 달성하기 위해 협력자들을 암살했습니다. 이들은 군중 속에 섞여 단검으로 목표 인물을 살해한 뒤 재빨리 도주하는 조직적인 테러 방식을 사용했습니다. 이처럼 고대의 테러리즘은 소규모 집단이 암살, 협박, 공포 조성을 통해 정치적 영향력을 행사하는 데 초점을 두었습니다.

이후 테러리즘(Terrorism)이라는 개념이 본격적으로 등장한 시기는 프랑스 혁명 시기로, 특히 자코뱅파(Jacobins)가 주도한 '공포정치(Reign of Terror)'는 중요한 전환점이 됩니다. 당시 자코뱅 정권은 정적을 처형하고, 국가 통제와 사회 질서를 확립하기 위해 폭력을 체계적으로 사용하였으며, 이 과정에서 '테러(Terror)'라는 용어도 처음으로 정치적 맥락에서 사용되었습니다. 이 시기부터 테러리즘은 국가가 주도하는 정치적 억압과 사회 통제의 수단으로 인식되기 시작했습니다.

19세기에는 아나키즘, 민족주의, 반군주주의 운동이 확산되면서, 테러리즘이 본격적으로 비정부 조직과 개인에 의해 활용되기 시작합니다. 러시아의 나로드나야 볼야(Narodnaya Volya), 아일랜드의 페니안 형제단(Fenian Brotherhood) 등은 민족해방과 정치적 목표를 위해 정부 요인을 암살하거나 폭탄 테러를 감행했습니다. 이 시기부터 테러리즘은 국가뿐 아니라 비국가 주체에 의해서도 조직적이고 계획적인 정치 수단으로 기능하기 시작했습니다.

20세기에 들어서는 민족해방운동, 이데올로기 갈등, 종교적 대립 등 복합적 요인으로 인해 테러리즘이 급증합니다. 대표적인 사례로는 북아일랜드 분쟁, 팔레스타인 독립운동, 이슬람 극단주의 등이 있으며, 이 시기 테러의 수법도 폭탄 공격, 항공기 납치, 인질극 등으로 다양해졌습니다. 특히 민간인을 대상으로 한 무차별 공격이 증가하며, 테러는 더욱 파괴적이고 충격적인 사회적 현상으로 자리 잡게 됩니다.

2001년의 9·11 테러는 테러리즘이 국제적이고 초국가적인 위협으로 확대되었음을 상징하는 사건입니다. 이후 테러는 단순한 정치적 수단을 넘어서 대량살상무기(WMD)의 사용 가능성, 인터넷과 정보통신기술(ICT)을 활용한 글로벌 조직화, 그리고 자살폭탄 테러와 같은 비이성적이고 극단적인 형태로 진화하고 있습니다. 이러한 변화는 오늘날 테러리즘이 국가안보와 국제 질서를 동시에 위협하는 주요 변수임을 보여줍니다.

2. 정의

테러는 라틴어 terrere에서 유래한 말로, '공포', '공포를 조성하다', '죽음을 야기하는 행위나 속성'을 의미합니다. 이 용어는 단순히 극단적인 두려움이라는 심리적 상태를 뜻하기도 하며, 자연재해(예: 지진, 홍수)나 인적 재난(예: 연쇄살인, 대형사고) 등으로 인해 발생하는 공포까지 포함할 수 있습니다. 즉, 테러는 공포 그 자체이자 공포를 유발하는 행위나 현상 전반을 포괄하는 개념입니다. 반면, 테러리즘은 보다 구체적인 의미를 지니며, 정치적·종교적·이념적 목적을 달성하기 위해 조직적이고 의도적으로 폭력을 사용하여 사회에 공포를 조성하는 행위를 말합니다. 이때 핵심 요소는 정치적 목적성, 폭력의 조직적 사용, 의도적인 공포 조성입니다.

'테러리즘'이라는 용어는 1798년 프랑스의 아카데미 프랑세즈 사전에 처음 등장하였으며, 이때부터 조직적 폭력의 사용이라는 개념으로 정의되었습니다. 따

표 10-1 테러 vs. 테러리즘

구분	테러(Terror)	테러리즘(Terrorism)
정의	공포 상태 또는 공포를 유발하는 행위	정치적 목적 달성을 위한 조직적 폭력과 공포 조성
주체	자연재해, 인적재난, 범죄 등 다양한 원인	주로 비국가 조직(테러단체), 때로는 국가도 가능
목적	공포 자체(심리적 상태) 또는 피해 유발	정치적, 종교적, 이념적 목적 달성
조직성	없을 수 있음(예: 자연재해, 연쇄살인)	조직적·계획적 행동
폭력성	폭력이 포함될 수 있으나 필수 아님	폭력의 사용이 필수
사회적 영향	공포와 불안의 확산, 심리적 충격	사회적 불안, 정책 변화 유도, 권력 구조 변화 등

라서 테러리즘은 단순한 공포 상태를 넘어서, 목적을 가진 전략적 폭력으로 이해되어야 하며, 사회·국가·국제 질서에 직접적인 위협이 되는 행위로 간주됩니다.

테러리즘의 정의는 국가별 법체계와 관점에 따라 차이가 있지만, 공통적으로 폭력을 통해 정치적·사회적 목적을 달성하려는 조직적 행위를 의미합니다.

미국 연방수사국(FBI)은 테러리즘을 "정부나 시민을 협박하거나, 특정 행동을 강요하기 위해 사람이나 재산에 가하는 정치적·사회적 목적의 불법적 폭력"으로 정의하고 있습니다. 이 정의에서 강조되는 핵심은 공격 자체가 목적이 아니라, 그 공격을 통해 정부나 사회를 위축시키고, 특정 행위를 유도하려는 의도에 있습니다.

반면, 「국민보호와 공공안전을 위한 테러방지법」에서는 테러리즘의 개념을 '테러'라는 용어로 사용하고 있으며, 이를 "국가 또는 지방자치단체, 외국 정부의 권한 행사를 방해하거나 의무 없는 일을 하게 할 목적, 또는 공중을 협박할 목적으로 행하는 행위"로 규정하고 있습니다. 이는 국내 질서와 공공안전을 위협하는 폭력적 행위를 법적으로 테러로 간주하며, 정치적 목적과 대중 협박의 의도를 핵심 요소로 봅니다.

결과적으로, 미국 FBI의 정의와 이 법률의 정의 모두 폭력을 단순한 수단으로 보지 않고, 특정 목적을 달성하기 위한 도구적 폭력으로 인식한다는 점에서 공통점을 가집니다. 특히, 폭력을 통해 사회적 공포를 조성하고 간접적으로 압력을 행사한다는 점을 테러의 본질로 이해하고 있습니다.

3. 발생추이 및 양상

최근 몇 년간 전 세계적으로 테러 발생 건수는 다소 감소하는 추세를 보이고 있습니다. 그러나 여전히 많은 인명 피해가 발생하고 있으며, 특히 시리아, 나이지리아, 파키스탄, 이라크, 인도 등 특정 지역에서는 테러가 지속적으로 집중되어 나타나고 있습니다.

국가정보원이 발표한 2025년의 국제 테러 정세 분석에 따르면, IS(이슬람국가)의 활동 재개 움직임이 포착되고 있으며, 특히 APEC 정상회의와 같은 국제행사 기간 중에는 테러 공격 가능성이 높아질 수 있다고 경고하고 있습니다. 이러한 분석은 테러에 대한 국제사회의 지속적인 경계와 협력이 필요함을 시사합니다.

현대 테러리즘은 정치적, 종교적, 이념적, 민족적 갈등이 복합적으로 얽히며

그림 10-1 연도별 테러사건 추이

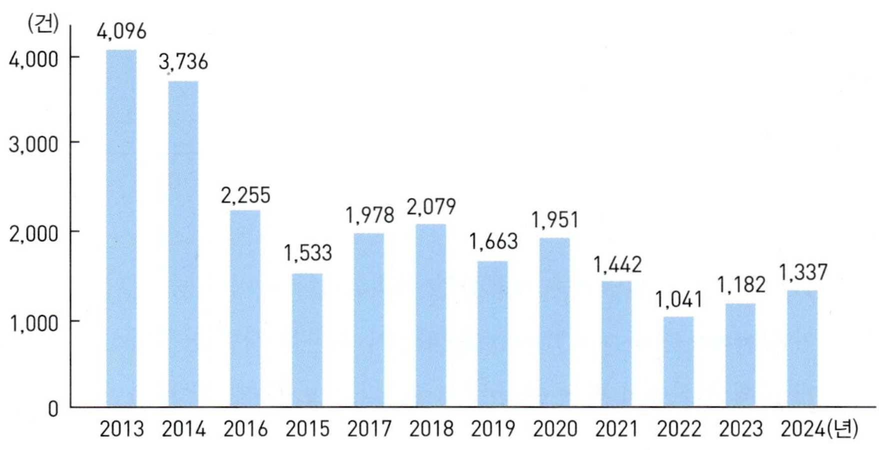

출처: 국가정보원 https://nis.go.kr/AF/1_6_2_2_0/list.do

그 수법과 양상이 점점 다양화되고 있습니다. 특히 핵, 화학, 생물, 방사능과 같은 대량살상무기를 동원해 사회 전반에 공포를 조성하려는 '뉴테러리즘(New Terrorism)' 또는 '슈퍼테러리즘(Super Terrorism)'의 경향이 나타나고 있습니다. 전통적인 조직 중심의 테러뿐만 아니라, 셀(cell) 단위의 소규모 조직이나 개인 단독 범행인 '외로운 늑대형(Loan Wolf)' 테러도 증가하고 있어 사전 탐지가 어려운 위험 요소로 부상하고 있습니다.

최근 IS는 중동 내 영토와 자금원을 대부분 상실했으나, 활동 거점을 북아프리카, 사하라 이남 아프리카, 동남아시아 등으로 옮기며 테러 위협을 이어가고 있습니다. 민간인을 대상으로 한 테러는 여전히 높은 비중을 차지하며, 다중이용시설(쇼핑몰, 호텔, 지하철 등)을 겨냥한 공격이 잦습니다. 특히 자유민주주의 국가들인 북미와 서유럽에서도 테러가 증가 추세를 보이고 있으며, 이에 따른 사회적 불안도 함께 커지고 있습니다. 이러한 테러는 조직화된 이슬람 극단주의 집단뿐 아니라, 그 이념에 공감하거나 지지하는 자생적 테러리스트들에 의해 주도됩니다. 테러에 가담하는 주요 배경으로는 사회적 소외, 경제적 불평등, 이민자 차별, 범죄 경력 및 급진주의 경험 등이 지목되고 있습니다. 이는 단순한 폭력 행위를 넘어, 현대 사회의 구조적 갈등과 불균형이 테러리즘으로 분출되고 있음을 시사합니다.

4. 발생원인: 이론적 검토

(1) 상대적 박탈감 이론

테러리즘의 발생을 설명하는 대표적인 사회심리학적 이론 중 하나는 상대적 박탈감 이론(Relative Deprivation Theory)입니다. 이 이론은 사람들이 자신이 기대했던 수준에 비해 현실에서 받는 보상이 부족하다고 느낄 때, 강한 불만과 분노를 경험하게 되며, 이는 폭력적 행동으로 이어질 가능성이 높아진다고 설명합니다.

여기서 중요한 점은 단순한 '객관적 빈곤'이 아니라, 타인과의 비교를 통해 느끼는 상대적 불이익입니다. 즉, 본인이 처한 상황이 다른 사람보다 나쁘다고 인식될 때, 분노와 좌절이 커지게 됩니다.

이러한 상대적 박탈감은 사회운동이나 정치적 저항의 감정적 동기가 되기도 합니다. 단순한 경제적 지원만으로는 이 문제를 해소하기 어렵고, 공정성과 정의에 대한 사회적 인식을 회복하는 노력이 병행되어야 합니다. 이와 유사하게 좌절 – 공격성 이론(Frustration-Aggression Theory)은 목표 달성을 방해받거나 심리적으로 억압된 상태에서 공격성이 유발된다고 설명합니다. 즉, 좌절된 욕구가 폭력 충동으로 전환되는 과정이 테러 행동과 밀접한 관련이 있다고 볼 수 있습니다.

(2) 감염이론 및 국제정치구조이론

르봉(Gustave Le Bon)의 감염이론(Contagion Theory)은 테러리즘의 확산과 모방을 설명하는 데 활용될 수 있습니다. 그는 개인이 군중 속에 들어가는 순간, 이성적 판단을 잃고 집단의 정서와 충동에 휘말리게 된다고 보았습니다. 군중은 익명성과 집단 분위기에 의해 감정이 쉽게 전염되며, 이러한 심리적 감염은 극단적 행동으로 이어질 수 있습니다.

현대 사회에서는 SNS, TV, 유튜브 등의 미디어를 통해 테러행위가 실시간으로 보도되고 공유되면서, 유사한 모방 테러나 극단적 집단행동을 촉진하는 '디지털 감염' 현상이 나타나고 있습니다. 해시태그나 영상, 댓글, 이모티콘 등이 개인의 정서에 영향을 주며, '사회적 촉발'과 '집단사고'와 같은 심리 작용을 통해 비이성적인 행동으로 이어질 수 있습니다. 이러한 맥락에서 르봉의 이론은 테러리즘이 단순한 개인의 선택이 아니라, 집단적 심리와 사회적 환경의 영향을 받아 확산될 수 있다는 점을 강조합니다.

국제정치구조이론은 국제사회의 권력 분포와 제도, 외교·군사·경제 질서 등 구조적 요인이 테러리즘과 같은 폭력 현상의 발생에 영향을 미친다고 설명합니다. 이 이론은 현실주의와 구조적 구성주의(constructivism)에 기반하며, 특히 강대국 중심의 불균형한 국제 질서가 소외된 국가나 비국가 행위자(테러 집단 등)의 반발을 촉진할 수 있다고 봅니다. 이러한 반발은 기존 국제질서에 대한 도전으로 나타나며, 테러는 이들의 정치적 메시지를 전달하는 수단이 될 수 있습니다. 이처럼 테러리즘은 단지 개별 국가의 문제가 아니라, 국제구조 속에서 형성되고 확산되는 복합적 현상으로 이해됩니다.

(3) 일반긴장이론

애그뉴(Robert Agnew)는 테러리즘의 발생원인을 일반긴장이론(General Strain Theory)의 관점에서 설명합니다. 그는 집합적 긴장(Collective Strain)을 공동체가 오랜 기간 감당하기 어려운 물질적 손실, 가까운 사람의 사망, 삶의 터전 상실 등으로 인해 정체성과 가치가 위협받는 상황에서 발생하는 강한 압박 상태로 보았습니다. 이러한 긴장은 개인에게 부정적인 감정을 유발하고, 사회적 통제력과 제도적 대응 능력을 약화시킵니다. 그 결과, 폭력이나 극단적 행동에 대한 사회적 학습이 촉진되어 테러가 발생할 가능성이 높아질 수 있습니다.

5. 테러방지대책

(1) 대테러체계

우라나라의 대테러 체계는 국가테러대책위원회를 중심으로 대테러센터, 테러사건대책본부, 현장지휘본부 등으로 구성되어 있습니다. 이 중 국가테러대책위원회는 국무총리가 위원장을 맡으며, 대테러 정책의 수립과 평가, 관계기관 간 역할 조정, 테러경보 발령, 대테러 특수임무대 지정, 피해자 지원금 지급 기준 결정 등의 핵심 기능을 수행합니다. 대테러센터는 정보 분석과 정책 실행을 담당하며, 테러 발생 시에는 테러사건대책본부와 현장지휘본부가 각각 중앙과 현장에서 대응을 총괄합니다. 이러한 체계는 관련법에 근거하여 국가 차원의 통합적이고 입체적인 대응을 목표로 하고 있습니다.

그림 10 - 2 대테러체계

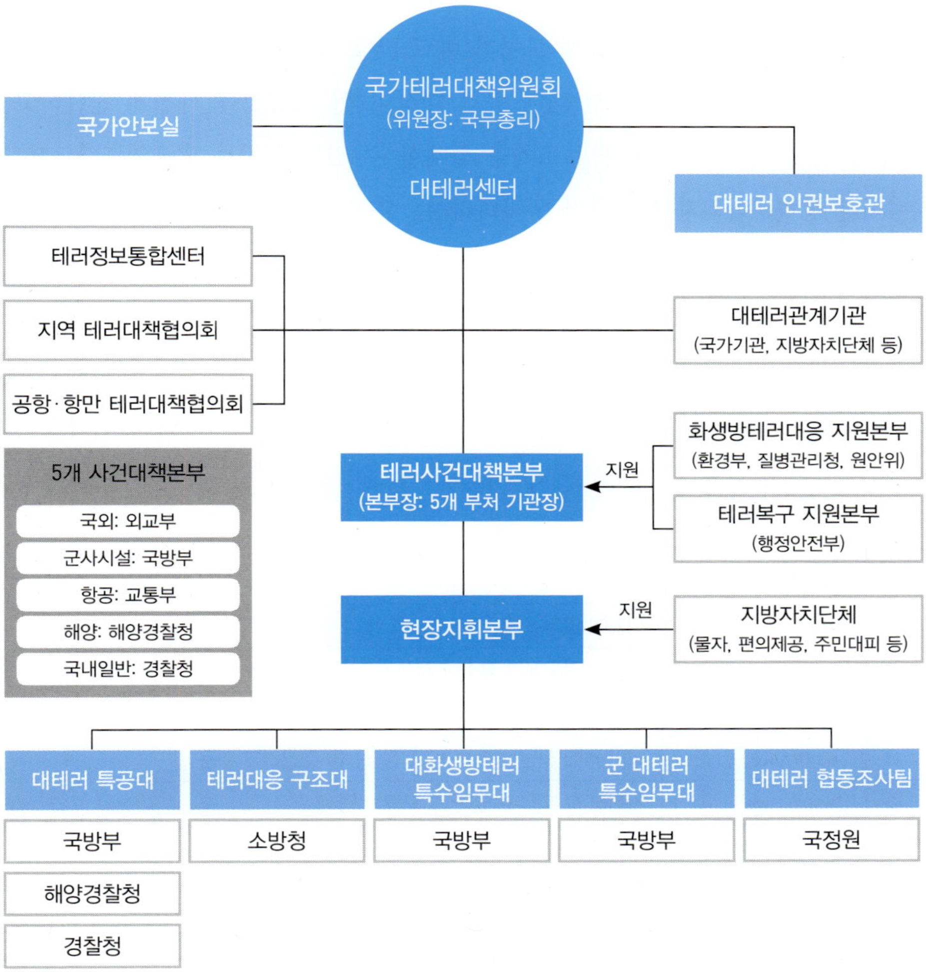

출처: 대테러센터 http://www.nctc.go.kr/nctc/activity/system.do

(2) EVIL DONE 모델

클라크(Ronald Clarke)와 뉴먼(Graeme Newman)은 범죄나 폭력 행위가 단순히 개인의 악의나 의도에서 비롯되는 것이 아니라, 특정한 구조적 조건과 실행 가능성의 결합에서 발생한다고 보았습니다. 따라서 범죄를 사후적으로 분석하는 것보다,

그 범죄가 발생할 수밖에 없었던 조건을 사전에 파악하고 예방하는 것이 중요하다고 강조했습니다.

이러한 관점에서 제시된 분석 도구가 바로 EVIL DONE이라는 모델입니다. 이는 특정 대상(사람, 장소, 시스템 등)이 공격 대상이 될 가능성을 사전에 진단하고, 위험 요인을 식별해 사전 예방 조치를 설계할 수 있도록 돕는 도구입니다. 저자는 이를 통해 "범죄자보다 먼저 생각하라"는 실용적 메시지를 제시합니다. 예를 들어, 공항은 상징성(Iconic), 중요성(Vital), 이용자 밀집도(Occupied) 등의 특성을 지니므로 보안 강화가 필수이며, 데이터센터는 접근 용이성(Easy), 중요성(Vital), 파괴 가능성(Destructible)이 높기 때문에 접근 통제와 백업 시스템이 필요합니다. 학교는 노출도(Exposed)와 이용자 밀집도(Occupied)가 높아 감시카메라 설치와 출입 통제가 요구됩니다.

표 10-2 EVIL DONE 모델

E	Exposure	위험에 많이 노출
V	Vital	사회에 필수적인 장소나 시설
I	IIconic	상징성이 존재
L	Legitimate	테러 후에 비난을 적게 받고 정당성을 주장하기 쉬움
D	Destructive	완전히 파괴할 수 있어 그 피해가 큼
O	Occupied	사람이 많이 상주
N	Near	비교적 가까운 곳에 위치
E	Easy	쉽게 테러를 가할 수 있는 표적

이처럼 EVIL DONE은 단순한 물리적 범죄뿐 아니라 사이버공격, 테러, 대중행사 안전 계획 등 다양한 위험 상황에 대한 사전 예방과 정책 설계에 유용하게 활용될 수 있는 분석 틀입니다.

CHAPTER

11 이상동기범죄

1. 개념

2007년 4월 16일, 한국계 미국인 조승희는 미국 버지니아공과대학교에서 총기를 난사해 32명을 살해한 뒤 스스로 목숨을 끊었습니다. 이 사건은 피해자와의 직접적인 관계없이 무차별적으로 자행된 범행으로, '동기 없는 대량살상범죄'(Mass Spree Shooting with Motiveless Nature)로 분류됩니다. 조승희가 자살로 생을 마감함에 따라 그의 범행 동기나 정신 상태는 당시 과제물, 남긴 영상 메시지, 주변인의 증언 등을 통해 사후적으로 분석되었습니다. 이 사건은 미국 사회에 큰 충격을 주었으며, 총기 규제와 정신건강 문제에 대한 논의가 촉발되는 계기가 되었습니다.

이상동기범죄는 2000년대 이후 한국 사회에서 사회적 주목을 받기 시작한 범죄 유형으로, 뚜렷한 개인적 동기 없이 불특정 다수를 대상으로 한 무차별적 폭력이 특징입니다. 대표적인 사례로는 강남역 화장실 살인사건(2016), 신림역 흉기 난동(2023.7.21), 서현역 흉기 난동(2023.8.3) 등이 있습니다. 이러한 범죄들은 정신질환, 사회적 고립, 분노의 내면화와 같은 개인적 요인뿐 아니라, 사회적 불안정성과 감정 해소 실패 같은 구조적 문제와도 밀접한 관련이 있습니다. 예를 들어, 신림역 사건은 20대 남성이 전혀 알지 못하는 행인들을 대상으로 흉기를 휘둘러 1명이 사망하고 3명이 부상을 입은 사건이며, 서현역 사건은 같은 해 한 달도 채 지나지 않아 발생한 사건으로, 가해자가 차량으로 행인을 들이받고 흉기를 휘둘러 14명이 부상을 입었습니다.

표 11-1 이상동기범죄 유사개념

범죄 유형	개념	주요 특징
이상동기범죄 (무동기범죄)	범죄 동기가 비정상적이거나 설명되지 않음	가해자의 망상, 비현실적 인지, 범행 목적의 불분명
묻지마 범죄	무작위로 타인을 공격	사회 불만의 분출, 보복심리, 즉흥성 강조 (비학술적 용어)
무차별 범죄	타인의 특성 무관하게 다수를 공격	장소와 시기 무관, 군중 대상
증오범죄 (Hate Crime)	특정 정체성(성별, 인종 등)에 대한 편견 기반	이념적 동기 뚜렷, 특정 집단 겨냥, 법적 가중처벌 대상

이처럼 이상동기범죄는 단순한 개별 범죄를 넘어 사회적 경고 신호로 작용하고 있으며, 이에 대한 구조적·통합적 대응이 요구되고 있습니다.

최근 경찰청은 이상동기범죄를 공식 범죄통계상 개념으로 정의하였습니다. 이 범죄는 뚜렷한 이유 없이, 가해자가 자신의 열등감이나 사회에 대한 불만을 불특정 다수에게 분노로 표출하며 발생하는 범죄 유형을 의미합니다. 일반적으로 언론과 대중은 이를 "묻지마 범죄"로 지칭하지만, 이러한 용어는 범죄의 복잡한 배경과 심리적·사회적 원인을 지나치게 단순화하는 경향이 있습니다.

미국에서는 특정한 편견에 기반한 범죄를 의미하는 증오범죄(Hate Crime)라는 개념을 활용하고 있습니다. 즉, 인종, 종교, 장애, 성적 지향, 민족 또는 출신 국가 등에 대한 범죄자의 전체적 또는 부분적 편견이 범행의 동기로 작용할 경우, 이를 증오범죄로 간주합니다. 이러한 범죄는 단순한 법 위반을 넘어, 사회적 소수자 집단 전체에 대한 위협과 공포를 조장하기 때문에, 미국에서는 연방법 차원에서 별도로 규제 및 처벌하고 있습니다.

이상동기범죄는 '동기의 왜곡'이라는 특성을 가지며, 증오범죄처럼 정체성 기반의 특정 대상을 겨냥한 범죄와는 그 동기 구조에서 명확히 구분됩니다. 결국 이상동기범죄는 동기 자체가 결여된 것이 아니라, 비합리적이고 내면화된 분노가 왜곡된 방식으로 표출된 결과로 이해되어야 하며, 이에 따라 정신보건, 사회안전망, 커뮤니티 감시체계 등 다층적 접근이 요구됩니다.

2. 이상동기범죄의 특징

이상동기범죄는 기존의 일반 범죄 유형과 구분되는 몇 가지 뚜렷한 특성을 가지고 있습니다. 강도나 폭행 등은 명확한 동기와 대상을 가진 범죄입니다. 예를 들어, 강도는 경제적 이득을 목적으로 재물을 강취하기 위해 폭력을 사용하는 범죄이며, 폭행은 대개 주변인과의 갈등이나 관계 악화로 인한 물리력 행사를 동반합니다. 이들 범죄는 행위의 목적과 피해자가 분명하다는 공통점을 가집니다. 반면, 이상동기범죄는 가해자와 피해자 간 아무런 관계도 없는 상태에서 발생하며, 동기 역시 명확하지 않거나 사회적으로 납득하기 어려운 경우가 많습니다.

이상동기범죄는 다음과 같은 특징을 보입니다.

첫째, 가해자와 피해자 간에 개인적 연관이 없는 경우가 대부분입니다. 즉, 원한이나 갈등이 없는 무관계 상태에서 범죄가 발생합니다.

둘째, 대상이 불특정합니다. 범행은 사전에 특정한 사람을 노리지 않고, 상황에 따라 누구나 피해자가 될 수 있습니다.

셋째, 범행의 동기가 외부에서 쉽게 이해되거나 설명되기 어렵습니다. 분노, 좌절감, 사회적 고립 등 내면적 감정이 주된 배경이지만, 명확한 범행 이유가 드러나지 않는 경우가 많습니다.

넷째, 범죄 수단이 극단적이고 폭력성이 높습니다. 살인이나 중상해 등 강력한 신체적 피해가 수반되는 경우가 많아 사회적 불안감을 증폭시킵니다.

마지막으로, 범행자는 사회 부적응적 경향을 보이는 경우가 많습니다. 정신적 불안정, 낮은 자존감, 외로움, 스트레스 대처 능력 부족 등이 특징이며, 사회에 대한 불만이나 분노가 범죄로 표출됩니다.

이러한 이상동기범죄의 특징은 최근 신림역과 서현역 흉기 난동 사건에 대한 국내 연구 분석에서도 잘 드러납니다. 해당 분석에 따르면, 가해자는 범행 이전부터 내면의 갈등과 불만을 축적하고 있었으며, 시간이 지남에 따라 외부 환경을 왜곡하여 해석하는 경향을 보였습니다. 사회적 고립과 심리적 불안정성이 지속되면서 공격성이 점차 강화되고, 특정 촉발 요인을 계기로 통제되지 않는 극단적 폭력으로 이어졌습니다. 범죄 실행 단계에서는 무작위성, 반복성과 체계성, 감정적 둔감성 등의 특징이 확인되었고, 범행은 사전 준비와 즉흥성이 혼재된 형태로 진행되었고, 온라인 검색 기록, 범행 도구 준비 과정 등에서 사전 경고 신호가 포착될 가능성도 제기되었습니다.

3. 발생원인: 이론적 검토

이상동기범죄는 명확한 범행 동기 없이 불특정 다수를 대상으로 하는 충동적이고 공격적인 범죄로, 다양한 심리적·사회적 요인이 복합적으로 작용하여 발생합니다. 대표적인 요인으로는 충동성, 상대적 박탈감, 반복된 좌절감 등이 있으며, 이는 개인이 느끼는 불만과 정서적 압박을 적절히 해소하지 못한 상태에서 분노가 외부로 표출된 결과로 볼 수 있습니다.

이러한 범죄는 여러 이론적 틀로 설명될 수 있습니다. 스트레스 유발 이론은 외부 자극이 공격 행동을 촉진할 수 있음을 강조하며, 좌절-공격성 이론은 목표 달성이 반복적으로 차단되면서 생기는 좌절이 폭력성으로 이어질 수 있다고 봅니다. 또한 일반긴장이론에서는 부정적인 감정의 누적과 통제력 상실이 극단적 행동으로 이어지는 과정을 설명합니다. 아울러 반사회적 인격장애적 성향, 즉 공감 능력의 결여나 자기중심적인 사고방식도 이상동기범죄의 배경이 될 수 있습니다.

결국, 이상동기범죄는 개인의 내면적 취약성과 사회적 소외, 구조적 긴장이 중첩되며 발생하는 현상으로, 단순히 '묻지마' 범죄로 낙인찍기보다는 그 이면에 있는 심리적, 구조적 원인을 함께 살펴볼 필요가 있습니다.

4. 예방대책

이상동기범죄는 단순히 개인의 충동적 일탈로 보기 어렵습니다. 정신적 불안정, 사회적 고립, 상대적 박탈감과 같은 개인 내적 요인뿐 아니라, 사회 전반의 구조적 불안정성과 물질 중심의 가치관, 공동체 기능 약화 등이 복합적으로 작용한 결과로 해석됩니다. 이러한 범죄는 특정한 대상이나 동기 없이 불특정 다수를 향해 강한 폭력성을 동반하며 발생한다는 점에서 기존 범죄와 구별됩니다.

따라서 이상동기범죄에 대한 대응은 처벌 중심의 사후적 조치보다는 예방과 사회적 회복을 위한 종합적인 대책이 필요합니다. 먼저, 사회적 소외계층과 정신적 취약계층에 대한 돌봄과 지원체계를 강화해야 하며, 청소년기부터 공동체 의식과 올바른 가치관을 형성할 수 있도록 교육 제도를 보완할 필요가 있습니다. 물질만능주의적 사회 분위기와 성과 중심 문화에 대한 반성과 전환도 이루어져야 합니다. 또한, 국가 공권력의 정당성과 신뢰를 회복하고, 범죄에 대한 확실한 법적 대응이 뒤따른다는 인식을 확립함으로써 반사회적 분노의 표출을 사전에 차단해야 합니다.

더불어, 이상동기범죄 예방을 위해서는 정신질환자에 대한 조기 발견과 치료, 고립된 개인에 대한 사회 적응 지원, 위험 요소에 대한 사전 감시 등 사회적 안전망을 촘촘히 구축해야 합니다. 공공장소나 위험 지역에 대한 예방적 감시를 강화하고, 흉기나 위험 물품의 소지를 제한하는 등 환경적 차원의 대응도 필요합니

표 11-2 이상동기범죄 대응전략 예시

전략	설명
심리적 조기경보 체계	학교, 병원, 커뮤니티 기반의 이상행동 관찰 및 상담 시스템 강화
사회적 연결망 회복	고립계층(청년 무직자, 은둔형 외톨이 등)을 위한 소통 플랫폼 및 심리재활 지원
정신질환자에 대한 낙인 해소	범죄와 정신질환을 단순히 연결하는 방송 및 보도 지양, 치료접근성 강화
대중 안전 교육	대피훈련, 위기상황 대처법, 공공장소 안전인식 제고

다. 피해자 보호 역시 중요합니다. 심리 상담, 법률 및 경제적 지원 등 통합적 회복 지원이 병행되어야 하며, 피해자 가족에 대한 보호도 함께 고려해야 합니다.

이상동기범죄는 우리 사회의 약한 고리가 드러나는 지점입니다. 따라서 이를 막기 위한 노력은 단지 범죄를 줄이는 수준을 넘어서, 모두가 안전하고 함께 살아갈 수 있는 공동체를 만들어가는 과정이어야 합니다.

PART 04

범죄에 관한 질문과 대답

CHAPTER

12 범죄는 무작위로 발생하는가?

1. 우범지역

(1) 개념

범죄는 단순히 무작위로 발생하는 것이 아니라, 시간과 공간이라는 구체적 맥락 속에서 일정한 패턴을 보입니다. 실제로 우리 주변에서는 "그곳은 위험하다", "밤에는 혼자 그곳에 가지 마라"는 말이 자주 들리며, 이는 특정 장소가 범죄와 밀접한 관련을 맺고 있다는 사회적 인식을 반영합니다. 이처럼 특정 지역에서 범죄가 집중적으로 발생하는 현상은 '우범지역(Crime-prone area or Crime Hot spot)'이라는 개념으로 설명할 수 있습니다. 우범지역은 범죄 발생률이 유난히 높은 곳으로, 범죄 통계, 경찰의 순찰 빈도, 주민들의 불안감 등을 통해 식별됩니다.

이와 관련된 대표적인 개념으로는 '핫스팟(Hot Spot)', '사회해체 지역(Disorganized Area)', '고범죄 지역(High-Crime Area)' 등이 있습니다. 핫스팟은 특정 시간과 장소에 범죄가 반복적으로 집중되는 구역을 의미하며, 주로 단기간에 다수의 범죄가 발생하는 장소를 말합니다. 사회해체 지역은 경제적 빈곤, 이주민 유입, 공동체 해체 등으로 인해 사회통제력이 약화되면서 범죄율이 높아지는 슬럼화된 지역을 일컫습니다. 끝으로, 고범죄 지역은 단순히 범죄율이 높은 수준을 넘어, 구조적 요인에 의해 범죄가 지속적이고 반복적으로 발생하는 지역을 의미합니다.

이러한 공간적 범죄 집중 현상은 도시계획, 지역사회 안전 대책, 경찰력 배치 등 범죄예방 전략 수립에 중요한 근거를 제공합니다. 즉, 범죄는 특정한 사회적·물리적 조건이 결합된 장소에서 반복적으로 발생하는 경향이 있으며, 이러한 맥락을 이해하는 것은 실효성 있는 예방 정책 수립의 출발점이 됩니다.

(2) 발생원인: 이론적 검토

우범지역의 범죄 발생원인을 설명하는 대표적인 이론으로는 사회해체이론과 일상활동이론이 있습니다.

첫째, 사회해체이론은 빈곤, 인종적 다양성, 인구 이동이 잦은 지역일수록 지역 공동체의 사회적 통제력이 약화되어 범죄 발생률이 높아진다고 설명합니다. 이러한 지역은 단순히 물리적으로 열악한 곳이 아니라, 주민 간 유대와 상호 감시 기능이 약화된, 사회적 결속이 느슨한 공간이라는 점에서 범죄에 취약한 특성을 지닙니다. 이 이론은 이후 샘슨(Robert Sampson) 등이 제시한 집합효율성이론으로 확장되었습니다. 집합효율성이란 지역사회 구성원들이 공동의 목표를 위해 협력하고 사회적 통제를 자발적으로 실행하는 능력을 의미하며, 이 수준이 높을수록 범죄율은 낮고, 주민들의 안전에 대한 인식도 높아지는 경향을 보입니다.

둘째, 일상활동이론에 따르면, 범죄가 발생하려면 '적절한 범행대상(표적)', '동기화된 범죄자', '유능한 감시자의 부재'라는 세 가지 요소가 동시에 존재해야 한다고 봅니다. 우범지역은 이러한 조건이 자주 충족되기 쉬운 환경을 갖추고 있어, 범죄가 반복적으로 일어나기 쉬운 공간이 됩니다.

이처럼 두 이론은 서로 다른 시각에서 범죄가 집중되는 공간의 특성을 설명하면서, 우범지역에 대한 예방 정책 수립의 근거를 제공합니다.

(3) 발생실태

2023년 경찰청 자료에 따르면, 서울시 내 강력범죄의 약 65%가 20개 주요 우범지역에서 집중적으로 발생한 것으로 나타났습니다. 이들 지역은 주로 지하철역 인근 유흥가, 버려진 공터, 공공장소의 CCTV 사각지대, 주거지 인근 공공 화장실, 폐건물 등으로, 겉보기에는 일상적인 도심 공간이지만 범죄에 취약한 환경적 조건을 갖춘 곳들이었습니다. 즉, 범죄는 도시 외곽이나 낙후 지역뿐 아니라,

그림 12-1 서울시 살인범죄 핫스팟

출처: T. Ishihara, 장현석, 홍명기, 이경아. (2021). 서울시 행정동 수준의 범죄분포에 대한 탐색적 연구. 한국범죄학, 15(1), 69-94.

도시 내부의 은밀하고 일상적인 공간 속에서도 충분히 발생할 수 있다는 점에서, 범죄예방을 위한 환경 설계와 감시체계의 정밀한 재구성이 요구됩니다.

서울시 내 살인 사건의 공간적 분포를 살펴보면, 중심부보다는 외곽 지역, 특히 서남권에 상대적으로 위험도가 높은 4~5등급 행정동이 집중된 것으로 나타났습니다. 연구진의 등급 분류 기준에 따르면 1등급은 가장 안전한 지역, 5등급은 가장 위험한 지역을 의미합니다. 분석 결과, 살인 발생 수준이 4~5등급으로 분류된 행정동의 비율은 서남권에서 가장 높았으며, 특히 강서구와 영등포구 일부, 구로구 일부에 5등급에 해당하는 고위험 행정동이 밀집돼 있었습니다. 이는 외곽 지역에 대한 집중적인 범죄 예방 정책과 치안 인프라 강화가 필요함을 시사합니다.

(4) 소결

범죄는 우리의 일상과 밀접한 관련이 있으며, 단순히 무작위로 발생하는 것이 아니라 지역별로 일정한 패턴을 보입니다. 범죄의 발생에는 인구사회학적 특성, 경제적 여건, 지리적 조건, 문화적 요인 등 지역이 가진 다양한 특성이 영향을 미칩니다. 특히 범죄 발생의 세 가지 핵심 요소인 범죄의 표적, 동기화된 범죄자, 그리고 감시의 부재가 결합되면 특정 지역에서 범죄가 집중적으로 발생할 가능성이 높아집니다.

일반적으로 도시 지역은 농촌에 비해 범죄 발생률이 높습니다. 이는 도시가 인구 밀집도가 높고, 사람과 재화 등 범죄의 표적이 많기 때문입니다. 또한 도시의 익명성은 비공식적 사회 통제력을 약화시키며, 경제적 불균형이나 상대적 박탈감이 범죄 동기를 강화하는 요인이 됩니다.

이와 같은 범죄 집중 지역은 단지 치안 문제에 그치지 않고, 주민들의 심리적 불안 증가, 지역 가치 하락, 청소년 탈선 등 다양한 사회적 병리 현상을 유발합니다. 특히 '낙인 효과'는 해당 지역을 우범지역으로 고정시키는 결과를 낳아 정책적, 경제적 자원의 유입을 어렵게 만드는 악순환을 초래합니다.

이에 따라 효과적인 범죄 예방 전략이 요구됩니다.

첫째, 범죄 집중 지역 정보를 시각화하고 주민과 공유하는 노력이 필요합니다. 핫스팟 맵이나 범죄통계 시각화 도구, 서울시의 '스마트서울맵'과 같은 주민 참여형 앱 활용이 좋은 예입니다.

둘째, 범죄 예방을 위한 물리적 환경 개선이 필요합니다. 조명 설치, 폐건물 철거, CCTV 확충 등은 범죄 발생 가능성을 줄이는 데 효과적이며, CPTED(환경설계를 통한 범죄예방) 원칙을 적용한 도시계획이 도움이 됩니다.

셋째, 지역 공동체를 활성화하는 프로그램이 중요합니다. '마을지킴이', '청소년 야간순찰대'와 같은 자발적 참여 활동은 지역 주민 간의 유대감(집합효율성)을 회복하고, 자율적 사회통제력을 강화하는 데 기여합니다.

마지막으로, 특정 지역에 대한 낙인을 줄이기 위해 언어적 인식 개선이 필요합니다. '우범지역'이라는 용어 대신 '범죄취약지역' 또는 '사회적 관심지역'과 같은 표현을 사용하는 것이 바람직합니다. 이는 지역에 대한 부정적 이미지를 완화하고, 정책적 개입의 정당성을 높이는 데 도움이 됩니다.

2. 우범시간

(1) 개관

공통된 지역에 거주하는 사람들은 동일한 연, 월, 일, 시의 시간 구성 속에서 각자의 생활양식에 따라 일상적인 활동을 하게 됩니다. 만약 범죄도 인간의 삶의 한 방식으로 이해한다면, 이러한 시간 구조 속에서 일정한 패턴을 가지게 된다고 볼 수 있습니다. 즉, 범죄는 단지 공간적으로 특정 지역에 집중되는 현상만이 아니라, 시간적으로도 일정한 경향성을 보입니다. 이는 범죄 발생에 있어 지역적 차이뿐만 아니라 시간적 차이 또한 중요한 요인임을 시사합니다.

경제학자들은 오래전부터 증권시장에서 특정 시간대에 반복적으로 나타나는 비정상적인 현상에 주목해 왔습니다. 이러한 현상은 '시간 효과(Time Effect)'라고 불리며, 예를 들어 '월요일 효과(Monday Effect)'는 주 초반에 주가가 하락하는 경향을, '1월 효과(January Effect)'는 새해 첫 달에 주가가 급등하는 현상을 설명합니다. 흥미로운 점은 이러한 시간대별 변동 패턴이 주식시장에만 나타나는 것이 아니라, 범죄 발생에서도 유사한 양상이 관찰된다는 점입니다. 범죄는 단지 '어디서' 발생하는가에 그치지 않고, '언제' 발생하는가에 따라서도 뚜렷한 시간적 경향성을 보입니다.

'우범시간'은 특정 시간대에 범죄가 집중적으로 발생하는 시간 구간을 의미합니다. 이러한 시간대는 범죄의 유형이나 발생 지역, 계절, 사회적 요인 등에 따라 다양하게 나타나며, 범죄 예방이나 경찰의 순찰 전략을 수립하는 데 있어 중요

표 12-1 범죄유형별 발생시간

범죄 유형	시간 효과 패턴	해석
강력범죄(폭행·살인)	밤 10시 ~ 새벽 2시	음주, 사회적 긴장, 통제력 약화
성범죄	밤 11시 ~ 새벽 4시	야간 귀가, 외진 골목, 방심의 시간
절도·침입범죄	오후 1시 ~ 5시 / 새벽 3시	낮엔 외출 가구, 새벽엔 경계 느슨
청소년 비행	오후 3시 ~ 7시	하교 후 방임 시간대

출처: 경찰청 범죄통계 분석보고서(2023)

한 기준이 됩니다. 셔먼(Lawernce Sherman)과 같은 범죄학자들은 일반적으로 범죄가 특정 공간에만 집중되는 것이 아니라, 특정 시간대에도 집중되는 '시간적 군집화(temporal clustering)' 현상 역시 중요하다고 강조하였습니다. 이는 범죄 대응이 단지 장소의 문제가 아니라 시간적 요소까지 함께 고려되어야 함을 보여줍니다.

폭행 및 살인 등 강력범죄는 주로 밤 10시부터 새벽 2시 사이에 집중적으로 발생하는 경향이 있습니다. 이 시간대는 음주로 인한 충동성 증가, 사회적 긴장감 고조, 개인의 자기통제력 약화 등이 겹쳐 범죄 발생 가능성을 높이는 것으로 분석됩니다. 성범죄의 경우에도 유사한 시간적 특성이 나타납니다. 특히 밤 11시부터 새벽 4시 사이에 빈번히 발생하며, 이는 야간 귀가 시간대와 겹치고, 외진 골목이나 인적이 드문 장소를 통행하는 경우가 많기 때문입니다. 또한 음주 후 방심한 상태 역시 피해 가능성을 높이는 주요 요인으로 작용합니다.

이처럼 강력범죄와 성범죄는 모두 야간 시간대에 집중되는 경향을 보이며, 시간적 요인과 사회적·심리적 조건이 맞물릴 때 범죄 발생 위험이 크게 높아지는 것으로 나타납니다. 이를 고려한 시간대별 예방 전략 수립이 필요합니다.

(2) 캘린더 효과

캘린더 효과(Calendar Effects)는 본래 경제학과 금융학 분야에서 유래된 개념으로, 시장의 움직임이 요일, 월, 분기, 공휴일 등 주기적인 시간 단위에 따라 통계적으로 반복되는 경향성을 보이는 현상을 의미합니다.

이 개념은 최근 범죄학, 심리학, 행동경제학 등 다양한 분야로 확장되어 사용되고 있습니다. 인간의 행동이나 사회적 사건 역시 공간적 요소뿐만 아니라 시간 구조의 영향을 받는다는 점에서, 캘린더 효과는 일상 속에서 반복적으로 나타나는 사회현상을 설명하는 데 유용한 분석 틀로 활용됩니다. 예를 들어, 휴교일, 입학식, 졸업식, 주요 공휴일, 대규모 스포츠 행사 등은 범죄 발생률에 영향을 줄 수 있습니다. 대표적인 사례로는 대학수학능력시험(수능) 전후의 상황을 들 수 있습니다. 수능 당일과 그 이후에는 청소년들의 일탈행위와 범죄 발생 가능성이 높아지는 경향이 있어, 경찰과 교육 당국에서는 청소년 선도 및 보호 활동을 강화하고 있습니다. 특히 수능 직후 해방감을 느낀 일부 청소년들 사이에서 음주, 도박, 마약, 폭력 등 다양한 문제 행동이 발생할 가능성이 높아지는 만큼, 관련 기관의 사전적 대응이 중요한 시기라 할 수 있습니다. 또한 특정 요일에 범죄 발생률이 높아지는 현상도 시간 기반의 범죄 패턴으로 해석되며, 이는 범죄 예방과 치안 정책 수립에 있어 중요한 기초자료가 됩니다.

공식통계 및 선행연구 자료를 종합하면, 범죄는 유형에 따라 시간적·사회적 요인과 밀접한 관련을 보입니다. 성범죄는 시간적 여유가 많고 야외 활동이 활발한 금요일과 주말에 상대적으로 더 많이 발생하는 경향이 있습니다. 이는 늦은 밤까지 이어지는 사회활동과 유흥, 이동 증가 등이 주요 원인으로 작용하기 때문입니다. 반면, 빈집을 노린 절도 범죄는 주말보다 주중에 더 많이 발생합니다.

표 12-2 요일별 범죄발생빈도 경향

요일	특징적인 범죄 발생 경향	주요 해석 요인
월요일	폭력·우울 관련 범죄 증가	직장/학교 복귀 스트레스, 사회적 긴장 회복기
화~수요일	비교적 낮은 전체 범죄율	일상 루틴 정착기, 에너지 보존
목요일	청소년 비행·음주 폭력 증가	주말 전 '전야 효과', 계획적 탈선
금~토요일	성범죄·폭력·음주사고 집중	음주 증가, 야외활동 확대, 유흥문화
일요일	가정 내 폭력·우울 자해 증가	휴식기 내면 갈등, 음주 잔재, 가족 갈등

출처: 경찰청 범죄통계연보(2023); Chang & Wong(2014); Felson(2002)

주말에는 대부분 가정에 사람이 상주해 범행이 어렵지만, 주중에는 직장이나 학교로 인한 부재로 범죄 기회가 증가합니다.

가정폭력은 가족 구성원이 함께 머무는 시간이 길어지는 휴일이나 명절 연휴에 빈도가 높아집니다. 일상에서 회피 가능했던 갈등이 장시간 대면 속에서 표출되기 쉽기 때문입니다. 폭행 범죄는 음주와 밀접하게 연관되며, 유동인구가 많은 시간대, 특히 밤 시간대와 주말 심야에 집중됩니다. 이는 술집, 클럽, 유흥가 등에서 발생하는 마찰과 충돌이 주된 배경이 됩니다.

이처럼 범죄유형별로 시간적 특성과 사회적 행동 패턴에 따라 다른 발생 양상을 보이므로, 범죄 예방 및 치안 전략 수립에는 시간 기반 분석이 필수적입니다. 다만, 경찰청의 요일별 범죄 발생 건수 분석에 따르면 전체 범죄는 금요일이 가장 많고, 강력범죄는 토요일, 절도범죄는 금요일, 폭력범죄는 금요일, 지능범죄는 월요일에 다소 집중되는 경향이 보고되었으나, 요일별 차이는 통계적으로 유의미하지 않은 것으로 조사되었습니다.

(3) 계절효과

계절효과(Seasonal Effects)는 봄, 여름, 가을, 겨울과 같은 계절이나 특정 분기, 월 등 일정한 시기에 행동·현상·경제지표·사회문제가 반복적으로 나타나는 통계적 경향을 의미합니다. 경제학에서의 대표적인 사례는 '1월 효과(January Effect)'로, 새해 첫 달에 주가가 비정상적으로 상승하는 현상입니다. 이는 단순한 시기적 반복이 아니라, 사회적 심리, 행동 패턴, 제도적 요인 등 계절성(seasonality)에 기초한 현상으로 해석됩니다.

범죄학에서도 이러한 개념을 적용하여, 범죄 발생률이 계절에 따라 유의하게 변동한다는 점을 실증 연구를 통해 확인하고 있습니다. 이는 기온, 일조시간, 야외활동 증가, 사회·문화행사 등 계절적 요인이 범죄의 기회와 동기를 변화시키는 데 중요한 역할을 한다는 것을 보여줍니다.

최근 16,634건의 온도와 범죄 관련 개별 연구를 종합 분석한 메타분석(meta-anal-

표 12-3 계절별 범죄발생 빈도 경향

계절	특징적인 범죄 증가	주요 요인
봄 (3~5월)	강간, 성희롱, 가정폭력 증가	야외 활동 증가, 기분 고양, 심리적 흥분
여름 (6~8월)	폭력, 절도, 청소년 비행 증가	높은 기온, 방학, 외출 증가, 낮 시간대 연장
가을 (9~11월)	음주운전, 계획범죄 증가	사회활동 활성화, 피로 누적
겨울 (12~2월)	가정 내 폭력, 우울·자살, 난방기 관련 범죄 증가	추위, 실내 체류 증가, 스트레스 상승, 우울감 심화

출처: 경찰청 범죄통계연보(2023); Rotton & Cohn(2003)

ysis) 결과에 따르면, 단기적인 기온 상승은 폭력범죄 증가와 뚜렷한 상관관계를 보이는 반면, 재산범죄와의 연관성은 상대적으로 약한 것으로 나타났습니다. 이는 19세기 범죄학자 아돌프 케틀레(Adolphe Quetelet)가 주장한 '행위의 온도법칙(Thermic Law of Delinquency)'과도 일치하는데, 그는 더운 기후와 계절에는 대인 범죄가, 시원한 기후와 계절에는 재산범죄가 상대적으로 많아진다고 설명했습니다.

이러한 현상은 크게 세 가지 이론으로 설명할 수 있습니다. 첫째, 기온-공격성 가설(Temperature-Aggression Hypothesis)은 기온이 높아질수록 신체적 불쾌감과 심리적 흥분이 증가해 공격성과 폭력 범죄가 늘어난다고 봅니다. 실제로 일부 연구에서는 섭씨 27도를 넘는 시점부터 폭력범죄 발생률이 급격히 높아진다는 실증 결과를 제시한 바 있습니다. 둘째, 사회활동 노출 이론(Social Exposure Theory)은 여름철에 야외활동과 사회적 접촉이 많아지면서 범죄 기회가 증가한다고 설명합니다. 이는 절도, 성범죄, 청소년 비행 등 다양한 범죄 유형에서 나타납니다. 셋째, 계절성 정동장애 이론(Seasonal Affective Disorder Theory)은 겨울철 낮 시간의 단축과 햇빛 부족이 우울감과 무기력감을 심화시켜 자해, 자살, 가정폭력과 같은 내향적 범죄를 증가시킬 수 있다고 봅니다.

종합적으로 볼 때, 기후결정론(Climate Determinism)이 주장하는 것처럼 기후가 직접적으로 범죄 행동을 결정한다고 보기는 어렵습니다. 오히려 기온이나 날씨 변화가 인간의 감정과 심리에 부정적인 영향을 미치고, 이러한 심리적 변화가 범죄로 이어질 가능성을 높이는 간접적 영향으로 이해하는 것이 타당합니다.

또한, 일부 연구에서는 경제력 수준에 따라 날씨가 범죄에 미치는 영향이 다르게 나타난다고 보고합니다. 즉, 경제적 여유가 있는 집단은 날씨 변화에 따른 스트레스나 활동 패턴 변화의 영향을 상대적으로 적게 받지만, 경제적으로 취약한 집단은 날씨로 인한 부정적 영향을 더 크게 받으며 범죄 발생 가능성도 높아질 수 있다는 것입니다.

(4) 소결

우범시간과 관련된 캘린더 효과, 요일 효과, 시간대별 범죄 빈도 차이는 범죄가 단순히 공간적 요인뿐 아니라 시간적 패턴에도 강하게 영향을 받는다는 점을 보여줍니다. 범죄유형별로 발생 시기와 시간대에는 뚜렷한 경향성이 존재하며, 이는 사회활동 패턴, 기후, 문화적·경제적 요인 등과 맞물려 형성됩니다. 이러한 시간 기반 분석은 경찰의 순찰 배치, 범죄 예방 캠페인, 지역사회 안전망 구축 등 맞춤형 치안 전략 수립에 중요한 근거를 제공합니다.

예방적 측면에서, 범죄가 집중되는 시간대와 시기를 사전에 파악하면, 고위험 시간대에 대한 집중 순찰과 예방적 경찰 활동을 강화할 수 있습니다. 또한, 범죄 취약 시간에 맞춘 조명·CCTV 확충, 시민 대상 안전 교육, 청소년 야간 활동 지도 프로그램 등 맞춤형 치안 전략 수립에 중요한 근거를 제공합니다. 결국, 범죄 예방은 '어디서'만이 아니라 '언제' 발생하는지를 함께 고려해야 효과를 극대화할 수 있습니다.

CHAPTER

13 범죄자는 태어나는가?

1. 유전과 양육의 논쟁

(1) 개관

범죄의 원인을 둘러싼 논의에서 가장 오래되고도 여전히 치열하게 이어지는 주제 중 하나는 "유전인가, 환경인가?"(Nature vs. Nurture)입니다. 이 논의는 아이들의 외모나 성격, 지능 등이 부모를 닮는다는 전제에서 출발하여, 인간의 행동을 결정짓는 데 있어 타고난 생물학적·유전적 요인과 후천적으로 형성되는 사회·문화·심리적 환경 요인 중 어느 쪽이 더 큰 영향을 미치는지를 묻는 근본적인 질문을 던집니다.

이 문제는 범죄학뿐만 아니라 심리학, 발달심리학, 교육학, 사회학, 인류학, 의학 등 다양한 학문 분야에서 폭넓게 다뤄져 왔습니다. 생물학적 관점에서는 유전자, 뇌 구조, 호르몬 분비, 신경전달물질 불균형 등이 공격성과 충동 조절에 영향을 준다고 설명합니다. 반면, 환경적 관점에서는 가족 구조, 교육 수준, 빈곤, 사회적 불평등, 또래 관계, 미디어 노출과 같은 사회·문화적 요인이 개인의 행동 형성과 범죄 성향에 중요한 역할을 한다고 봅니다. 이처럼 유전과 환경의 영향력에 대한 논쟁은 단순한 학문적 흥미를 넘어, 범죄 예방과 사회 정책의 방향에도 깊은 함의를 지니고 있습니다.

(2) 선행연구 검토

① 범죄자 가계연구

"그 집안은 원래 그래." 이 말은 누군가 문제를 일으켰을 때 주변에서 흔히 내놓는 평가입니다. 특히 범죄자의 가족이나 자손이 다시 범죄를 저질렀을 경우, 사람들은 이를 '가문의 문제'로 단순화하곤 합니다. 실제로 과거 많은 연구자는 범죄가 특정 가계에서 반복적으로 나타나는 현상에 주목했고, 이러한 관심은 범죄자 가계연구(Criminal Lineage Studies)라는 형태로 발전했습니다.

범죄자 가계연구는 범죄의 원인을 생물학적·유전적 요인에서 찾으려는 시도의 일환으로, 19세기 후반 미국과 유럽에서 활발히 진행되었습니다. 대표적인 사례로, 더그데일(Richard Dugdale)이 1877년에 발표한 주크 가계 연구가 있습니다. 그는 한 교도소에서 6명의 가족 수감자를 발견하고, 75년에 걸쳐 그 가족과 친족 709명의 생애를 조사했습니다. 그 결과, 걸인 280명, 절도범 60명, 살인범 7명, 잡범 140명 등 상당수가 빈곤, 매춘, 범죄, 정신질환 등 사회적 일탈을 경험했다는 사실을 제시하며 "범죄는 가계 안에서 반복된다"고 주장했습니다.

또 다른 대표 연구는 고다드(Henry Goddard)의 칼리카크 가계 연구입니다. 그는 전쟁 영웅 마틴 칼리카크(Martin Kallikak)가 지적장애 여인과의 일시적 관계에서 낳은 자손들과, 사회적으로 존경받는 여성과의 정식 결혼에서 낳은 자손들을 비교했습니다. 전자의 480명 후손들은 비행, 알코올 중독, 빈곤, 성매매, 범죄 성향을 보인 반면, 후자의 자손들은 도덕적이고 지적인 시민으로 성장했다고 결론지으며, "열등한 유전자는 사회적 타락을 초래한다"고 주장했습니다.

이러한 연구들은 당시 전 세계를 휩쓴 우생학(eugenics) 열풍과 결합하여, 범죄 성향이 유전된다는 주장을 뒷받침하는 근거로 오랫동안 인용되었습니다. 그러나 이후 과학적 타당성과 윤리적 정당성 모두에서 많은 비판을 받게 되었고, 오늘날에는 그 결과를 그대로 수용하기보다 당시의 사회적 맥락과 한계를 함께 고려해야 한다는 시각이 우세합니다.

초기 범죄자 가계연구는 오늘날의 시각에서 볼 때 여러 한계를 지니고 있어 많은 비판을 받아왔습니다. 첫째, 비과학적 방법론과 자료 편향의 문제가 있었습니다. 당시 연구자들은 과학적 엄밀성을 갖춘 조사·분석 방법을 사용하지 않았고, 주로 관찰, 면담, 지역사회 소문, 경찰기록 등에 의존하여 가계도를 작성했습니다. '범죄 성향'이라는 개념 역시 명확한 객관적 기준 없이 연구자의 주관적 판단에 따라 규정되었습니다. 예를 들어, 더그데일의 주크 가계연구는 한 명의 수감자를 우연히 추적한 것에서 출발했으며, 친족 관계의 신뢰성조차 검증되지 않았습니다. 고다드의 칼리카크 가계연구 또한 '열등한' 자손과 '우수한' 자손을 비교하며 지능과 도덕성을 유전으로 연결지었지만, 실제 유전 정보나 정량적 데이터 없이 가정에 가까운 내용을 제시한 한계가 있었습니다.

둘째, 사회구조적 요인의 무시가 문제였습니다. 연구 대상이 된 가계들은 대부분 극심한 빈곤 상태에 놓여 있었고, 교육 기회를 박탈당했으며, 범죄율이 높은 밀집 지역에 거주했습니다. 이러한 환경적 요인은 범죄 발생에 강력하게 작용할 수 있음에도, 초기 연구자들은 이를 거의 고려하지 않고 모든 원인을 유전적 요인으로 환원시켰습니다. 이는 오늘날 범죄 원인 분석에서 중시하는 사회적 결정 요인의 관점과 정면으로 배치되며, 결과적으로 사회 구조의 책임을 개인과 그 혈통에 전가하는 오류를 범하였습니다. 이러한 비판이 제기되면서, 범죄학 연구는 점차 쌍생아연구로 전환되었습니다.

② 쌍생아 연구

쌍생아 연구(Twin Studies)는 동일한 유전자를 가진 일란성 쌍생아(MZ)와 절반의 유전자를 공유하는 이란성 쌍생아(DZ)를 비교함으로써, 유전과 환경이 범죄 성향에 미치는 상대적 영향을 보다 체계적으로 구분하기 위해 설계된 연구 방법입니다.

이러한 접근은 "쌍둥이는 외모나 성격이 닮는다. 그렇다면 범죄 성향까지 닮을까?"라는 단순한 호기심에서 출발했지만, 범죄학과 행동유전학에서는 매우 중요한 과학적 탐구의 출발점이 되었습니다. 특히 범죄율을 비롯한 반사회적 행동, 공격성, 충동성 등의 행동 특성을 비교함으로써, 범죄의 유전적 기여도(heritability)를 측정하는 핵심 도구로 오랫동안 활용되었습니다.

연구의 기본 전제는 다음과 같습니다. 일란성 쌍둥이는 유전적으로 100% 동일한 반면, 이란성 쌍둥이는 일반 형제자매와 마찬가지로 평균 50%의 유전자를 공유합니다. 따라서 유전적 요인의 영향이 크다면, 일란성 쌍둥이의 범죄행위 일치율(concordance rate)이 이란성 쌍둥이보다 더 높게 나타날 것이라는 가설이 성립합니다.

이 방법론은 단순히 유전적 결정론을 주장하기 위한 것이 아니라, 성장환경, 사회적 경험, 교육, 또래 관계와 같은 환경 요인이 유전적 소질과 어떻게 상호작용하여 범죄로 이어질 수 있는지를 분석하는 데 목적이 있습니다. 결과적으로 쌍생아 연구는 "범죄는 유전인가, 환경인가?"라는 오래된 논쟁을 보다 과학적이고 실증적인 데이터로 검증하는 데 중요한 역할을 하였습니다.

예를 들어, 20세기 초 독일의 의사이자 정신병리학자인 랑게(Johannes Lange)는 쌍생아 연구를 통해 범죄 성향에 유전적 요소가 존재하는지를 본격적으로 탐색한 선구자였습니다. 1930년에 발표된 그의 연구는 범죄와 유전의 관계를 실증적으로 분석하려는 최초의 체계적 시도 중 하나로, 범죄학과 행동유전학의 역사에서 중요한 의의가 있습니다. 그의 연구는 범죄 전과 기록을 기초로, 한 쌍둥이가 범죄를 저질렀을 경우 다른 쌍둥이 역시 범죄 전과가 있는지를 조사하는 방식으로 진행되었습니다. 연구 대상은 성인 남성 쌍둥이로, 일란성 13쌍과 이란성 17쌍이 포함되었습니다. 그 결과, 범죄 성향의 일치율은 일란성 쌍둥이의 경우 10쌍(약 79.6%), 이란성 쌍둥이의 경우 2쌍(약 11.8%)으로 조사되었습니다.

이 결과를 토대로 랑게는 유전자가 동일할수록 범죄 성향이 일치할 가능성이 높다고 주장하였으며, 범죄성향의 생물학적 기초가 존재할 수 있음을 강하게 시사했습니다. 그의 결론은 당시 "범죄는 숙명처럼 유전된다"는 생물학적 결정론을 강화하는 근거로 활용되었고, 이후 여러 후속 쌍생아 연구와 입양아 연구가 활발히 전개되는 계기가 되었습니다.

랑게의 쌍생아 연구는 범죄 성향의 유전 가능성을 탐구한 초기 시도로 학문적 의의가 있으나, 표본 규모가 매우 작아 일반화하기 어렵고, 쌍둥이의 성장환경을 충분히 구분·통제하지 못했다는 한계가 있습니다. 또한 범죄 여부를 전과 기록에만 의존해 자료의 신뢰성이 떨어지고, 높은 일치율을 근거로 범죄가 유전된다고 단정한 것은 사회·환경적 요인을 간과한 결정론적 해석이라는 비판을 받습니다. 더불어 이러한 결과가 우생학적 주장에 악용될 위험성도 제기되었습니다.

③ 입양아 연구

허칭스(Barry Hutchings)와 메드닉(Sarnoff Mednick)이 1970년대에 실시한 덴마크 입양연구는 범죄 성향의 형성에 있어 유전과 환경의 상대적 영향을 동시에 검증하기 위해 설계된 대표적 사례입니다. 연구의 목적은 두 가지로 구분됩니다. 첫째, 유전적 요인의 영향을 확인하기 위해 입양된 아동의 범죄 경향이 양부모보다 생물학적 부모, 특히 생부의 범죄 경향과 더 유사한지를 분석하였습니다. 둘째, 환경적 요인의 영향을 검증하기 위해 입양된 아동의 행동이 생부모보다 양부모의 행동과 더 유사한지를 비교하였습니다. 이를 통해 범죄 성향이 타고나는지, 혹은 양육 환경 속에서 형성되는지를 구분하려 한 것입니다.

연구는 덴마크의 체계적인 주민등록, 사법기록, 입양기록을 바탕으로 1927년부터 1941년 사이 코펜하겐에 입양된 1,145명을 대상으로 이루어졌으며, 이 가운데 범죄기록이 확인된 185명을 분석하였습니다. 연구 설계에서는 생부가 범죄자이고 양부모는 범죄 이력이 없는 집단(유전적 영향), 생부는 범죄 이력이 없지만 양부모가 범죄자인 집단(환경적 영향), 그리고 생부와 양부모 모두 범죄자인 집단(유전·환경 상호작용)으로 나누어 범죄율을 비교하였습니다.

분석 결과, 생부가 범죄자인 경우 입양아의 범죄율이 높게 나타났으며, 양부모만 범죄자인 경우에도 범죄율은 증가했으나 유전적 영향보다는 낮았습니다. 특히, 생부와 양부모 모두 범죄자인 경우 범죄율이 가장 높게 나타났습니다.

이 연구는 범죄 성향에 일정한 유전적 소인이 존재함을 확인하는 동시에, 환경이 이러한 소인을 강화하거나 약화시킬 수 있다는 사실을 밝혀냈습니다. 이를 통해 범죄 예방과 조기 개입에서는 유전적 위험뿐 아니라 환경적 요인을 함께 고려하는 것이 필요하다는 중요한 시사점을 제시하였습니다.

④ 범죄형 얼굴과 체형

이탈리아 범죄학자 롬브로소(Cesare Lombroso)는 범죄자를 '생래적 범죄자'로 규정하며, 큰 체형, 돌출된 광대뼈, 발달한 턱, 날카로운 눈빛, 매부리코 등 특정 신체적 특징이 범죄 성향과 연결된다고 주장했습니다. 그는 이러한 특징이 '격세 유전'의 결과로 나타나며, 범죄자는 정상인보다 덜 진화한 인간이라고 보았습니다. 그러나 이러한 생물학적 결정론적 관점은 오늘날 많은 비판을 받습니다. 우선, 사람들이 주목하고 우려하는 범죄가 강도, 강간, 살인 등 전통적 강력범죄이기 때문에, 이를 저지르는 사람은 남들보다 강한 체격과 체력을 가졌을 것이라는 사회적 편견이 개입되어 있습니다. 이는 곧 '범죄형 얼굴'이나 '범죄형 체형'이라는 스테레오타입을 낳게 됩니다.

체형과 범죄의 관계를 연구한 쉘던(William Sheldon) 등의 연구에서도, 체형과 범죄 사이에 결정적 인과관계는 입증되지 않았습니다. 인간의 체형은 식습관, 생활방식, 직업, 질병, 환경 등 다양한 요인에 의해 형성되므로, 단순히 체형과 범죄를 직접적으로 연결하는 것은 과학적 근거가 부족합니다.

결국, 외모나 체형만으로 범죄 성향을 단정 짓는 것은 과학적 근거가 부족한 일반화이며, 이는 개인에게 부당한 사회적 낙인을 찍고 차별을 심화시키는 결과를 초래할 수 있습니다. 실제로 범죄학 연구에서는 범죄 발생이 단순히 유전적·신체적 특징에 의해 결정되지 않고, 가정환경, 교육 수준, 경제적 여건, 또래관계, 정신건강 상태, 사회적 스트레스 요인 등 복합적인 사회·심리·환경적 요인이 상호작용한 결과임을 강조하고 있습니다.

(3) 소결

유전과 환경의 상호작용론은 범죄를 더욱 입체적으로 이해하는 열린 시각을 제공합니다. 범죄는 특정한 '범죄 유전자'가 존재해서 발생하는 것이 아니라, 범죄적 소질(유전적 요인, Nature)을 가진 사람이 범죄를 촉진하는 환경(사회·문화·경제적 요인, Nurture)에 노출될 때 발현될 가능성이 높아집니다. 다시 말해, 범죄의 유전성은 고정된 운명이 아니라, 그 사람이 어떠한 성장환경과 사회적 경험 속에 놓이는가에 따라 크게 달라집니다.

따라서 범죄 원인을 유전이나 양육 중 어느 한쪽으로 단정하는 것은 매우 위험합니다. 중요한 것은 두 요인의 상호작용을 정확히 이해하고, 위험 요인을 조기에 발견하며, 환경적 개입을 통해 긍정적인 방향으로 경로를 바꿔줄 수 있는 사회적 시스템을 구축하는 일입니다. 오늘날 범죄학은 범죄자를 '타고난 악인'이 아니라 복합적 배경을 가진 존재로 보고, 사회·심리·환경적 요인을 함께 분석하여 원인을 찾고자 합니다.

결국, 범죄 예방을 위해서는 외모나 체형과 같은 피상적인 기준에 의존하기보다 개인의 생활 여건, 성장 과정, 사회적 지원망, 심리·정서 상태 등을 종합적으로 고려해야 합니다. 외모 중심의 편견은 범죄와 무관한 사람에게도 부당한 의심과 낙인을 씌워 사회적 불신과 갈등을 확대할 수 있으므로 지양해야 합니다.

CHAPTER

14 살인은 계획적이고 타인에 의해 발생하는가?

1. 개관

살인은 인간 사회에서 가장 심각하고 파괴적인 범죄로, 단순히 한 사람의 생명을 빼앗는 것을 넘어 공동체의 법과 윤리, 그리고 사회적 신뢰의 기반을 무너뜨립니다. 살인 사건이 발생하면 사회 전체가 충격에 휩싸이고, 우리는 반복해서 같은 질문을 던지게 됩니다. "인간은 왜 살인을 저지르는가?" 이 극단적인 범죄는 단순한 순간적 분노나 도덕적 결핍만으로 설명하기 어렵습니다. 살인은 개인의 심리적 상태, 사회·경제적 환경, 문화적 가치관, 그리고 상황적 요인 등이 복합적으로 작용한 결과로 발생합니다.

(1) 정의

살인을 의미하는 영어 표현에는 'Homicide'와 'Murder'가 있습니다. Homicide는 가장 넓은 의미로, 한 인간이 다른 인간의 생명을 빼앗는 모든 행위를 포함합니다. 여기에는 고의적인 살해뿐만 아니라 중대한 과실로 인한 사망까지도 포함되며, 의도성 여부와 관계없이 타인의 사망을 초래한 경우를 포괄하는 개념입니다. 반면, Murder는 homicide 중에서도 고의(intent)와 계획(premeditation)이 명확히 인정되는 경우를 가리킵니다. 즉, 계획적이거나 의도적인 살인이며, 법적으로 가장 중대한 범죄로 분류됩니다. 따라서 모든 murder는 homicide이지만, 모든 homicide가 murder인 것은 아닙니다. 예를 들어, 정당방위 중 불가피하게 발생한 사망이나 전쟁 상황에서의 합법적 전투행위는 homicide에는 해당하지만

murder에는 해당하지 않습니다.

대한민국 형법 제250조에서는 살인을 "사람을 살해한 자는 사형, 무기 또는 5년 이상의 징역에 처한다"고 규정하며, 여기에서 '살해'는 의도적인 생명 침해를 전제로 합니다. 따라서 형법상 살인은 murder의 범주와 유사하게 고의성이 핵심 요소가 됩니다. 국제적으로도 유엔마약범죄사무소(UNODC)는 살인을 "타인을 의도적으로 사망에 이르게 한 불법적 행위"로 정의합니다. 이러한 정의는 국가 간 법률 차이가 존재함에도 불구하고, 살인을 생명권 침해이자 공동체의 근본적 신뢰 파괴 행위로 간주한다는 점에서 공통적입니다.

결국, homicide는 개념상 "사람이 사람을 죽이는 행위"라는 가장 넓은 틀을 의미하고, murder는 그중에서도 불법적이고 고의적인 살인을 가리킵니다. 이러한 구분은 법률적 판단뿐 아니라 범죄학적 분석에서도 중요한 출발점이 됩니다.

(2) 유형

우리 형법은 살인의 대상과 상황에 따라 여러 유형으로 구분하고 있습니다. 먼저, 일반살인죄(형법 제250조 제1항)는 사람을 고의로 살해한 경우를 말하며, 사형, 무기 또는 5년 이상의 징역형에 처해집니다. 다음으로, 존속살해죄(형법 제250조 제2항)는 자기 또는 배우자의 직계존속을 살해한 경우로, 일반살인보다 더 무겁게 처벌하여 사형, 무기 또는 7년 이상의 징역형을 규정하고 있습니다.

또한, 영아살해죄(형법 제251조)는 산모가 출산 직후의 상태에서 자신의 영아를 살해한 경우를 대상으로 하며, 이는 산모의 특수한 심리·생리 상태를 고려하여 법정형을 다소 낮게 규정하고 있습니다. 이외에도, 강도살인죄(형법 제338조)는 강도 범행 중 또는 그 직후 살인을 저지른 경우로, 사회적 위험성과 반사회성이 극히 크기 때문에 사형이나 무기징역형을 부과하도록 하고 있습니다.

피해자의 숫자에 따라 희생자가 1인인 일반살인과 2인 이상의 희생자가 발생하는 다수살인(Multiple Murder)으로 구분되고, 다수살인은 심리적 냉각기(cooling-off period)의 유무에 따라 연쇄살인(Serial Murder)과 연속살인(Spree Murder)로 구분됩니다. 즉, 연쇄살인은 일정한 냉각기를 두고, 다른 시·공간에서 반복적으로 살인을 저지르는 유형입니다. 주로 개인적 충동, 성적 욕구, 권력 추구, 심리적 만족 등이 동기로 작용하며, 피해자는 대개 범행 전에 특정됩니다. 반면, 연속살인은 짧은 기간(수일 이내)에 여러 장소를 이동하며 살인을 저지르는 유형입니다. 냉각기가 거의 없으며, 분노 표출이나 복수심, 무차별 공격이 동기가 될 수 있습니다.

끝으로, 미국 연방수사국(FBI)의 정의에 따르면, 대량살인(Mass Murder)은 한 번의 사건에서 단일한 장소 또는 인접한 장소에서 네 명 이상을 살해하는 범죄를 의미합니다. 이러한 범행은 주로 학교, 직장, 종교 시설, 쇼핑몰, 공연장 등 다수가 모인 장소에서 발생하며, 수 분에서 수 시간 이내에 범행이 완결되는 특징을 가집니다. 대표적인 사례로는 2007년 미국 버지니아공대 총기 난사 사건이 있습니다.

2. 살인범죄 발생실태

(1) 살인범죄 발생추이

대검찰청 「범죄분석(2024)」에 따르면, 2023년 살인범죄 발생 건수는 총 801건으로, 인구 10만 명당 1.6건이 발생하였습니다. 이는 2022년에 비해 8.8%(0.2건) 증가한 수치이며, 지난 10년간(2013~2023년) 비교하면 14.6%(0.2건) 감소한 결과입니다. 연도별 추이를 보면, 2014년 이후 대체로 감소세를 보이다가 2022년부터 다시 증가하는 양상을 나타냈습니다.

살인범죄에는 실제로 피해자가 사망한 사건뿐 아니라 미수, 예비, 음모, 방조 등도 포함됩니다. 이를 기수범과 미수 등으로 구분해 보면, 2023년 전체 801건 중 살인 기수범죄는 292건(36.5%)이며, 나머지 509건(63.5%)은 살인미수 등입니다.

살인 기수범죄의 발생비(인구 10만 명당 발생건수)는 최근 10년간 증감을 반복하다가 2023년에는 전년도와 유사한 수준을 유지하였습니다. 반면, 살인미수 등의

그림 14-1 살인범죄의 발생비 추이(2014년~2023년)

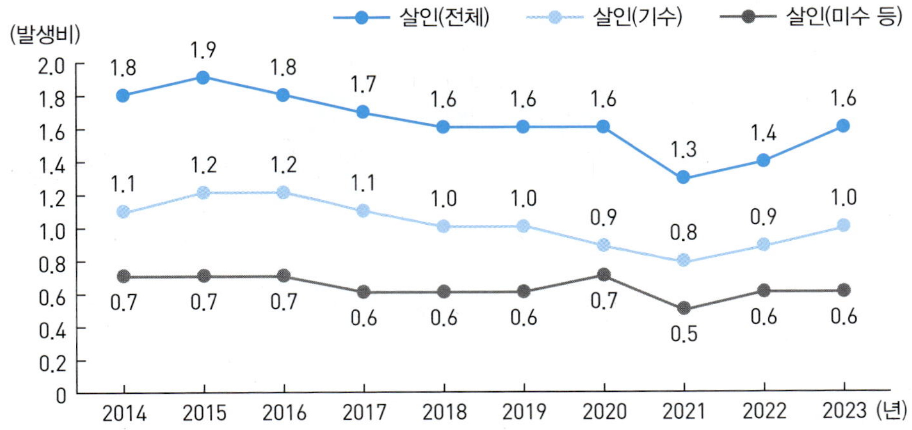

출처: 2024 범죄분석(개정판) 대검찰청

범죄는 2014~2016년 증가세를 보인 후 2017~2021년 감소하다가, 2022년부터 다시 증가하는 추세를 보이고 있습니다. 특히, 지난 10년 동안 살인미수 등 범죄의 발생비는 기수범죄보다 꾸준히 높게 나타났습니다.

(2) 살인범죄 발생 양태

범죄분석(2024)에 따르면, 2023년 한 해 동안 총 801건의 살인범죄가 발생하였습니다. 이 중 일반 살인범죄가 675건으로 전체의 84.3%를 차지하였고, 존속살해 60건(7.5%), 살인교사·방조 55건(6.9%), 아동학대치사 5건(0.6%), 영아살해 5건(0.6%), 촉탁·승낙살인 1건(0.1%)이 뒤를 이었습니다.

피해자의 성별을 보면 남성이 57.4%, 여성이 42.6%였으며, 연령별로는 41세 이상이 전체의 64.3%를 차지해 가장 높은 비율을 보였습니다. 남성 피해자의 경우 61세 이상이 116건으로 최다였고, 다음이 51~60세 순이었습니다. 여성 피해자도 61세 이상이 94건으로 가장 많았으며, 그다음이 51~60세 순이었습니다. 15세 이하 아동 피해자는 남아가 34건, 여아가 28건으로 건수는 남아가 더 많았

그림 14-2 살인범죄 범죄자와 피해자의 관계

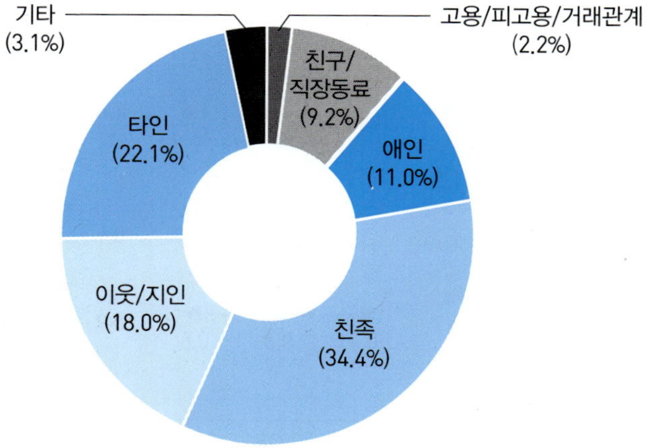

출처: 2024 범죄분석(개정판) 대검찰청

으나, 비율로는 여아가 8.6%로 남아보다 0.9%p 높았습니다.

범죄자와 피해자의 관계를 살펴보면, 전체의 22.1%가 타인이었으며, 나머지 중에서는 친족관계가 34.4%로 가장 많았습니다. 이어 이웃·지인 18.0%, 애인 11.0%, 친구·직장동료 9.2% 순으로 나타나, 가해자가 피해자와 사적 관계를 맺고 있는 경우가 다수를 차지하였습니다.

3. 살인범죄의 특성

(1) 피해자와의 관계

대중은 살인을 흔히 무차별적이고 예측 불가능한 범죄로 인식하지만, 실제 통계는 다른 모습을 보여줍니다. 대검찰청 자료에 따르면, 한국에서 발생하는 살인사건의 약 60%는 친족, 연인, 친구, 직장동료 등 서로 알고 지내는 사람들 사이에서 벌어집니다. 다시 말해, '낯선 이'보다 '가까운 이'가 더 위험할 수 있는 셈입니다.

이러한 가까운 관계 내 갈등은 겉으로 드러나기 어렵고, 장기간 쌓인 감정적 불만이 한순간에 폭발해 우발적 폭력으로 이어질 가능성이 큽니다. 범죄학에서는 이러한 유형의 살인을 주로 표출적 범죄(Expressive Crimes)라고 부르는데, 이는 금전적·물질적 이득을 위한 도구(계획)적 범죄(Instrumental Crimes)와 달리 분노, 질투, 모욕감 같은 정서적 요인이 핵심 동기가 됩니다.

특히, 물리적 거리는 가깝지만 심리적·감정적 거리가 먼 관계에서 살인이 더 쉽게 발생합니다. 살인의 동기는 의외로 사소한 다툼이나 일상적 갈등에서 비롯되는 경우가 많으며, 이러한 사소한 계기가 치명적 결과로 이어질 수 있다는 점에서 관계 갈등관리의 중요성이 강조됩니다.

(2) 우발성과 계획성의 양면성

살인은 일반적으로 계획적 살인과 우발적 살인으로 구분됩니다. 계획적 살인은 사전 준비와 명확한 의도를 바탕으로 이루어지며, 그만큼 사회적 위험성이 높아 법적으로도 중형이 선고됩니다. 반면, 우발적 살인은 말다툼, 모욕, 격분 상태와 같이 순간적인 정서 조절 실패로 인해 돌발적으로 발생하는 경우가 많습니다. 그러나 실제 사건에서는 이 두 유형이 명확히 구분되지 않는 경우도 적지 않습니다. 분노나 원한이 장기간 누적되다가 어느 순간 폭발해 '충동적 계획'으로 이어지는 사례가 대표적입니다. 이처럼 계획성과 우발성의 경계가 모호해질 경우, 범행 당시의 심리 상태와 준비 정도는 법적 판단에서 중요한 고려 요소가 됩니다.

살인은 다른 강력범죄와 달리 가해자와 피해자가 서로 알고 있는 관계에서 발생하는 경우가 많으며, 특히 음주와 깊은 상관관계를 보입니다. 범행 동기가 치정, 원한, 금전 문제 등인 경우 피해자는 가해자와 특별한 관계를 맺고 있는 경우가 대부분이며, 이러한 피해자는 상황상 대체가 불가능한 '바뀔 수 없는 피해자(Unexchangeable Victim)'로 불립니다. 반면, 강도살인이나 무차별 범행의 경우처럼 가해자와 피해자가 전혀 모르는 관계일 수도 있지만, 전체적으로는 아는 사이에서 발생하는 비율이 더 높습니다.

(3) 사회적 메시지 표출

일부 살인 사건은 단순한 개인 간 갈등이나 감정 폭발에 그치지 않고, 사회적·정치적 의미를 내포하는 경우가 있습니다. 예를 들어, 혐오 범죄는 인종, 성별, 성적 지향, 종교, 국적 등 특정 집단에 대한 편견과 차별에서 비롯되며, 피해자는 범행의 '대상'이라기보다 그 집단 전체를 상징하는 존재로 선택됩니다. 또한, 종교·이념적 살인이나 정치적 목적의 표적 살인은 특정 사상이나 정책에 대한 저항 또는 지지를 드러내는 수단으로 활용되기도 합니다. 이와 같이 사회 구조 속 갈등과 긴장을 반영하는 살인은 단순한 범죄를 넘어 사회적 파장을 일으키며, 대중의 분노와 공포를 동시에 자극합니다.

특히, 이상동기범죄 중 일부는 개인의 억울함이나 불만을 '사회 전체'로 확장해 해석하고, 이를 불특정 다수를 대상으로 폭력적으로 표출하는 특징을 보입니다. 2023년 신림역 흉기 난동 사건과 서현역 차량·흉기 난동 사건이 대표적 사례입니다. 범인은 사회에 대한 분노와 소외감을 무차별 공격으로 드러내며, 자신이 겪은 좌절과 피해의식을 '사회적 메시지' 형태로 왜곡 전달하려 했습니다. 이러한 범죄는 가해자의 개인적 요인과 함께, 사회적 불평등, 고립, 불신 등 구조적 요인이 결합된 결과로 볼 수 있습니다.

(4) 살인범의 특성 및 살인범죄의 진행과정

살인범은 전반적으로 사회·경제적 지위가 낮은 경우가 많으며, 이로 인해 장기간 경제적 궁핍을 겪다가 사회와 인간에 대한 불만을 표출하는 과정에서 살인을 저지르는 경향을 보입니다. 일반인과 비교하면 자아존중감과 자기통제력이 낮고, 분노·충동성·공격성 수준이 상대적으로 높게 나타나는 것도 특징입니다.

남성 살인자의 경우에는 격정, 싸움, 말다툼 등에서 비롯된 기회적·우발적 범행이 많아 가해자와 피해자가 면식 관계인 경우가 빈번합니다. 반면, 여성 살인자는 우발성보다는 일정 수준의 계획성을 동반하는 경우가 상대적으로 많으며, 주로 가족 간 불화, 원한, 분노와 같이 가까운 관계에서 발생하는 갈등이 동기가

그림 14-3 살인범죄의 진행과정

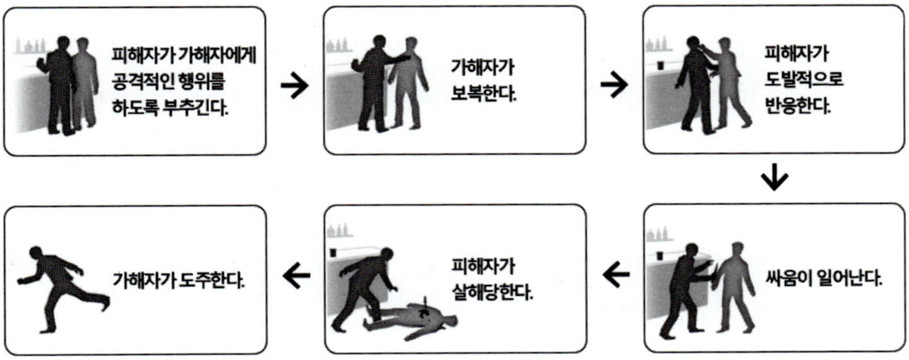

되는 경우가 많습니다.

일반적으로 살인범죄의 전형적인 진행 과정은 다음과 같이 설명할 수 있습니다. 먼저, 피해자가 의도적이든 비의도적이든 가해자의 감정을 자극하거나 공격적인 행동을 유발하는 도발 행위를 합니다. 이에 가해자는 분노나 보복심리로 대응하며, 피해자가 다시 도발적으로 반응함으로써 양측 간의 갈등이 급격히 고조됩니다. 이후 말싸움이나 신체적 충돌로 이어지는 물리적 대치 상황이 발생하고, 그 과정에서 가해자가 치명적인 폭력을 행사하여 피해자가 사망하게 됩니다. 마지막으로, 가해자는 사건 현장에서 도주하거나 증거를 인멸하려는 행동을 보이는 경우가 많습니다.

(5) 살인과 관련된 신화

살인과 관련하여 대중이 널리 믿고 있으나, 실제 학술 연구나 범죄통계와는 상당히 다른 왜곡된 통념들이 존재합니다. 이러한 '살인의 신화(myth)'는 범죄에 대한 사회적 인식과 대응 방식에 영향을 미치지만, 실제 데이터와 비교하면 사실과 거리가 있는 경우가 많습니다.

① "살인자는 대부분 정신병자다."

정신질환을 앓는 사람들이 모두 폭력적이거나 살인을 저지르는 것은 아닙니다. 실제로 대부분의 정신질환자는 비폭력적이며, 오히려 범죄의 피해자가 되는 경우가 많습니다. 일부 살인범이 사고, 감정, 지각, 행동 전반에 영향을 미치는 만성 정신질환인 조현병(Schizophrenia)이나, 비정상적으로 고양된 기분 상태(조증)와 심한 우울 상태가 번갈아 나타나는 기분장애인 조울증(양극성 장애, Bipolar Disorder) 등의 진단을 받은 사례가 있으나, 이러한 질환이 범행의 직접적 원인이 되는 경우는 극히 제한적입니다.

② "살인은 대부분 낯선 사람을 대상으로 한다."

통계적으로 살인사건의 다수는 낯선 사람보다 오히려 가까운 관계에서 발생합니다. 전체 사건의 60~70% 이상이 가족, 연인, 친구, 직장동료 등 지인 간에 벌어진 범죄로 집계되며, 그 배경에는 가정폭력, 연인 간 불화, 부모와 자녀 간 갈등과 같이 일상 속에서 누적된 관계 문제가 자리하고 있습니다. 이러한 갈등이 장기간 해소되지 못한 채 쌓이면서, 극단적인 폭력으로 비화하는 경우가 적지 않습니다.

③ "피해자는 항상 연약하고 수동적인 존재다."

일반적으로 살인사건에서는 '피해자는 약하고, 가해자는 강하다'는 인식이 널리 퍼져 있습니다. 그러나 이는 절대적인 사실이 아닙니다. 신체적으로 열세에 있는 피해자가 더 강한 상대를 제압하기 위해 살해라는 극단적 수단을 선택하는 경우도 존재합니다. 대표적인 사례가 가정폭력 피해자입니다. 오랜 기간 지속된 폭력과 학대 속에서 벗어날 방법이 없다고 느낀 배우자나 자녀가 결국 가해자를 살해하는 경우가 이에 해당합니다. 이러한 유형은 피해자 유발 살인(Victim-Precipitated Homicide)이라 불리며, 연구 결과에 따르면 살인사건의 약 4분의 1은 피해자의 도발이나 공격이 범행의 직접적인 촉발 요인으로 작용한 것으로 보고되고 있습니다.

4. 살인범죄의 예방대책

살인사건이 발생할 때마다 언론과 여론은 강력한 처벌을 요구하지만, 사형 집행이나 종신형 강화와 같은 감정적 대응은 실질적 효과가 제한적입니다. 범죄학자 베카리아(Cesare Beccaria)는 이미 18세기에 "범죄 예방의 핵심은 처벌의 강도가 아니라, 처벌의 신속성과 확실성"이라고 강조하였습니다. 살인을 막기 위해서는 사건 발생 이전에 개입하는 예방 시스템이 더 중요하며, 이는 단순한 응징보다 훨씬 더 성숙한 사회적 접근입니다.

많은 살인범은 충동 조절 실패나 분노의 누적 끝에 범행에 이르게 됩니다. 가정폭력, 데이트 폭력, 직장 내 갈등처럼 일상에서 발생하는 갈등이 해소되지 않으면 극단적 폭력으로 발전할 수 있습니다. 따라서 학교와 지역사회에서 분노 조절 및 갈등관리 교육을 강화하고, 심리적 위기나 고립을 겪는 사람에게 상담과 치료 서비스를 쉽게 제공하는 것이 필요합니다. 특히 위험 신호를 보이는 청소년이나 가정폭력 피해자에 대한 조기 개입은 살인범죄 예방의 핵심이 될 수 있습니다.

최근 발생하는 이상동기범죄나 혐오 범죄성 살인의 많은 경우가 사회적 고립과 단절, 누적된 절망감에서 비롯됩니다. 사회로부터 단절된 개인이 극단적 폭력으로 세상에 '복수'하는 것입니다. 이를 막기 위해서는 고립된 1인 가구, 실직자, 저소득층을 위한 복지·주거·심리 지원체계를 확충하고, 지역사회 기반의 커뮤니티 센터나 위기 대응 프로그램을 강화하며, 정신건강 고위험군에 관한 지속적인 사례 관리와 치료 연결이 필요합니다.

살인을 예방하는 일은 경찰과 법원만의 책임이 아니라, 학교, 지역사회, 정부가 함께해야 하는 공동의 과제입니다. 학교는 정서 교육을 통해 건강한 분노 표현 방법을 가르쳐야 하며, 지역사회는 갈등 조정 장치를 마련하고, 정부는 법과 제도, 복지 정책을 정비해 누구도 절망 끝에 내몰리지 않도록 해야 합니다. 끝으로, 살인범죄는 한 사람의 생명을 빼앗지만, 그를 죽음으로 몰아넣은 사회는 그대로 남습니다. 우리는 사건의 잔혹성에만 분노할 것이 아니라, 그런 일이 일어나지 않도록 사회가 어떻게 작동해야 하는지를 성찰해야 합니다. 살인을 막는 사회란, 가장 약한 사람을 놓치지 않는 사회입니다.

5. 소결

살인은 반드시 계획적이며 타인에 의해만 발생하는 범죄가 아닙니다. 통계에 따르면 대다수의 살인사건은 가족, 연인, 친구, 직장동료 등 서로 알고 지내던 관계에서 발생합니다. 이러한 범행은 가정폭력, 연인 간 갈등, 금전 문제, 원한 관계 등 일상적인 갈등이 장기간 누적된 끝에 폭력으로 비화하는 경우가 많습니다. 또한, 살인은 범행 전 치밀한 준비와 의도를 갖춘 계획적 범죄보다, 말다툼이나 순간적인 분노 폭발과 같이 즉흥적으로 이루어지는 우발적 범죄가 더 흔합니다. 특히 음주 상태에서 분노 조절에 실패해 발생하는 사례가 많으며, 피해자가 가해자의 낯선 사람이 아닌 면식 관계일 가능성이 높습니다. 즉, 살인은 계획된 범죄라기보다 지인 간에 우발적으로 발생하는 경우가 훨씬 더 많다는 점이 여러 통계와 사례를 통해 확인됩니다.

CHAPTER

15 연쇄살인범은 모두 사이코패스일까?

1. 문제제기

"연쇄살인범은 모두 사이코패스일까?"라는 질문은 대중이 흔히 품는 궁금증이자 오해 중 하나입니다. 영화와 드라마, 범죄 다큐멘터리에서 등장하는 연쇄살인범은 대부분 감정이 결여되고 잔혹하며, 희생자에 대한 공감 능력이 전혀 없는 전형적인 사이코패스(psychopath)로 묘사됩니다. 예컨대, 「양들의 침묵」의 한니발 렉터나 「살인의 추억」의 범인상은 이러한 이미지를 극대화한 사례입니다.

이러한 묘사는 대중에게 강한 인상을 남기며, "연쇄살인범 = 사이코패스"라는 단순한 등식을 굳히는 데 큰 영향을 미쳤습니다. 그러나 이러한 인식이 과연 사실에 부합하는지는 별개의 문제입니다. 실제 범죄학과 범죄심리학에서는 연쇄살인범의 성격적·심리적 특성이 다양하게 나타난다는 점을 지적해 왔습니다. 따라서 이 장에서는 이러한 고정관념의 타당성을 검토하기 위해, 국내외 선행연구와 실증적 사례를 바탕으로 연쇄살인범과 사이코패스의 관계를 살펴보고자 합니다.

2. 연쇄살인

(1) 개념

전술한 바와 같이, 연쇄살인(serial murder)은 다수살인의 하위 개념으로, 대량살인이나 연속살인과는 구분되는 개념입니다. 일반적으로 세 명 이상의 피해자를 대상으로 일정 기간에 걸쳐 반복적으로 살인을 저지르는 범죄를 말하며, 각 범행

사이에는 심리적 냉각기가 존재합니다. 이러한 과정에서 범인은 다음 범행을 치밀하게 계획하며, 목표 선정, 범행 방법 개선, 심리적 만족 보완 등을 준비합니다.

미국 연방수사국(FBI)은 연쇄살인을 "두 건 이상의 살인을 특정한 심리적 동기와 반복적 성향을 가지고 저지르는 범죄"로 정의하며, 주요 동기로 성적 충동, 권력과 지배욕, 분노 표출, 왜곡된 상상 충족 등을 제시합니다.

연쇄살인이 우리 사회에서 특히 위험하게 인식되는 이유는, 단일 사건의 살인과 달리 그 범행이 지속적이고 반복되며, 사회 전반에 장기적인 공포와 불안을 조성하기 때문입니다. 일반 살인과 비교할 때, 연쇄살인의 가장 큰 차이는 바로 이러한 동기와 목적에서 나타나며, 범인은 심리적 냉각기 동안 다음 범행을 위해 철저히 준비한다는 점에서 더욱 치명적인 위협이 됩니다.

(2) 연쇄살인범의 특성

연쇄살인범은 흔히 비정상적이고 기괴한 인물로 인식되지만, 실제로는 겉으로 평범하고 사회적 역할을 잘 수행하는 경우가 많습니다. 테드 번디(Ted Bundy)나 데니스 레이더(Dennis Rader)처럼 외형상 온화하고 사회화된 모습을 유지했던 사례가 대표적입니다. 그러나 그들의 유년기는 대체로 고통과 결핍으로 점철되어 있었으며, 정서적·신체적 학대, 부모의 무관심이나 냉담함, 지속적인 사회적 박탈과 애정 결핍, 가족 내 정신질환자나 알코올 중독자, 범죄자의 존재, 아버지 부재 또는 학대적인 부친, 어머니와의 정서적 유대 결핍 등이 반복적으로 나타납니다. 이러한 환경은 어린 시절부터 인간관계에 대한 불신과 분노를 심어주고, 공감능력을 약화시키며 공격성을 높여, 심리학적으로는 '애착 형성 실패'와 '자아통합의 좌절'로 설명됩니다.

연쇄살인범 중 상당수는 성기능 장애나 성적 환상을 왜곡된 형태로 가지고 있으며, 이는 단순한 성적 흥분이 아니라 권력감, 통제욕, 복수심과 결합되어 나타납니다. 많은 경우, 과거 성적 실패로 자존감이 붕괴된 경험이 있으며, 이를 폭력적인 방식으로 회복하려는 심리적 경향을 보입니다. 이때 폭력과 성이 결합된 범죄 패턴은 쾌락 추구라기보다 우월성과 존재감에 대한 집착의 발현일 때가 많습니다.

사회적으로는 매력적이고 사교적인 인물로 보이기도 하며, 경찰, 군인 등 권위와 힘을 상징하는 분야에 관심을 보이는 경우가 많습니다. 그러나 내면에서는 깊은 분열감과 통제 욕구, 분노를 품고 있으며, 현실적 무능과 주변의 기대 사이에서 좌절을 반복하다가 '세계를 지배하고 싶은' 욕망을 폭력적으로 실현하려는 경향을 드러냅니다.

대부분의 연쇄살인범은 지능이 평균 이상이고 학습 능력도 뛰어나지만, 직업적·학업적 성취는 낮은 경우가 많습니다. 이와 같은 '능력과 성취의 불일치'는 자기비하와 함께 현실에 대한 공격적 복수심으로 이어질 수 있습니다.

연쇄살인은 갑작스럽게 발생하지 않으며, 대부분 장기간의 환상과 상상 속에서 구체화됩니다. 범행 전에는 피해자에 대한 반복적인 상상과 시뮬레이션이 이루어지고, 그 속의 피해자는 복수의 대상이자 통제와 지배의 상징으로 설정됩니다. 범인은 이러한 '이상적 피해자상'을 현실에서 구현하려는 강박적 충동에 사로잡히며, 이러한 상상은 범행의 반복성과 강도를 높이는 핵심 요인으로 작용합니다.

(3) 연쇄살인범의 심리 기제 및 행동 패턴

연쇄살인범의 심리 기제는 일반적으로 다섯 단계로 구분할 수 있습니다. 먼저 심리적 저하 상태(The fall)에서는 자존감의 붕괴, 무력감, 사회적 고립 등 심리적 취약성이 심화되며, 이는 분노와 불만의 내적 축적으로 이어집니다.

이후 부정적 내적 반응 단계(Negative Inward Response)에서는 자신과 타인, 사회에 대한 왜곡된 인식이 강화되고, 복수심이나 권력욕 같은 극단적 정서가 형성됩니다. 다음으로 부정적 외적 반응 단계(Negative Outward Response)에서는 이러한 내적 감정이 행동으로 표출되어, 사소한 갈등이나 자극에도 공격적인 반응을 보이기 시작합니다.

그림 15-1 연쇄살인범의 심리 기제

회복 단계(Restoration)에서는 범행 후 심리적 안정과 만족감을 일시적으로 느끼며, 현실생활로 돌아가 평범한 모습을 유지하려 하지만, 내면에서는 다시 불안과 불만이 축적됩니다. 마지막으로 왜곡된 사고 단계(Distorted Thinking)에서는 반복된 범행 경험을 통해 폭력과 살인을 정당화하는 사고 체계가 굳어지고, 새로운 피해 대상을 물색하며 범행을 준비하게 됩니다.

이러한 단계들은 반드시 순차적으로만 진행되는 것은 아니며, 일부는 동시에 나타나거나 단계별 기간과 강도가 개인마다 다를 수 있습니다. 따라서 이 구분은 모든 연쇄살인범에게 보편적으로 적용되는 절대적 틀이 아니라, 심리 분석을 위한 참고적 모델로 이해하는 것이 바람직합니다.

연쇄살인범의 살인 과정은 일반적으로 다섯 단계로 구분되며, 각 단계에서 범인은 고유한 심리적·행동적 특성을 보입니다. 먼저 환상(Fantasy) 단계에서는 살인에 대한 강렬한 상상과 공상을 반복하며, 범행을 통해 충족하고자 하는 욕구와 장면을 머릿속에서 구체적으로 구성합니다. 이 시기는 아직 실제 행위로 옮기지 않지만, 심리적으로는 이미 살인의 청사진이 완성되는 단계입니다.

다음 스토킹(Stalk) 단계에서는 목표 대상을 물색하고, 피해자의 생활패턴과 취약점을 파악하기 위해 추적과 관찰을 지속합니다. 이 과정에서 범인은 자신이 설정한 '이상적 피해자상'에 부합하는 대상을 선별합니다.

유인(Abduction) 단계에서는 피해자를 범행이 가능하고 통제하기 쉬운 장소나 상황으로 유인하거나 강제로 데려가며, 계획성과 치밀함이 두드러집니다. 이후 살해(Kill) 단계에서는 실제 살인이 실행되고, 범인은 이 순간 가장 강한 심리적 만족과 통제감을 경험합니다. 살해 방식은 범인의 성격, 동기, 준비 수준에 따라 다양하게 나타납니다.

마지막으로 사체 처리(Disposal) 단계에서는 사체를 유기하거나 은폐하며, 증거를 없애고 자신의 흔적을 최소화하려 합니다. 이 과정에서의 행동은 범행 은폐 의도, 범인의 경험, 성격적 특성에 따라 달라집니다.

(4) 국내 사례로 살펴본 연쇄살인범 특성

국내에 잘 알려진 연쇄살인범인 유영철과 정남규의 사례를 보면, 연쇄살인범의 특성 가운데 몇 가지 공통점이 뚜렷하게 나타납니다. 이들은 대체로 어린 시절 불우한 가정환경에서 성장하였으며, 성장 과정에서의 애정 결핍으로 인해 성인이 된 이후에도 대인관계에서 어려움을 겪고, 사회나 직장에서 부적응을 보였습니다. 특히, 왜곡된 성적 환상을 지니고 있으며, 사회 환경 변화에 능동적으로 대처하지 못해 점점 자신만의 세계에 고립되어 살아가게 됩니다.

이러한 고립은 타인의 고통과 슬픔에 공감하는 능력을 크게 떨어뜨리고, 충동성이 강해 자기 행동을 제어하지 못하는 경향으로 이어집니다. 약간의 자극에도 쉽게 분노하여 감정을 폭발시키며, 행동 통제력이 매우 낮습니다. 또한, 이들 대부분은 반사회적 인격장애를 가지고 있으며, 사이코패스적 성향이 두드러집니다. 그 결과 범행에 대한 죄책감이 거의 없고, 자신의 행동을 정당화하거나 피해자에 대한 감정적 거리감을 유지한 채 잔혹한 행위를 반복하는 특징을 보입니다.

3. 반사회적 인격장애: 사이코패스

(1) 정의

사이코패스(Psychopath)라는 개념은 1920년대 독일의 정신분석학자 슈나이더(Kurt Schneider)에 의해 처음 학문적으로 소개되었으며, 한국에서는 2004년 연쇄살인범 유영철 사건 이후 언론보도를 통해 대중적으로 알려지기 시작했습니다. 사이코패스는 타인의 감정과 고통에 공감하지 못하고, 죄책감 없이 반복적으로 거짓말·조작·폭력·기만을 일삼는 반사회적 성향을 가진 인물을 뜻합니다. 겉으로는 매력적인 외모와 언변을 갖추어 사회적으로 잘 적응하는 것처럼 보이지만, 내면에는 공감능력의 결여와 냉혹한 자기중심성이 자리 잡고 있습니다.

사이코패스와 유사 개념으로 소시오패스(Sociopath)가 있으며, 미국정신의학회(APA)의 DSM-5 진단기준에서는 '사이코패스'라는 용어 대신 반사회적 인격장애(Antisocial Personality Disorder, ASPD)를 공식 진단명으로 사용합니다. DSM-5에 따르면 ASPD 진단을 위해서는 진단 시점에서 18세 이상이어야 하고, 15세 이전부터 행동장애(Conduct Disorder)의 증상이 존재해야 하며 다음과 같은 요건이 최소한 4개 이상 충족되어야 합니다.

- 법과 사회적 규범을 지속적으로 무시하고 위반할 것
- 거짓말·속임수·부정직한 행위를 반복하며 이를 통해 이익이나 쾌감을 얻을 것
- 충동성이 높고 장기적 계획성이 부족해 같은 실수를 반복할 것
- 분노를 쉽게 표출하며, 신체적 폭력이나 위협을 사용할 것
- 다른 사람의 안전과 권리를 무시하고, 자신의 이익을 최우선시할 것
- 직업적·사회적 책임을 지속적으로 회피할 것
- 잘못된 행동에 대해 죄책감이나 참회를 거의 보이지 않을 것

결국, 사이코패스는 단순히 '악한 사람'을 지칭하는 것이 아니라, 공감 능력의 구조적 결여와 도덕적 책임감의 부재라는 인격적 특성을 지닌 사람으로 이해해

표 15-1 ASPD, 사이코패스, 소시오패스 비교표

구분	반사회적 인격장애 (ASPD)	사이코패스 (정신병질자, Psychopath)	소시오패스 (Sociopath)
개념 정의	DSM-5에 규정된 정신질환으로, 타인의 권리를 지속적으로 침해하는 행동 양상	정서적·도덕적 결함과 냉혹한 성향이 특징인 병리적 인격 특성	반사회적 행동과 충동적 성향을 지닌 사회적 규범 위반자
정의 출처	DSM-5 공식 진단 범주	임상심리학 및 범죄심리에서 사용되는 행동적 유형	비공식 진단, 사회·환경적 요인 중심의 행동 유형
진단 기준	DSM-5 기준 명확 (15세부터 행동장애+18세 이상)	정식 진단 아님, Hare의 PCL-R 등으로 평가	정식 진단 아님, 환경적 설명 강조
감정 및 공감	제한적 공감 / 죄책감 결여	감정이 거의 없음, 공감 제로, 감정의 흉내 가능	일부 공감 가능하나 충동적이고 감정조절 미숙
행동 특성	충동성, 무책임, 법 위반 반복	계산적, 조작적, 매력적 외양과 사회적 위장	충동적, 공격적, 타인에 대한 분노가 노출됨
대인 관계	타인과의 관계에서 지속적 문제	조작적 관계 유지 능력 뛰어남	관계 유지에 어려움, 자주 갈등을 일으킴
사회적 위장	일부는 정상적인 사회생활 가능	사회적 성공/직장 유지 가능, 이중생활가능	사회부적응적, 일관된 직업 유지 어려움
발병 요인	유전 + 환경 상호작용	주로 유전적·신경생물학적 원인강조	환경적 요인(가정, 지역, 학대 등) 중심
범죄 경향	공격성·범죄 재범률 높음	계획적, 비인간적 범죄, 고위험 성범죄/살인 연관성 높음	충동적 폭력범죄 연관 많음 (예: 분노 살인)

야 합니다.

(2) 사이코패스의 특성

① 정서적 특성

사이코패스는 타인에게 연민을 느끼지 못할 정도로 냉담하며, 감정의 폭이 매우 얕아 공감 능력이 현저히 부족합니다. 죄의식이나 후회와 같은 도덕적 감정이 결여되어 있으며, 때로는 마치 깊은 정서 상태에 있는 것처럼 가장하는 능력이 뛰어납니다. 이들은 적절한 정서를 효과적으로 흉내 낼 수 있지만, 진실한 충성심이나 따뜻함, 열정은 거의 찾아보기 어렵습니다. 오히려 정직한 사람처럼 보이게 만드는 교활한 능력을 지니고 있으며, 자신의 범죄성을 인정하면서도 타인에게 심각한 해를 가한 행위에서 일종의 희열을 느끼는 경향을 보입니다.

또한, 타인의 입장에서 상황을 이해하고 느끼는 '관점 취하기(perspective-taking)' 능력이 결여되어 있어, 흉악한 범죄를 저지른 뒤에도 피해자를 비난하거나 자신의 행동을 합리화함으로써 양심의 가책이나 죄책감을 전혀 느끼지 못합니다. 이러한 특성은 사이코패스가 범죄행위 이후에도 재범 가능성이 높고, 교정이나 회복이 어려운 이유 중 하나로 지적됩니다.

② 행위적 특성

사이코패스는 생활양식에서 비현실적인 목표를 세우고, 이를 달성하기 위해 타인을 교묘하게 조종하는 기생적 태도를 보입니다. 일상적인 업무나 단조로운 활동에서는 쉽게 권태감을 느끼며, 보다 자극적이고 짜릿함을 주는 범죄행위에 쉽게 빠져듭니다. 이러한 경향은 사회적 일탈로 이어져, 행동의 옳고 그름이나 결과의 타당성을 숙고하지 않은 채 충동적으로 범죄를 저지르게 합니다. 특히, 타인으로부터 모욕이나 경멸을 당하면 감정을 제어하지 못하고 즉각적으로 분노를 표출하며 공격적인 태도를 취하는 경우가 많습니다.

참을성이 부족하고, 성격이 급하며, 다혈질적이고 욕구불만이 심한 특성을 보입니다. 또한, 사회적으로 용인되지 않는 극도의 스릴과 자극을 지속적으로 갈망하여 퇴폐적이고 방탕한 생활을 추구하는 경향이 강합니다. 이러한 충동성은 사이코패스의 중심적이면서도 핵심적인 행동적 특성으로, 재범 위험성을 높이는 주요 요인으로 작용합니다.

(3) 사이코패스 발생원인

① 선천적·유전적 원인

사이코패스의 생물학적 기제를 살펴보면, 두 가지 핵심 요인이 자주 언급됩니다.

첫째, 전두엽 기능 저하입니다. 전두엽, 특히 배외측 전전두엽(dorsolateral PFC)과 복내측 전전두엽(ventromedial PFC)은 도덕적 판단, 충동 억제, 공감 조절, 그리고 행동의 결과를 예측하는 핵심 뇌 영역입니다. 사이코패스 성향을 보이는 사람들은 이 부위의 신경 활동이 저하되거나 구조적으로 손상된 경우가 많습니다. 대표적인 신경범죄학자인 레인(Adrian Raine)의 연구 결과, 살인 전과가 있는 사이코패스형 범죄자들의 전전두엽 회백질 밀도가 일반인보다 낮고 기능적 활동 수준 또한 현저히 떨어지는 것으로 나타났습니다. 이러한 기능 저하는 사회적 결과를 예측하거나 자기 행동을 통제하는 능력을 약화시키며, 그 결과 타인의 고통이나 사회규범을 고려하지 않는 반사회적 행동을 반복하는 경향으로 이어집니다.

둘째, MAOA 유전자입니다. MAOA(Monoamine Oxidase A)는 세로토닌(serotonin)과 같은 신경전달물질을 분해하는 효소를 생성하는 유전자로, 흔히 '공격성 조절 유전자'라고도 불립니다. 이 유전자가 정상적으로 작동하지 않으면 감정 조절과 충동 억제 기능이 약화되어, 공격성 및 반사회적 행동이 증가할 수 있습니다. 실제로 네덜란드의 한 가족 사례에서 MAOA 유전자에 결함이 있는 남성들이 충동적 폭력, 방화, 강간 등 심각한 반사회적 범행을 저지른 사실이 보고된 바 있습니다. 또한, MAOA 저활성 유전형을 가진 아동이 아동기 학대를 경험한 경우, 성인이 되었을 때 폭력 범죄를 저지를 확률이 그렇지 않은 경우보다 9배 이상 높다는 연구 결과도 있습니다. 즉, 사이코패스 성향은 특정 뇌 기능 저하나 유전자 요인만으로 결정되는 것이 아니라, 환경적 스트레스와의 상호작용 속에서 발현될 가능성이 크다고 볼 수 있습니다.

아래 그림은 정상인의 뇌(좌측)와 연쇄살인범 부스타만테(Antonio Bustamante)의 뇌(우측)를 비교한 뇌 스캔 이미지입니다. 이 자료는 실제 법정에서 증거로 제시되었으며, 배심원들은 해당 이미지를 확인한 뒤 부스타만테에게 사형이 아닌 종신형을 선고하였습니다.

좌측의 정상 뇌에서는 전두엽과 편도체 등 충동 억제, 판단, 공감과 관련된 영역에서 붉은색으로 표시된 높은 뇌 활동이 뚜렷하게 나타납니다. 반면, 우측의

그림 15-2 연쇄살인범 부스타만테(Antonio Bustamante)의 뇌사진

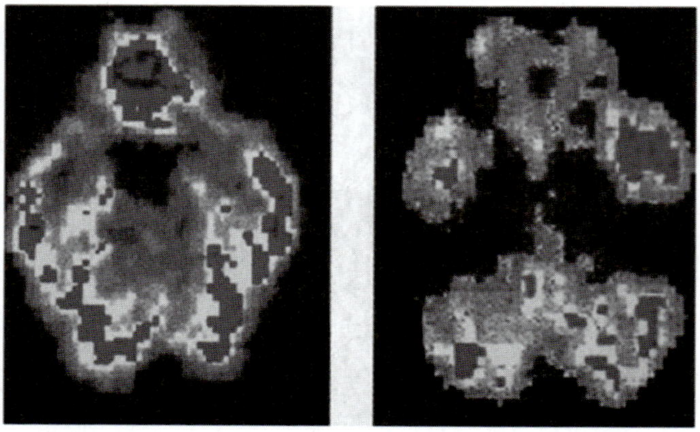

출처: The Guardian(May 12, 2013)

부스타만테 뇌에서는 붉은색과 노란색 영역이 현저히 줄어들었고, 일부 부위는 결손된 듯 보입니다. 특히 전두엽과 측두엽의 활동이 크게 저하되어 있었으며, 이는 충동 억제 능력 저하, 공감 부족, 도덕적 판단 결여와 밀접하게 연관됩니다.

② 후천적·환경적 원인

선행연구에 따르면, 많은 사이코패스들은 아동기 시절에 정서적·신체적·성적 학대, 방임, 그리고 안정적인 애착 형성 실패를 경험한 것으로 나타납니다. 불안정한 가정환경은 이러한 형성 과정에 큰 영향을 미칩니다. 부모의 이혼과 반복된 재혼, 가정 내 폭력, 알코올 및 약물 중독, 정신질환을 가진 가족 구성원, 아버지의 부재, 어머니의 정서적 냉담 등은 아이에게 일관된 규칙, 경계, 애정, 책임감의 모델을 제공하지 못합니다. 그 결과, 아이는 타인의 권리를 존중하는 방법을 배우지 못한 채 성장하게 됩니다.

사회적 박탈과 빈곤 역시 중요한 위험 요인입니다. 빈곤, 차별, 지역사회 내 범죄 노출 등은 자아 존중감을 저하시켜 좌절감과 사회적 소외를 강화합니다. 또한, 사이코패스 성향을 가진 사람들의 아동기에는 동물학대, 방화, 상습적 거짓

말 등 반사회적 행동의 전조가 자주 나타납니다. 더불어, 폭력을 미화하거나 성취만을 중시하는 문화, 개인주의적 가치관과 같은 사회·문화적 환경도 사이코패스적 행동 경향의 발현에 기여할 수 있습니다. 즉, 유전적·신경학적 소인뿐만 아니라, 어린 시절의 학대와 방임, 사회적 박탈, 왜곡된 문화적 가치관이 상호작용하며 사이코패스적 성향을 형성하는 토대를 마련한다고 볼 수 있습니다.

③ 유전×환경 상호작용론

사이코패스는 단일 원인으로 발생하는 것이 아니라, 생물학적 요인과 환경적 요인이 복합적으로 작용한 결과로 나타난다는 주장이 있습니다. 즉, 유전적 요인이나 타고난 기질이 선행적으로 뇌 기능의 생물학적 기반과 기본 인격 형성에 영향을 미치고, 이후 성장 과정에서 겪는 환경과 경험이 이러한 소인에 더해져 사이코패스 성향이 발현될 수도, 또는 발현되지 않을 수도 있다는 것입니다.

이러한 관점은 사이코패스를 단순히 '타고난 악인'으로 규정하는 것이 아니라, 유전적·신경학적 토대 위에 사회적 경험과 환경적 요인이 어떻게 작용하느냐에 따라 그 결과가 달라질 수 있음을 강조합니다.

(4) 사이코패스 진단: PCL-R

사이코패스 진단 도구인 PCL-R(Psychopathy Checklist-Revised)는 캐나다 범죄심리학자 로버트 헤어(Robert Hare)가 개발한 표준화된 평가 척도로, 현재 범죄심리학, 법심리학, 임상심리학에서 사이코패스 여부를 판단하는 핵심 도구로 널리 활용되고 있습니다.

이 척도는 총 20개 항목으로 구성되며, 각 항목은 0점(해당 없음), 1점(부분 해당), 2점(완전 해당)으로 평가됩니다. 총점은 0점에서 40점까지 가능하며, 일반적으로 30점 이상이면 사이코패스로 분류됩니다(일부 국가나 연구에서는 25~30점을 기준으로 삼기도 함).

PCL-R 평가는 단순한 설문이 아니라, 훈련된 전문가가 피평가자와의 심층 면담, 범죄기록 검토, 주변 진술, 행동 관찰 등 다양한 자료를 종합하여 이루어집

표 15-2 사이코패스 진단표(PCL-R) 문항

번호	항목	설명
1	표면적 매력 (Glibness/Superficial charm)	외향적이고 말이 유창하며 매력적으로 보이지만 피상적임
2	과대자아 (Grandiose sense of self-worth)	자신감 과잉, 오만하며 자신을 과대평가
3	자극 추구(Need for stimulation/ Proneness to boredom)	쉽게 지루해하며 자극적인 상황을 선호, 위험 추구 성향
4	병적인 거짓말 (Pathological lying)	상습적, 조작적인 거짓말, 죄의식 없이 사실 왜곡
5	교활함/조작성 (Conning/Manipulative)	타인을 이용하고 조작하는 능력이 뛰어남
6	죄책감 또는 후회 결여 (Lack of remorse or guilt)	타인에게 피해를 주고도 죄책감을 느끼지 않음
7	피상적 정서 (Shallow affect)	감정 표현이 얕고 피상적이며 공감 능력이 부족
8	냉담/공감 결여 (Callous/lack of empathy)	타인의 고통, 감정에 무관심하며 공감하지 않음
9	기생적 생활양식 (Parasitic lifestyle)	타인에게 의존하며 노력 없이 이득을 취하려 함
10	행동 조절 부족 (Poor behavioral controls)	충동 조절이 안 되어 폭력, 언어적 공격이 나타남
11	성적 방종 (Promiscuous sexual behavior)	무분별한 성적 행동, 관계를 가볍게 취급
12	어린 시절 행동 문제 (Early behavior problems)	12세 이전에 만성적 행동 문제(폭력, 절도, 거짓말)
13	현실적이고 장기적인 목표 결여 (Lack of realistic, long-term goals)	계획성이 없고 현실적이지 못하며 목표가 자주 변동
14	충동성(Impulsivity)	계획보다는 즉흥적으로 행동하여 문제를 일으킴
15	무책임성(Irresponsibility)	약속 불이행, 직장이나 관계에서 책임지지 않음
16	자신의 행동에 대한 책임 회피 (Failure to accept responsibility for own actions)	문제 원인을 외부로 돌리고 책임 회피
17	다수의 혼인/동거 관계 (Many short-term marital relationships)	여러 번의 짧은 결혼/동거 관계, 안정된 관계 유지 실패
18	청소년 비행 (Juvenile delinquency)	15세 이전의 범죄 이력, 폭력 및 법 위반 행위
19	조건부 석방 취소 (Revocation of conditional release)	가석방, 보호관찰 중 위반하여 조건부 석방이 취소됨
20	범죄 다양성(Criminal versatility)	다양한 유형의 범죄에 연루된 경험이 있음

니다. 따라서, 이 도구는 법정에서 가석방 여부나 위험성 평가, 형량 결정, 재범 가능성 예측 등에도 중요한 참고 자료로 활용됩니다.

4. 사이코패스와 범죄

연구와 통계에 따르면, 흉악범죄자의 약 75~80%는 반사회적 인격장애(ASPD)와 유사한 행동 특징을 보이며, 전체 범죄자 중 반사회적 인격장애가 차지하는 비율은 50~80%로 추정됩니다. 미국 교정시설의 경우, 수감자의 30~50%가 반사회적 인격장애로 분류되며, 일부 시설에서는 그 비율이 50%를 넘는 경우도 드물지 않습니다. 또한, 헤어의 연구결과에 따르면, 사이코패스는 일반 인구의 약 1%를 차지하며, 그중 성도착자는 약 10%, 전체 범죄자의 15~20%, 상습적인 배우자 폭력범의 20%, 강간범의 35%가 해당합니다.

국내 사례를 보면, 정두영(부유층 9명 살해), 유영철(부유층 노인·여성 20명 살해), 정남규(13명 살해, 20명 중상) 등 다수의 강력범죄자가 존재하지만, 미국이나 영국식 진단 기준에 부합하는 '살인 자체에 쾌감과 희열을 느끼는 전형적 사이코패스'는 드물었다는 실무 전문가의 의견도 있습니다. 반면, 강호순과 같은 일부 범죄자는 '이상동기범죄자'가 아니라 전형적인 쾌락 추구형 살인범이라는 분석이 나오는 등, 진단 도구의 유용성을 강조하는 시각도 존재합니다.

참고로, PCL-R 검사 점수를 보면 최근 여성을 무자비하게 돌려차기한 남성 피의자가 27점, 연쇄살인범 강호순 27점, 또래 여성을 살해한 정유정 28점, 아동 성폭행범 조두순 29점, 계곡 살인 사건의 이은해 31점, 그리고 연쇄살인범 유영철은 38점으로 보고되었습니다.

5. 화이트칼라 사이코패스

미국에서는 전체 인구 중 사이코패스에 해당하는 비율이 약 1% 미만으로 추정되지만, 성공한 기업인 집단에서는 그 비율이 약 4%까지 높아진다고 보고됩니다. 이는 교도소 수형자 다음으로 높은 수준이며, 호주 본드대학교의 조사 결과에 따르면 미국의 최고경영자(CEO) 1,000여 명 중 약 21%가 임상적으로 강력한 사이코패스적 특성을 보인 것으로 나타났습니다.

사이코패스 중 일부는 반사회적 인격장애자로서 폭력적이고 공격적인 범죄를 저지르지만, 사회적으로 성공하고 제도권 내에서 영향력을 발휘하는 '친사회적 사이코패스(pro-social psychopath)'도 존재합니다. 이들은 법을 어기지 않거나 직접적인 폭력을 행사하지 않으면서도, 강한 조종 능력·위험 감수·냉정한 판단력 등을 바탕으로 권력과 이익을 극대화합니다.

이른바 '화이트칼라 사이코패스(White-Collar Psychopaths)'가 두드러지게 분포하는 직업군은 CEO, 변호사, 방송인, 판매원, 외과의사 등이 대표적입니다. 이들의 특징으로는 상사에게는 아부하고 부하 직원을 착취하며, 동료 사이를 이간질하는 행위가 잦습니다. 또한 상습적인 거짓말, 책임회피, 회계 조작, 자금 횡령, 기밀 유출 등의 행태를 보이기도 합니다.

6. 소결

"연쇄살인범은 모두 사이코패스인가?"라는 질문에 대한 답은 "그렇지 않다"입니다. 물론 연쇄살인범 중 상당수가 사이코패스적 특성을 보이는 것은 사실입니다. 그들은 공감능력이 결여되어 있고, 죄책감 없이 타인을 해치며, 반복적으로 거짓과 조작을 일삼는 경향이 있습니다. 그러나 모든 연쇄살인범이 사이코패스 진단기준에 부합하는 것은 아닙니다. 일부는 조현병, 조울증 등 정신질환이나 극심한 사회·경제적 스트레스, 왜곡된 신념체계, 또는 일시적 충동 조절 실패 등 다양한 심리·환경적 요인으로 범행에 이르는 경우도 있습니다.

또한, 사이코패스 성향을 지닌 사람들 모두가 폭력적인 범죄를 저지르는 것도 아닙니다. 이들 중 일부는 화이트칼라 사이코패스처럼 폭력 대신 조직 내 권력 투쟁이나 경제적 범죄, 사회적 조종에 능숙한 방식으로 그 성향을 발휘합니다. CEO, 변호사, 방송인 등 사회적 성공을 거둔 사람들 중에서도 임상적으로 사이코패스적 특성을 보이는 비율이 일반 인구보다 높게 나타난다는 연구 결과가 이를 뒷받침합니다.

결국, 연쇄살인범과 사이코패스는 상당한 교집합이 있지만 완전히 일치하는 집단은 아닙니다. 연쇄살인을 이해하기 위해서는 사이코패스적 성향뿐 아니라, 정신건강, 환경적 요인, 성장 배경, 사회적 고립, 범행 동기와 같은 다양한 요인을 함께 분석하는 것이 필요합니다.

CHAPTER

16 성범죄자들은 일반인과 다른가?

1. 개관

성폭력범죄는 폭행이나 협박을 수단으로 하여 개인의 성적 자유를 침해하거나, 피해자의 동의 없이 성적 행위를 강요하는 모든 범죄 행위를 포괄하는 개념입니다. 이는 단순히 사적인 피해에 그치지 않고, 사회의 성도덕과 건전한 성적 풍속을 유지하기 위한 법적·윤리적 장치로서 중요한 의미를 가집니다.

우리나라 「성폭력범죄의 처벌 등에 관한 특례법」에서는 강간, 강제추행, 준강간, 준강제추행, 통신매체 이용 음란, 성적 목적의 공공장소 침입, 카메라 등을 이용한 불법 촬영 등 성적 자기결정권을 침해하는 폭넓은 범죄 유형을 규정하고 있습니다. 이러한 규정은 현대 사회에서 성범죄가 단일한 형태가 아니라, 다양한 방식과 수단으로 발생한다는 현실을 반영합니다.

성폭력범죄는 피해자의 신체적·정신적 건강뿐 아니라 사회적 존엄과 자유를 근본적으로 침해하는 중대한 범죄입니다. 특히 범죄의 은폐성과 반복성, 피해자의 2차 피해 가능성을 고려하면, 피해 회복과 재범 방지를 위한 법적·사회적 대응이 필수적입니다. 이를 위해 사건 발생 시점과 장소의 특성을 반영한 맞춤형 예방 전략, 신속하고 효과적인 사법처리, 피해자 지원 체계의 강화가 필요합니다. 궁극적으로 성폭력범죄에 대한 대응은 법적 정의에 국한되지 않고, 사회·문화적 인식 개선과 피해자 권리 보호를 중심으로 이루어져야 합니다. 이를 통해 성폭력범죄를 예방하고, 피해자가 안전하게 회복할 수 있는 환경을 조성하는 것이 가능해집니다.

2. 발생추이 및 현황

대검찰청 범죄분석(2024)에 따르면, 2023년 성폭력범죄는 총 38,698건 발생하였으며, 이는 인구 10만 명당 75.4건에 해당합니다. 발생비를 전년도와 비교하면 6.4% 감소하였으나, 지난 10년간의 추세를 보면 오히려 29.6% 증가한 것으로 나타납니다. 연도별 추이를 살펴보면, 2014년부터 2020년까지 성폭력범죄 발생비는 증감이 반복되었고, 2021년과 2022년에는 증가세가 이어졌습니다. 그러나 2023년에는 전년 대비 감소로 전환되며 일정 부분 완화되는 양상을 보였습니다.

최근 성폭력범죄는 우리 사회에서 심각한 범죄 유형으로 인식되고 있으며, 피해자와 범죄자 특성 분석을 통해 몇 가지 뚜렷한 경향이 확인되고 있습니다. 피해자 연령을 보면, 21~30세가 전체의 41.8%로 가장 높은 비중을 차지하며, 16~20세가 16.0%, 31~40세가 15.6%로 뒤를 잇습니다. 반면 15세 이하 청소년 피해자는 10.9%, 61세 이상 고령 피해자는 2.6%로 나타나, 성폭력범죄 피해가 주로 청년층과 청소년층에 집중되고 있음을 알 수 있습니다.

그림 16-1 성폭력범죄의 발생비 추이(2014년~2023년)

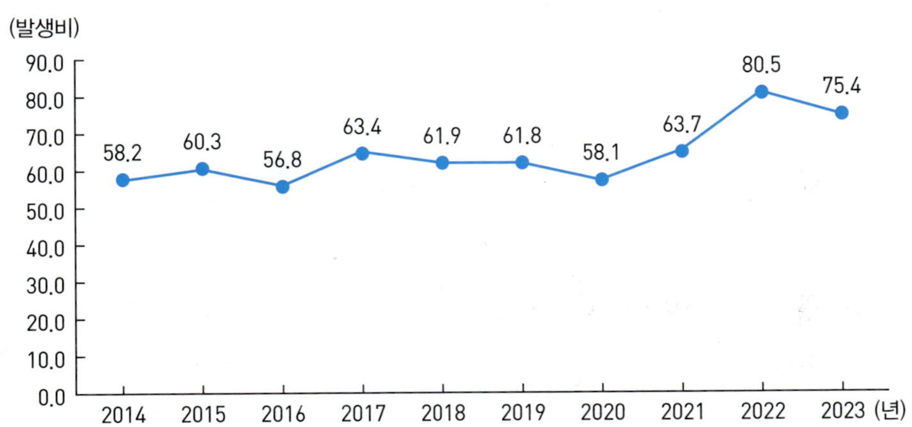

출처: 2024 범죄분석(개정판) 대검찰청

범죄자와 피해자의 관계에서도 차이가 뚜렷합니다. 전체적으로는 '타인'에 의한 범행이 62.9%로 가장 많지만, 소년범죄자의 경우 '친구나 지인' 관계에서 발생한 범행 비율이 23.7%로, 성인범죄자에 비해 상대적으로 높습니다. 이는 특히 청소년 가해자의 경우 또래 집단 내에서 피해가 발생하는 비중이 크다는 점을 시사합니다.

이러한 분석 결과는 성폭력범죄가 특정 연령층과 관계 유형에서 뚜렷한 패턴을 보이며, 이에 따라 연령별·관계별 맞춤형 예방 대책과 피해자 보호정책이 필요함을 보여줍니다. 나아가 범죄 발생의 사회적·심리적 배경을 종합적으로 고려한 정책적 접근이 필수적이라 할 수 있습니다.

2024년 디지털성범죄 피해 현황을 보면, 전체 피해자는 10,305명, 피해 건수는 총 16,833건으로, 1인당 평균 약 1.6건의 중복피해를 경험한 것으로 나타났습니다. 피해 유형별로는 '유포 불안'이 4,358건(25.9%)으로 가장 높은 비중을 차지했고, 이어 불법촬영 4,182건(24.9%), 유포 2,890건(17.2%) 순이었습니다. 전반적인 분포는 전년도와 유사했으나, 합성·편집 피해는 전년 대비 961건 증가하며 무려 227.2%의 급격한 증가세를 보였습니다.

그림 16-2 디지털성범죄 피해 유형별 현황

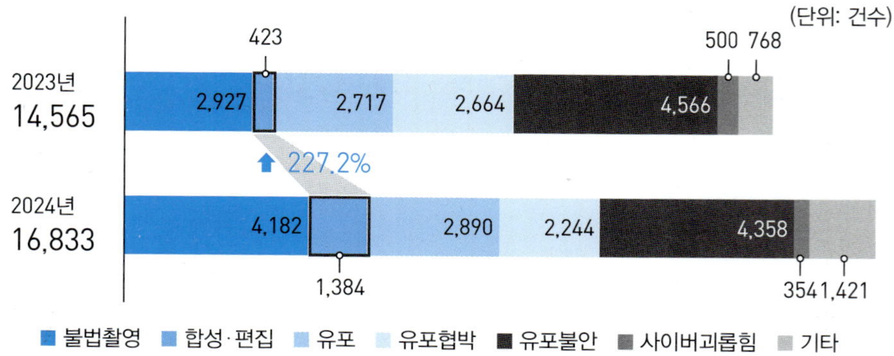

출처: 여성가족부. 2024 디지털성범죄 피해자 지원 보고서

‘유포 불안’ 피해가 가장 높은 비중을 차지한다는 점은 디지털성범죄의 특성을 잘 보여줍니다. 이러한 범죄는 물리적 성폭력과 달리, 실제 유포나 촬영 이전 단계에서도 피해자에게 심각한 심리적 불안을 야기할 수 있습니다. 특히 불법촬영이나 유포 피해는 피해자가 즉시 인지하기 어렵기 때문에, 정보의 불확실성이 피해자의 불안을 장기화·심화시키는 주요 원인으로 작용합니다. 따라서 디지털성범죄는 단순한 물리적 피해를 넘어, 장기적이고 심각한 정신적 고통을 유발하는 범죄로 이해되어야 합니다. 이에 따라 사전 예방을 강화하고, 피해자의 심리적 회복을 지원하는 정책과 제도가 병행되어야 함이 분명합니다.

3. 발생원인

(1) 사회학습이론

성범죄는 개인의 충동만이 아니라, 그가 속한 사회·문화적 환경에서 학습된 행동인 경우가 많습니다. 성범죄자는 강간이나 성적 폭력에 관한 왜곡된 신념과 “관대한 태도”를 내면화하며, 일부는 이를 정당화합니다. 사회학습이론에 따르면, 인간의 행동은 관찰·모방·강화 과정을 통해 습득됩니다.

성범죄의 경우, 어린 시절의 성차별적 환경이나 미디어 속 성적 대상화를 지속적으로 관찰하면 이를 정상으로 인식하고 모방하게 됩니다. 또한 성적 폭력이 처벌받지 않거나 권력의 표현으로 인정되는 환경에서는 해당 행동이 강화됩니다. 범죄자는 “상대가 원했다” 등으로 행위를 정당화하며, 피해보다 자기합리화를 우선시합니다. 결국 성범죄 예방과 교정은 개인 처벌뿐 아니라 성차별적 문화, 왜곡된 성 역할 인식, 부적절한 사회·가족·또래 모델링을 개선하는 사회적 노력이 병행되어야 합니다.

(2) 인지왜곡이론

인지왜곡이론(Cognitive Distortion Theory)은 심리학자 앨버트 엘리스(Albert Ellis)가

체계화한 개념으로, 성범죄자를 비롯한 다양한 범죄자의 사고와 행동을 설명하는 데 중요한 틀을 제공합니다. 이 이론은 인간의 행동을 결정짓는 것은 외부 사건 자체가 아니라, 그 사건에 대한 개인의 해석과 신념이라고 전제합니다. 범죄자들은 자신의 행동을 정당화하거나 합리화하는 비합리적이고 왜곡된 신념을 공유하며, 이러한 잘못된 사고가 문제 행동을 만들어내고 유지시킵니다.

성범죄의 경우, 단순한 충동이나 성적 욕망만이 아니라 "피해자가 원했다", "이 정도는 장난", "남자는 원래 그렇다"와 같은 자기합리화적 사고가 범행을 반복적으로 촉발할 수 있습니다. 이러한 왜곡된 인지는 미디어의 영향을 통해 형성·강화되는 경우가 많습니다. 인지왜곡은 범죄자가 모방, 폭력과 성행위의 연합, 강간신화(Rape Myths) 강화, 그리고 성적 폭력에 대한 무감각화를 통해 비합리적 신념을 형성하고, 이를 바탕으로 자신의 범죄를 정당화·합리화하며 반복하는 심리적 메커니즘입니다.

결국, 인지왜곡이론은 성범죄자가 환경·사회·문화 속에서 비합리적 신념을 학습하고, 이를 기반으로 반사회적 행동을 지속한다고 설명합니다. 따라서 성범죄 예방은 처벌 강화만으로는 충분하지 않으며, 잘못된 인지를 수정하고 성인지 감수성을 높이는 교육, 미디어 리터러시 강화, 심리적 교정 프로그램 등이 병행되어야 합니다.

4. 성범죄자 특성

성범죄는 피해자에게 신체적·정신적 피해를 가져오는 중대한 범죄로, 가해자의 심리적, 사회적, 행동적 특성을 이해하는 것은 예방과 재범 방지에 매우 중요합니다. 성범죄자의 주요 특성은 다음과 같이 정리할 수 있습니다.

첫째, 인구학적 특성에서 성범죄자의 대부분은 남성으로, 전체의 90% 이상을 차지하며 주 연령대는 20대에서 40대 사이입니다. 직업적으로는 무직, 일용직, 비정규직 등 불안정한 고용 형태가 상대적으로 많지만, 일부는 전문직이나 교사 등 사회적 신뢰를 받는 직종에 종사하기도 합니다. 학력 수준은 중졸에서 고졸이 가장 많으나, 대학 이상의 고학력자도 일정 비율 존재하여, 성범죄가 특정 학력이나 직업군에만 국한되지 않음을 보여줍니다.

둘째, 범행 동기와 심리적 요인에서는 단순한 성적 욕구 충족뿐 아니라 지배욕, 보복심리, 스트레스 해소, 충동조절 장애 등이 중요한 역할을 합니다. 심리적으로는 반사회적 인격장애, 자기중심적 사고, 공감 능력 결여, 성적 왜곡 인지가 자주 관찰되며, 아동기 성폭력 피해나 가정 내 학대 경험이 성인이 된 후 범행과 연결되기도 합니다. 또한 성장 과정에서의 가족 해체, 낮은 자존감, 부적절한 의사소통 방식 등은 성범죄와 관련된 심리적 결핍을 심화시키는 요인이 됩니다.

셋째, 사회적 요인으로는 가정 내 불화, 사회적 고립, 낮은 자존감, 음주 문제 등이 성범죄 발생에 직접적인 영향을 미칩니다. 여기에 왜곡된 성 가치관과 여성혐오적 인식이 결합되면 성범죄 행동을 촉진하는 강력한 요인이 됩니다. 특히 성범죄자는 자신의 범행을 '피해자의 동의'나 '단순한 장난'으로 합리화하는 인지적 왜곡을 통해 죄책감을 회피하며, 이러한 왜곡된 사고는 범행의 반복과 고착화를 강화하는 경향이 있습니다.

넷째, 성범죄자는 동종 범죄의 재범률이 높아 단순한 처벌만으로는 재범 억제에 한계가 있습니다. 재범 위험성을 낮추기 위해서는 성충동 조절 치료, 심리 상담, 보호관찰 등 심리적·행동적 개입을 포함한 다각적이고 지속적인 교정 프로그램이 필수적입니다. 이러한 장기적 관리와 지원이 병행될 때 비로소 재범 방지 효과를 기대할 수 있습니다.

마지막으로, 범행 유형과 행동 특성 측면에서 성범죄는 계획적 범행과 우발적 범행이 혼재되어 나타납니다. 피해 대상은 낯선 사람인 경우도 있으나, 지인·가족·연인 등 기존 관계를 기반으로 한 범죄가 더 높은 비중을 차지합니다. 범행 장소는 주거지, 공공장소, 직장, 온라인 등 매우 다양하며, 가해자들은 반사회적 성향, 해리적 행동, 자기합리화, 정서적 공감력 저하, 나르시시즘 및 경계선적 성격 특성 등 복합적인 성격적 특징을 보입니다. 특히 최근에는 불법 촬영, 영상물 유포, 사이버 스토킹 등 디지털 성범죄가 급격히 증가하면서, 오프라인 범죄와 결합된 새로운 형태의 위협으로 부상하고 있습니다.

5. 성범죄자 유형

성범죄자는 범행 방식과 심리적 동기에 따라 여러 유형으로 분류되며, 이러한 분류는 예방 정책 수립과 수사전략 수립에 중요한 기초가 됩니다. 예를 들어, 계획적·지능형 범행을 저지르는 유형은 장기간의 사전 준비와 표적 선정 과정을 거치기 때문에, 온라인·오프라인에서의 탐지 및 추적 기술이 필요합니다. 반면, 충동적·우발형 범행은 주로 분노, 스트레스, 음주 등 순간적인 요인에 의해 발생하므로, 지역사회 내 갈등 조정, 음주 범죄 예방, 위기 개입 프로그램이 효과적일 수 있습니다. 또한 관계 기반형 범행(지인·가족·연인 등)은 피해자의 신고 지연 가능성이 높아, 피해자 보호 체계 강화와 암수 범죄 발굴이 핵심 과제로 제시됩니다.

(1) 일반 성범죄자 vs. 연쇄 성범죄자

일반 성범죄자는 대체로 범행이 일회성 또는 소수의 사건에 국한되며, 주로 충동적이거나 기회적으로 범행을 저지르는 경향이 있습니다. 이들은 사전에 깊이 계획하지 않는 경우가 많고, 음주나 순간적인 상황적 요인이 범행을 촉발하는 주요 원인으로 작용합니다. 범행 후에는 죄책감을 느끼거나 재범을 피하려는 태도를 보이기도 합니다.

반면, 연쇄 성범죄자는 동일하거나 유사한 성범죄를 반복적으로 저지르며, 각 범행 사이에는 일정한 '냉각기'가 존재합니다. 이들은 피해자의 연령, 외모, 상황 등 특정 조건을 표적으로 삼으며, 계획적이고 의도적인 준비 과정을 거칩니다. 범행 방식, 장소 선택, 피해자 유형 등에서 고유한 '행동패턴(signature)'이 드러나며, FBI 행동과학팀(Behavioral Science Unit)은 이들이 범행 과정에서 성적 흥분과 권력·통제감을 경험하고, 이러한 반복 행위 자체가 목적화되는 경향이 있다고 분석합니다.

(2) 조직적 vs. 비조직적 성범죄자

조직적 성범죄자(Organized Sexual Offender)는 범행 과정이 계획적이고 치밀하며, 범죄 현장이 질서정연하게 유지되는 특징을 보입니다. 이들은 피해자를 사전에 선정해 일정 기간 관찰하고, 접근 방식·장소·시간까지 구체적으로 계획합니다. 범행 중에는 피해자를 심리적·신체적으로 통제하거나 협박하며, 범행 후에는 증거를 은폐하거나 회피하기 위해 치밀하게 행동합니다. 겉으로는 사회적·직업적 기능을 정상적으로 수행하며, 외향적이고 매력적인 성격을 보여 주변의 의심을 피하지만, 내면에는 강한 지배욕과 통제욕이 자리 잡고 있습니다. 선행연구 결과, 연쇄 성범죄자의 상당수가 범행을 치밀하게 계획하고 증거를 체계적으로 은폐하는 조직적 유형에 속하는 것으로 분석되었습니다.

반면, 비조직적 성범죄자(Disorganized Sexual Offender)는 범행이 즉흥적이고 충동적으로 이루어지며, 범죄 현장이 혼란스럽고 증거가 다수 남는 경향이 있습니다. 피해자는 우연히 마주친 경우가 많고, 범행 전 준비가 부족하며, 대인관계 기술이 떨어지고 사회적으로 고립된 경우가 많습니다. 지능이 낮거나 정신질환 병력이 있는 경우도 흔하며, 범행 후 현장에 오래 머무르거나 시신 훼손과 같은 충동적·비합리적 행위를 보이기도 합니다.

(3) 성범죄자 심층 유형

성범죄 유형에 관한 선행연구에 따르면, 연쇄 성범죄자는 그 동기와 범행 방식에 따라 여러 범주로 구분됩니다. 첫째, 남성확인형(Reassurance Rapist)은 자신의 남성성과 힘을 확인하려는 욕구가 중심 동기이며, 피해자에게 물리적 해를 최소화하려는 경향이 있습니다. 피해자와 대화를 시도하거나 '합의'가 있었다고 믿으려 하며, 무기나 극단적 폭력은 잘 사용하지 않습니다.

둘째, 권력형(Power Rapist)은 성행위 자체보다 피해자를 지배·통제하는 과정에서 심리적·물리적 우위를 확보하고자 하며, 계획적이고 협박적인 방식으로 범행을 수행합니다. 피해자의 두려움은 가해자에게 강한 자기 효능감을 제공합니다.

셋째, 분노치환형(Anger Retaliatory Rapist)은 특정 인물(예: 어머니, 전 연인)에 대한 누적된 분노와 적개심을 피해자를 통해 표출하는 유형으로, 과도한 폭력과 모욕을 동반하는 경우가 많습니다.

넷째, 가학형(Sadistic Rapist)은 성적 흥분과 폭력이 결합된 형태로, 피해자의 공포와 고통 그 자체가 성적 만족의 원천이 됩니다. 높은 계획성과 극단적 폭력성이 특징이며, 연쇄 성범죄에서 자주 나타납니다.

끝으로, 기회주의형(Opportunistic Rapist)은 강한 성적 충동과 우연한 기회가 맞물려 즉흥적으로 범행을 저지르며, 성범죄뿐 아니라 다른 범죄 도중 기회가 생기면 시행하는 경우가 많습니다. 피해자의 저항에도 무감각한 모습을 보입니다.

6. 성범죄 예방대책

성범죄는 피해자에게 신체적·정신적 피해를 초래할 뿐만 아니라, 사회의 안전과 신뢰를 위협하는 심각한 범죄입니다. 이에 따라 우리나라에서는 재범 방지, 피해자 보호, 예방 교육, 수사 및 법 집행 강화 등 다양한 차원의 대책을 시행하고 있으며, 주요 예방 대책은 다음과 같습니다.

먼저, 재범 방지 및 가해자 관리 제도에는 전자감독(전자발찌), 성충동 약물치료, 신상정보 등록 및 공개 고지 제도가 포함됩니다. 전자감독 제도는 성폭력 전과자, 특히 아동·청소년 대상 범죄자에게 위치추적 전자장치를 부착하여 24시간 관리함으로써 재범 위험을 줄입니다. 위험성이 높은 경우 부착 기간이 연장될 수 있으며, 이 제도는 2008년 이후 본격적으로 시행되고 있습니다. 성충동 약물치료(화학적 거세)는 성도착 장애가 동반된 재범 위험 성범죄자에게 법원 명령에 따라 실시됩니다. 이 치료는 상담 및 재활 프로그램과 병행하는 것이 원칙입니다.

끝으로, 신상정보 등록 및 공개 고지는 「아동·청소년의 성보호에 관한 법률」에 의거해 성범죄자의 정보를 일정 기간 공개하는 제도입니다. 특히 아동·청소년 대상 성범죄자의 신상정보는 성범죄자 알림e 웹사이트 등을 통해 공개되어 지역사회의 경각심을 높이고 피해 예방에 활용됩니다.

둘째, 피해자 보호 및 지원 정책 측면에서는 성폭력 피해자 지원센터와 디지털 성범죄 피해자 지원센터가 전국적으로 운영되고 있습니다. 대표적인 '해바라기센터'는 피해자의 의료, 심리, 법률 등 전반적인 회복을 위한 원스톱 지원을 제공하며, 긴급 상담, 치료, 수사 지원과 피해자 보호 프로그램을 갖추고 있습니다. 디지털 성범죄 피해자 지원센터는 불법 촬영물 삭제, 피해 회복 지원, 24시간 모니터링 및 신속한 차단 시스템을 운영하고 있습니다. 또한, 수사와 재판 과정에서는 피해자의 신원을 비공개로 보호하고, 영상 증언, 변호사 동행 등 제도를 통해 2차 피해를 최소화하고 있습니다.

셋째, 예방 및 교육 정책도 강화되고 있습니다. 초·중·고 학생을 대상으로 성폭력 예방 교육이 의무화되어 있으며, 성인지 감수성 교육과 디지털 성범죄 예방 콘텐츠의 제작 및 보급이 활발히 이루어지고 있습니다. 또한, 법무부 범죄예방정책국을 중심으로 법교육과 성범죄 예방 캠페인, 청소년 대상 범죄 예방 교육이 강화되고 있으며, 지역사회와 연계된 다양한 프로그램도 확대되고 있습니다. 이를 통해 성범죄 예방을 위한 사회적 인식을 높이고, 청소년들에게 보다 효과적인 교육을 제공하고자 하고 있습니다.

마지막으로, 수사 및 법 집행 강화 방안으로는 경찰청 디지털 성범죄 특별수사본부와 검찰의 전담 수사팀 운영을 통해 신속한 사건처리가 이루어지고 있으며, 처벌 수위 강화가 진행되고 있습니다. 특히 아동·청소년 대상 성범죄에는 무기징역과 가중처벌 규정이 적용되고 있으며, 'n번방 방지법' 등 법적 조치를 통해 온라인 성착취물 제작, 유포, 소지에 대해 엄격히 처벌하고 있습니다. 이를 통해 디지털 성범죄에 대한 법적 대응을 더욱 강화하고 있습니다.

이러한 다층적 대책은 재범 방지, 신속한 피해회복, 예방 및 경각심 제고, 그리고 엄정한 법 집행이라는 네 가지 축으로 성범죄의 구조적 대응과 장기적 예방 효과를 도모하고 있습니다. 동시에 제도의 실효성과 부작용, 사각지대 최소화를 위한 지속적 개선이 중요하다는 점도 함께 강조해야 할 것입니다.

7. 소결

성범죄자들은 일반인과 다른 점이 많습니다. 성범죄자는 범행에 대한 특정한 심리적·행동적 특성을 지니고 있을 수 있으며, 이는 일반적인 범죄자들과의 차이를 만들어냅니다. 성범죄자는 종종 성적 욕구나 충동을 통제하는 데 어려움을 겪는 경우가 많습니다. 일부 성범죄자는 성적 만족을 위해 피해자를 대상으로 폭력을 행사하거나, 특정한 성적 대상에 대한 왜곡된 집착을 보일 수 있습니다. 또한, 성범죄자는 피해자와의 관계에서 권력이나 통제감을 느끼려는 경향이 있으며, 이는 폭력적이고 반복적인 범행을 초래할 수 있습니다.

끝으로, 성범죄자는 일반적으로 피해자의 신체적·정신적 고통을 경시하거나 무시하는 경향이 있습니다. 이들은 피해자가 겪는 심리적 트라우마나 사회적 낙인에 대해 민감하지 않거나 이를 무시하며, 이러한 특성은 다른 범죄자들과의 차별점을 만듭니다. 성범죄자는 성도착적 성향이나 충동적 성향을 가진 경우가 많아, 이들의 범행은 종종 충동적이고 계획적이지 않은 경우가 많습니다. 이에 따라, 성범죄자는 반복적인 범행을 저지를 가능성이 높고, 성충동을 억제하는 데 어려움을 겪는 경우가 많습니다. 따라서 성범죄자는 다른 범죄자들과 비교할 때, 특정한 심리적·행동적 특성을 지니고 있으며, 이를 고려한 특화된 관리와 치료가 필요합니다.

CHAPTER

17 프로파일링은 과학적 연구방법인가?

1. 문제제기

프로파일링이 과학적 연구 방법인지에 대한 논의는 범죄학과 심리학 분야에서 오랫동안 이어져 온 중요한 질문입니다. 프로파일링은 범죄자의 심리적 특성과 행동 패턴을 분석하여 범죄를 예측하고 해결하는 수사기법으로, 그 효과성과 신뢰성에 대한 논란이 존재합니다. 일부는 이를 과학적 접근으로 보고 엄격한 방법론을 요구하지만, 다른 한편에서는 주관적 판단이나 직관에 의존하는 경우가 많아 과학적 연구 방법으로서의 한계가 지적되기도 합니다. 이러한 문제 제기는 프로파일링의 실제 적용과 그 과학적 근거에 대한 깊은 성찰을 요구합니다. 따라서 이 장에서는 프로파일링의 기법과 그 과학적 근거를 심층적으로 탐구하며, 이를 과학적 연구 방법으로 받아들일 수 있는지에 대한 논의의 장을 열고자 합니다.

2. 범죄자 프로파일링

(1) 개념

범죄자 프로파일링(Criminal Profiling)은 범죄 현장에서 나타나는 범인의 행동, 범행 수법, 피해자 선택 방식 등 다양한 단서들을 심리학적·사회학적·행동과학적으로 분석하여, 범죄자의 성격, 성향, 정서적 특성, 연령, 성별, 직업, 교육 수준, 거주지 등 인구통계적 요소를 추론하는 과학적 수사기법입니다. 이 기법은 특히 외적 증거나 직접적 단서가 부족한 연쇄살인, 성범죄, 방화 등 강력범죄 사건에서 수사 방향 설정과 용의자 범위 축소에 중요한 역할을 합니다.

이 분야의 창시자라 할 수 있는 존 더글라스(John Douglas)는 미국 FBI에서 행동심리학을 접목한 수사기법(프로파일링)을 1977년부터 본격적으로 개발하고 적용했습니다. 그는 전국을 돌며 연쇄살인범들과의 심층 인터뷰와 행동 연구를 통해 얻은 데이터를 바탕으로 프로파일링 이론을 체계화했습니다. 이를 바탕으로 「범죄분류매뉴얼(Crime Classification Manual)」 등의 교과서를 집필하여 프로파일링 이론의 기초를 마련했습니다. 더글라스를 비롯한 FBI 행동과학부는 "범죄 현장의 행동(behavior)을 통해 범죄자의 인격(personality)과 특성을 과학적으로 추론할 수 있다"는 점을 일관되게 주장하며, 이론을 발전시켜 법과학적 수사의 패러다임 전환에 기여했습니다. 그의 연구는 프로파일링이 단순한 추측을 넘어, 범죄 수사의 중요한 도구로 자리잡을 수 있는 기초를 마련했습니다.

더글라스와 동료들은 범죄자 프로파일링을 "범죄자의 성격적 특성과 행동 양식을 범죄 방식 및 현장의 단서를 통해 추론하는 것"이라고 정의했습니다. 홍성열은 이를 수사관과 법의학자들이 제공한 정보를 활용해 용의자의 행동 습관과 특성을 찾아내어 수사에 실질적 도움을 주는 활동이라고 설명하였습니다. 터비(Brent Turvey) 역시 프로파일링을 "범죄 행위를 기반으로 범인의 심리학적·행동학적 특성을 분석하고 예측하는 과학적 기법"으로 정의하며, 이를 위해 체계적인 통계 분석과 경험적 사례 연구가 필수적임을 강조합니다. 이러한 정의들은 프로파일링이 단순히 직관적인 추측에 의존하는 것이 아니라, 체계적이고 과학적인 방법론에 기반한 분석 기법임을 명확히 보여줍니다. 즉, 범죄자 프로파일링은 범죄현장의 현상적 단서와 용의자의 행위 패턴을 결합해 과학적·체계적으로 분석함으로써, 수사 초기 단계부터 주요 용의자군 도출, 범죄 동기 해석, 위험도 평가, 향후 범행 예측 등 광범위한 수사 실무에 큰 기여를 하는 혁신적 기법으로 자리잡게 되었습니다.

이러한 프로파일링의 기본 전제는 개인의 성격이 모두 다르고, 이를 유형화할 수 있다는 점입니다. 즉, 각 범죄자는 고유한 성격적 특성을 지니며, 이 특성은 범죄 현장에 반영된다고 가정합니다. 따라서 동일한 범죄를 저지르는 사람은 반복적으로 동일한 행동특성(signature)을 남기며, 그들의 성격은 변화하지 않는다고 봅니다. 이러한 전제는 범죄자의 심리적 및 행동적 패턴을 분석하여, 향후 범죄를 예측하고 수사의 방향을 설정하는 데 중요한 기초를 제공합니다.

(2) 역사적 사건

① 잭 더 리퍼(Jack the Ripper) 사건

1888년 영국 런던 이스트엔드 지역의 빈민가 화이트채플에서 발생한 연쇄 여성 살인 사건인 잭 더 리퍼 사건은 역사상 가장 잘 알려진 미해결 범죄 중 하나입니다. 당시 피해자들은 사회 최하층에 속한 매춘부들이었으며, 범죄자는 피해자의 몸을 잔인하게 훼손하는 수법으로 범행을 저질렀습니다. 다양한 수사기법에도 불구하고 범인의 검거에는 실패했고, 이 사건은 최초로 '연쇄살인(serial killing)' 개념을 대중에 알린 계기가 되어 범죄 수사 역사에서 중요한 전환점을 이뤘습니다. 또한, 이 사건은 범죄 프로파일링과 범죄심리학의 시작점으로 평가받으며, 당시 언론보도와 사회적 공포 확산에 큰 영향을 끼쳤습니다. 이 사건은 범죄자의 심리와 패턴을 분석하는 수사의 중요성을 부각시켰고, 이후 범죄 수사에서 심리적 분석 기법이 중요한 역할을 하게 되는 계기가 되었습니다.

이 사건의 과학적 수사 진전에는 외과의이자 법의학자인 토머스 본드(Thomas Bond)의 역할이 컸습니다. 본드는 런던경찰청의 공식 의뢰를 받아 피살자들의 부검과 사건 분석을 담당했으며, 1888년 11월 제출한 본드 보고서(Bond's Report)에서 피해자 시신 상태와 범행 양상을 기록하고 범인의 심리적 특성을 추론하였습니다. 그는 범인의 정신 상태와 행동 패턴을 분석하며, 범인이 특정한 성격적 특성과 행위 양식을 지닌 인물임을 밝혀냈습니다. 이는 범죄자의 심리적 특성과 행동을 통합적으로 분석한 최초의 과학적 프로파일링 시도로 평가받고 있으며, 이후 범죄 수사에서 프로파일링 기법의 발전에 중요한 기초를 마련했습니다.

본드는 범인의 신체적 능력에 대해 피해자의 내장 제거 기술을 통해 범인이 해

부학이나 육체노동 경험이 있을 가능성은 있지만, 전문 의사는 아닐 것이라고 진단했습니다. 심리적으로는 범인을 조현병 등 정신질환자가 아닌, 충동적이고 과도한 성적 욕망을 가진 인물로 평가하였으나, 여전히 사회생활이 가능한 현실적인 인물이라고 분석했습니다. 또한, 범죄행위는 계획적이라기보다는 우발적이며, 범인의 행동에서 광기의 징후가 나타난다고 보았습니다. 본드의 이러한 분석은 범죄자의 정신적 특성과 행동패턴을 통합적으로 이해하려는 첫 시도로, 이후 범죄심리학과 프로파일링 발전에 큰 영향을 미쳤습니다. 그의 연구는 현대 프로파일링 이론의 기초가 되는 중요한 역사적 문서로 남았으며, 범죄 수사에서 심리적 분석 기법의 필요성을 널리 알리는 계기가 되었습니다.

② 매드 바머(Mad Bomber) 사건

매드 바머 사건은 1940년대 후반부터 1957년까지 약 16년간 미국 뉴욕시에서 발생한 연쇄 폭발물 설치 사건으로, 언론에서 '매드 바머(Mad Bomber)'라는 별칭으로 널리 알려졌습니다. 이 범인은 극장, 전철역, 도서관, 전화박스 등 공공장소 30여 곳에 파이프 폭탄을 설치했으며, 다행히 대부분의 폭발은 인명 피해 없이 끝났으나 일부 부상자가 발생하며 시민들 사이에 큰 두려움과 사회적 불안을 야기했습니다. 범인 조지 메테스키(George Metesky)는 피해를 입은 전기회사 콘 에디슨(Con Edison)에 대한 깊은 원한과 '부당한 산재 처리'에 대한 분노를 범행과 편지를 통해 표현했습니다. 그는 지속적으로 매체와 경찰, 기업에 보복성 편지를 보내 범행을 예고하거나 정당화하는 내용을 담았습니다. 이 사건은 조직과 제도, 사회환경이 범죄 동기에 깊은 영향을 미친 현대 도시범죄의 대표적인 사례로 평가받습니다. 또한, 매드 바머 사건은 범죄자 프로파일링의 실효성이 검증된 상징적인 사건으로, 당시 경찰은 범죄자의 성격, 동기, 행동 패턴을 분석하여 범인을 추적하고 수사에 중요한 방향을 제시했습니다. 이 사건은 프로파일링 기법이 범죄 해결에 실제로 기여할 수 있음을 입증한 중요한 사례로 기록되고 있습니다.

미국 프로파일링의 개척자인 정신과 전문의 제임스 브러셀(James Brussel)은 매드 바머 사건 해결에 중요한 역할을 했습니다. 1956년 경찰은 사건 관련 자료를 분석할 전문가로 그를 선정했고, 브러셀은 정신의학적·행동학적 분석 기법을 도입해 프로파일을 작성했습니다. 그는 편지 내용과 철자 분석을 통해 범인의 성별, 연령, 민족, 성격, 직업 등을 예측하며, 피해망상과 강박적 성격 등의 심리적 특징을 밝히고, 범인이 중년의 동유럽계 이민자일 것이라고 예견했습니다.

1957년 1월 체포된 조지 메테스키는 브러셀의 프로파일과 거의 일치하는 인물로, 깔끔한 복장과 정돈된 집에서 폭탄 제작 도구 등을 발견했습니다. 브러셀의 프로파일은 수사의 효율성을 극대화하고, 범인 검거에 결정적 기여를 했습니다. 이 사건은 범죄자 행동 분석이 과학적 수사 기법으로 자리잡는 중요한 전환점이 되었고, 이후 FBI 행동과학부 설립과 프로파일링 발전에 큰 영향을 미쳤습니다.

(3) 프로파일링의 목적

범죄자 프로파일링(Criminal Profiling)은 범죄 현장에서 수집한 물증과 범인의 행동 특성을 종합적으로 분석하여 범죄자의 성격과 성향을 추론하는 체계적인 수사기법입니다. 이 기법의 목적은 단순히 용의자를 특정하는 데 그치지 않고, 사건의 본질을 깊이 이해하며, 수사의 효율을 극대화하고, 추가 범행을 방지하는 예방적 수단으로서 사회안전망을 강화하는 데 기여하는 것입니다.

첫째, 프로파일링은 수사 방향을 설정하는 데 핵심적인 역할을 합니다. 범인의 성별, 연령, 직업, 교육 수준, 거주지 등 다양한 인구통계학적 특성과 행동 양상을 추정함으로써, 수사 대상자의 범위를 효과적으로 좁히고 자원의 낭비를 최소화할 수 있습니다. 이는 수사의 체계성과 신속성을 높이며, 결과적으로 범죄 해결 가능성을 향상하는 데 이바지합니다.

둘째, 프로파일링은 여러 연쇄 범죄 사이의 연관성을 규명하는 데 중요한 역할을 합니다. 범행 수법(Modus Operandi)과 범인의 독특한 행동특징(Signature)을 면밀히 분석하여, 서로 다른 사건들이 동일 범인에 의해 발생했는지를 밝혀냅니다. 이는 특히 연쇄살인 등 다중 사건의 수사에서 필수적인 요소로 작용하며, 범죄의 패턴을 파악하는 데 중요한 기초를 제공합니다.

셋째, 프로파일링은 범인의 심리 상태와 행동 특성 파악에 크게 기여합니다. 범행 동기, 성격 특성, 심리적 상태 등을 추론함으로써 범죄자의 행동패턴을 이해하고, 향후 범행 가능성을 예측할 수 있습니다.

넷째, 프로파일링은 피해자 보호와 추가 범죄 예방을 위한 전략 마련에 유용합니다. 잠재 피해자의 유형과 범죄 발생 시나리오를 예측해 예방 대책을 강구함으로써 사회 안전을 강화하는 데 기여합니다.

마지막으로, 프로파일링은 수사기관의 전략 수립뿐 아니라 사법 절차에서도 활용됩니다. 수사관들이 사건을 심층적으로 이해하는 데 도움을 주며, 법정에서는 전문가 의견으로서 객관성과 신뢰성을 높여 재판 과정에서 중요한 증거 자료로 사용됩니다.

(4) 프로파일링 기법

① 연역적 범죄 프로파일링

연역적 범죄 프로파일링(Deductive Criminal Profiling)은 범죄 현장에서 수집된 구체적이고 직접적인 물리적 증거와 범죄자의 행동을 깊이 분석하여 개별 범죄자의 상세한 특성을 논리적으로 추론하는 방법입니다. 이 과정에서는 범인이 남긴 머리카락, 혈흔, 지문, 피해자의 상처, 범행 도구 배치 등 다양한 증거물을 체계적으로 조사합니다. 이러한 증거를 토대로 범죄자의 인종, 성별, 나이, 직업, 사회적 배경 등 인구통계학적 요소뿐만 아니라 심리적 특성까지도 파악하려고 시도합니다.

터비와 같은 전문가들은 이 방법이 교환원리, 분석적 논리, 비판적 사고를 기반으로 한다고 설명합니다. 특히 행동증거분석(Behavioral Evidence Analysis) 프로파일링이 연역적 프로파일링의 대표적인 적용 사례로 꼽힙니다. 연역적 프로파일링은 개별 사건에 특화되어 있어 맞춤형 분석이 가능하지만, 현장 증거가 부족하면 적용이 제한적일 수 있습니다.

② 귀납적 프로파일링

귀납적 프로파일링(Inductive Profiling)은 다수의 과거 범죄 데이터를 분석하여 공통된 특성과 경향성을 일반화하고, 이를 바탕으로 현재의 미확인 사건에서 용의자의 특성을 추정하는 방법입니다. 이 방식은 통계적, 경험적 데이터를 활용해 범행 수법, 범인의 인구학적 정보, 심리적 특징을 포함하는 일반적 프로필을 작성합니다. 과거 유사 사건과 비교하여 새로운 사건의 특성을 평가하고, 이를 통해 용의자 범위를 좁히는 데 효과적입니다. 귀납적 프로파일링은 범죄심리분석관(프로파일러, profiler)의 경험과 교육에 많이 의존하며, 대규모 범죄 데이터 분석에 특히 유용하다고 설명합니다. 하지만, 이 방법은 평균적인 프로필에 의존하기 때문에 특수한 사례에는 부적합하며, 데이터 편향으로 인한 오판 가능성이 존재할 수 있습니다.

③ 6단계 프로파일링

데이몬 뮐러(Damon Muller)의 6단계 프로파일링은 체계적이고 실증적인 접근법으로, 첫 단계인 정보수집(Input)에서 시작하여, 의사결정모형(Decision Process Models)을 통해 범행 수법, 피해자 특징, 사건 패턴 등을 분석합니다. 범죄평가(Crime Assessment) 단계에서는 범인의 심리상태와 행동 특성을 재구성하고, 프로파일 작성(Profile) 단계에서는 범인의 인구학적·심리학적 특성을 구체적으로 도출합니다. 이후 수사(Investigation) 단계에서 프로파일을 수사 과정에 적용하며, 최종적으로 검거(Apprehension) 단계에서는 사건 해결 후 프로파일의 정확성을 평가하고 피드백하여 다음 수사에 반영하는 구조입니다.

이 절차는 프로파일링을 단순한 심리적 추론에 그치지 않고, 객관적 증거와 데이터를 근거로 한 과학적이고 실증적인 수사 기법으로 발전시키는 데 중점을 둡니다. 또한 경찰과 FBI 수사 실무에서 기초적인 프로파일링 매뉴얼로 활용되는 중요한 모델로 자리잡고 있습니다.

④ FBI 이분법적 유형론

FBI의 이분법적 유형론은 범죄자의 행동 양식과 범행 현장의 조직성 여부를 기준으로 '조직적 범죄자(Organized Offender)'와 '비조직적 범죄자(Disorganized Offender)'로 분류합니다. 조직적 범죄자는 범행을 치밀하게 계획하고, 피해자를 통제하며 현장에 증거를 최소화하려는 경향이 있습니다. 이들은 사회적 기능이 양호하고, 평균 이상의 지능과 원만한 대인관계를 유지하는 경우가 많습니다.

반면, 비조직적 범죄자는 충동적이고 준비가 부족한 상태에서 범행을 저지르며, 사회적으로 고립되어 있고 불안정한 정신 상태를 보일 수 있습니다. 이 유형론은 수사 초기 단계에서 유용하게 활용되지만, 실제 범죄자의 행동은 이 두 유형 사이에 혼재할 수 있어 단순한 이분법적 분류에 한계가 존재합니다. 예를 들어, 범죄자가 조직적 성향과 비조직적 성향을 동시에 보일 수 있으며, 범행의 상황이나 동기에 따라 행동 양식이 달라질 수 있습니다. 따라서 이분법적 유형론은 범죄 수사의 출발점으로서 중요한 역할을 하지만, 범죄자의 행동을 과도하게 단순화할 수 있다는 한계가 있습니다. 이를 보완하기 위해서는 범죄자의 심리적, 사회적 배경을 보다 세밀하게 분석하는 통합적인 접근이 필요합니다.

⑤ 수사심리학적 접근

수사심리학(Investigative Psychology)은 데이비드 칸터(David Canter) 등이 주도하여 범죄자의 행동, 심리, 대인관계, 공간 행동을 종합적으로 분석하는 학문입니다. 이 접근법은 범죄자의 행동을 다섯 가지 주요 차원으로 분석하는데, 각각 대인 간 일관성(Interpersonal Coherence), 범행 특성(Criminal Characteristics), 공간적 행동(Spatial Behavior), 사회적 역량(Social Competence), 그리고 범행 내 상호작용(Interpersonal Behavior)을 포함합니다.

첫 번째로, 대인 간 일관성은 범죄자가 범행을 저지를 때 나타나는 대인관계에서의 행동 일관성을 의미합니다. 두 번째로, 범행 특성은 범죄의 유형, 방법, 실행 방식 등 범죄 자체의 특성을 분석합니다. 세 번째로, 공간적 행동은 범죄가 발생한 장소와 그 주변 지역에서 범죄자가 보인 공간적 패턴을 다룹니다. 네 번째로, 사회적 역량은 범죄자가 사회적 환경에서 얼마나 잘 적응하고 상호작용하는지를 평가합니다. 마지막으로, 범행 내 상호작용은 범죄 현장에서 피해자와의 상호작용 및 범죄자 간의 행동 양식을 분석합니다. 이러한 다섯 가지 차원을 통해 범죄자의 심리적 및 행동적 특성을 정밀하게 프로파일링할 수 있으며, 이를 바탕으로 수사 방향 설정과 범인 탐색에 실질적인 도움을 줄 수 있습니다. 수사 심리학은 범죄자에 대한 깊이 있는 분석을 통해 수사의 효율성을 높이는 중요한 도구로 활용됩니다.

⑥ 연쇄살인범 유형분석

모트(Nicole Mott)는 연쇄살인범 연구에서 사건의 구조, 범행 동기, 행동특성, 피해자 선택, 범행 간 냉각기 등을 중심으로 범죄자를 세분화했습니다. 이 연구는 전통적인 조직적·비조직적 이분법을 넘어서, 범죄자의 행동과 동기에서 나타나는 다양성과 진화적 양상을 실증적으로 파악하는 데 중점을 둡니다.

모트의 주요 분석 결과에 따르면, 살인 사건이 발생하는 시간적 간격에서 해결된 사건은 미해결된 사건보다 연쇄살인이 발생하는 시간 간격이 짧습니다. 또한, 미해결된 사건보다 해결된 사건에서 범죄자들의 이동성이 더 높다는 점이 확인되었습니다. 피해자의 취약성은 미해결된 사건에서 더 높으며, 미해결 사건의 경우 다수의 범죄 현장을 갖는 경향이 많습니다. 해결된 사건들은 시체를 야외에 유기하는 경우가 더 빈번하게 발생하는 것으로 나타났습니다.

이러한 분석은 연쇄살인범의 심리적, 사회적 배경뿐만 아니라 범죄의 시기적 특성을 보다 정밀하게 이해하는 데 기여하였으며, 이는 수사 프로파일링의 발전에 중요한 실증적 기초를 제공합니다.

⑦ 리버풀 방식 프로파일링

리버풀 방식 프로파일링(Liverpool Method of Profiling)은 영국 리버풀 대학의 심리학자 칸터(David Canter)와 동료들이 발전시킨 수사심리학적·통계적 프로파일링 방법입니다. 이 방법은 범죄자 및 범행의 다양한 인구사회학적 변수, 행동 데이터, 범죄 유형, 공간적 특성 등을 데이터베이스화한 후, 다변량 통계분석과 전산 모델을 사용해 범인의 특성을 추출합니다.

리버풀 방식은 전통적인 임상적 직관에 의존하는 프로파일링과 달리, 객관적이고 실증적인 수사과학의 틀을 제공합니다. 여러 사건의 행동 패턴과 심리적, 사회적 환경을 통합적으로 분석하는 데 강점을 가지며, 용의자의 행동유형 분류와 범죄 환경과의 연관성 분석에 활용됩니다. 이 방식은 수사 및 범죄 예방에 과학적 근거를 제공하며, 프로파일링을 보다 체계적이고 신뢰할 수 있는 방법으로 발전시키는 데 기여합니다.

⑧ 지리적 프로파일링

지리적 프로파일링(Geographic Profiling)은 다수의 범죄 발생 지역과 용의자 및 피해자의 이동 경로, 사건 간 거리, 범행 장소 선택 패턴 등을 공간적으로 분석하여 범인의 거주지, 직장, 주 생활권 등 '공간적 중심점(Anchor Point)'을 추정하는 기법입니다. 이 방법은 1990년대 캐나다와 영국에서 발달했으며, 범죄자가 익숙한 생활권을 중심으로 범행을 벌인다는 환경 범죄학 이론(예: 범죄패턴이론)을 바탕으로 합니다.

'버퍼존(Buffer Zone)' 개념을 통해 범인은 가까운 거리에선 범행을 피하는 경향이 있고, 정해진 '핫스팟(Hotspot)'에서는 범죄가 집중되는 경향이 있다는 점을 수학적 모델링으로 입증합니다. 지리적 프로파일링은 GIS(지리정보시스템)와 빅데이터 분석 기법을 활용하여 수사의 공간적 효율성을 극대화합니다. 특히 연쇄범죄와 반복범죄 수사에서 효과적이며, 용의자 탐색 범위를 크게 축소시켜 수사 성공률 향상에 기여합니다.

⑨ 연계분석

연계분석(Linkage Analysis)은 동일한 범인이 저지른 범죄들을 식별하려는 방법론입니다. 이 분석은 사건 연결(case linkage) 또는 비교 사건 분석(comparative case analysis)이라고도 불리며, 여러 범죄 현장에서 발생한 행동들을 종합적으로 살펴봅니다. 분석의 핵심은 범행 수법(MO), 의례적 행동(ritualistic behaviors), 그리고 범죄의 특징(signature)을 중점적으로 분석하는 것입니다. 이를 통해 수사관들은 여러 사건에서 공통된 패턴을 찾아내고, 이를 바탕으로 동일한 범인에 의한 일련의 범죄일 가능성을 추정할 수 있습니다. 연계분석의 목적은 수사에 필요한 정보를 여러 사건에서 통합하여 용의자에 대한 사건을 강화하고, 범죄자 프로파일링을 보다 정교하게 지원하는 데 있습니다.

(5) 프로파일링의 오류와 편향

프로파일링에서 발생하는 오류와 편향은 수사의 정확성에 심각한 영향을 미칠 수 있으며, 그 주요한 유형을 자세히 살펴보겠습니다.

첫째, 가용성 추단법(Probability Heuristic)은 사람들이 자신의 기억에서 가장 쉽게 떠오르는 정보나 사건에만 의존하는 경향에서 발생합니다. 즉, 기억에 깊은 인상을 남겼거나 중요한 영향을 준 범죄자가 떠오르면, 그에 대한 정보만을 근거로 결론을 내리는 오류입니다.

둘째, 기준점 및 조정 추단법(Anchoring & Adjustment Heuristic)으로 자신이 이미 알고 있는 정보나 이전에 들은 정보를 기준점으로 삼고 사고하는 경향에서 발생합니다. 이미 알고 있는 정보나 이전에 들은 사실에 지나치게 의존해 새로운 정보를 적절히 조정하지 못하는 오류를 초래할 수 있습니다.

셋째, 편향적 가설검증(Biased Hypothesis Testing)은 자신이 이미 설정한 가설에 맞는 단서만을 선택적으로 수집하고, 그에 반하는 단서는 무시하려는 경향에서 발생하는 오류입니다. 이는 수사 과정에서 중요한 단서를 놓치게 만들 수 있습니다.

넷째, 집단사고(Groupthinking)는 응집력이 강한 집단에서는 조직의 획일성을 강요하거나 개인의 의견을 억제하는 경향으로 인해 대인적 사고가 어려워지고, 비효율적인 의사결정이 이루어질 수 있는 오류를 말합니다.

마지막으로 사고과잉확산 편향(Hindsight Bias) 오류는 사건의 진실이 밝혀진 후, 프로파일러가 예측한 부분 중 맞은 것만을 부각하고 틀린 부분은 잊혀지거나 무시되는 현상입니다. 이는 사건이 해결된 후 과거의 예측을 왜곡하여 자신이 처음부터 정확히 예측했다고 믿게 만드는 오류입니다.

이러한 오류와 편향들은 프로파일링의 정확성을 저하시킬 수 있기 때문에, 이를 인식하고 경계하는 것이 중요합니다.

3. 소결

프로파일링은 과학적 연구 방법으로 간주될 수 있지만, 그 정확성과 신뢰성에는 논란이 존재합니다. 전통적인 과학적 연구 방법은 가설을 설정하고 실험이나 데이터를 통해 이를 검증하는 과정으로 이루어집니다. 반면, 프로파일링은 주로 범죄자의 행동 패턴, 심리적 특성, 그리고 사건 간의 연관성을 분석하는 기법으로, 직관적이고 경험에 기반한 요소들이 강하게 작용합니다.

그럼에도 불구하고, 최근의 프로파일링은 통계적 기법과 데이터 분석을 적극적으로 활용하는 방향으로 발전하고 있습니다. 예를 들어, 지리적 프로파일링과 같은 기법은 GIS와 빅데이터 분석을 활용하여 과학적 근거에 기반을 두고 있습니다. 또한, 수사심리학과 연계하여 범죄자의 심리적, 사회적 특성을 보다 객관적으로 분석하려는 시도도 이루어지고 있습니다.

결국, 프로파일링은 과학적 연구 방법의 요소를 포함하지만, 여전히 직관과 경험에 의존하는 부분이 많아 과학적 연구 방법으로 완전히 정의하기는 어려운 측면이 있습니다. 그러나 과학적 접근법을 기반으로 한 데이터 분석과 모델링이 지속적으로 발전하면서 점차 더 과학적인 기법으로 자리잡아 가고 있습니다.

CHAPTER

18 범죄는 예방 가능한가?

1. 개관

(1) 범죄예측

영화 「마이너리티 리포트」는 미래의 범죄를 예측하고 이를 미리 차단하는 시스템을 다룬 작품입니다. 영화에서 등장하는 '프리크라임(Precrime)' 시스템은 특별한 능력을 가진 '프리크라임 프리커(Pre-Crime Precursor)'들, 즉, 범죄를 저지르기 전에 이를 예고하는 사람들을 통해 범죄를 미리 예측하고 예방하는 시스템을 운영합니다. 이 시스템은 범죄가 발생하기 전에 범인을 체포하여 사회에서 범죄를 없애는 방법을 제시하는데, 이는 범죄예측의 극단적인 예시로 볼 수 있습니다.

범죄예측(Crime Prediction)은 범죄가 발생할 가능성이 높은 시기, 장소, 인물 등을 예측하는 과학적 방법론입니다. 현대 사회에서는 범죄 데이터와 통계 분석을 기반으로 범죄 발생의 패턴을 분석하고, 이를 바탕으로 범죄를 미리 예측하려는 다양한 시도가 이루어지고 있습니다. 예를 들어, 예측적 경찰활동(Predictive Policing)은 범죄가 발생할 가능성이 높은 지역을 예측하고, 경찰 자원을 효율적으로 배치하는 방식입니다. 범죄예측은 사회적, 환경적, 경제적 요인들을 고려해 범죄 발생 가능성을 분석하고, 이를 통해 예방적 조치를 취하는 데 활용됩니다. 하지만, 마이너리티 리포트의 '미래 범죄 예측'과 유사한 방식은 현실에서 기술적 한계와 윤리적 논란이 동반될 수 있습니다. 범죄자에 대한 개인적인 예측이 과도하게 이루어질 경우, 개인의 자유와 권리를 침해할 위험이 있기 때문에, 범죄예측 시스템은 신중하게 사용되어야 하며, 윤리적, 법적 논의가 지속적으로 필요합니다.

(2) 범죄예방

① 개념

범죄예방(Crime Prevention)의 개념은 베카리아(Cesare Beccaria) 「범죄와 형벌」에서도 언급된 바 있습니다. 그는 범죄를 단순히 처벌하는 것보다 예방하는 것이 더 중요하다고 강조하며, 예방의 중요성을 설파했습니다. 범죄예방은 범죄가 실제로 발생하기 전에 그 원인과 기회를 근본적으로 차단하는 모든 이론적·실천적 노력을 포함하는 포괄적인 개념입니다. 이는 범죄를 단순히 범인을 검거하고 처벌하는 차원에 그치지 않고, 사회적, 환경적, 개인적 취약성을 분석하여 범죄가 발생하지 않는 환경을 조성하는 것을 목표로 합니다.

범죄예방은 사회 전체의 안전 수준을 향상시키고, 범죄로 인한 피해비용과 사회적 혼란을 사전에 최소화하는 데 기여합니다. 또한, 범죄예방은 정부, 지역사회, 각종 기관 및 시민 참여가 결합된 집단적 책임으로, 사회질서 유지와 공공복리 증진에 필수적인 전략적 기능을 수행합니다.

② 유형

범죄예방은 크게 1차, 2차, 3차로 구분할 수 있습니다. 먼저, 1차 예방은 전체 사회나 특정 대규모 집단을 대상으로 사회적·환경적 기반을 개선하는 데 중점을 둡니다. 예를 들어, 지역사회의 공동체 발전, 생활환경 개선을 위한 조명과 CCTV 설치, 학교폭력 예방 교육, 주민 참여 방범 활동 등이 이에 해당합니다. 이러한 노력을 통해 범죄가 발생하기 전에 범죄를 유발할 수 있는 요인들을 미리 줄이려고 합니다.

다음으로 2차 예방은 범죄 발생 위험이 높은 특정 집단이나 지역에 집중하여 개입하는 방법입니다. 청소년 비행 위기군에 대한 멘토링, 학교 내 갈등 조정, 위험 지역에 경찰력을 집중 배치하는 등의 활동이 대표적입니다. 이는 제한된 자원을 효율적으로 활용하여 범죄 취약군을 관리하는 역할을 합니다.

마지막으로 3차 예방은 이미 범죄를 저지른 사람들에 대한 재범 방지와 사회

복귀 지원에 중점을 둡니다. 형사처벌 후에는 교정과 재활 프로그램, 보호관찰, 심리 상담, 직업 훈련 등을 통해 범죄의 악순환을 끊고 피해자 권리를 보호하는 데 집중합니다.

효과적인 범죄 예방을 위해서는 법률, 행정, 교육, 경찰, 사회복지, 시민사회 등 여러 주체들이 유기적으로 협력해야 합니다. 또한, 지역 특성, 시간적 변화, 사회경제적 조건을 반영한 맞춤형 정책 기획과 지속적인 평가가 함께 이루어져야 합니다.

③ 이론적 배경

범죄예방에 관한 여러 이론들은 범죄 발생의 원인과 이를 예방하기 위한 전략적 접근을 다양하게 설명하고 있습니다. 각 이론은 범죄자와 그들의 행동을 이해하고, 이를 효과적으로 차단하기 위한 방법론을 제시하는 데 중점을 둡니다.

우선, 고전주의 범죄학의 억제이론(Deterrence Theory)은 범죄자가 처벌을 두려워하여 범행을 자제한다고 설명합니다. 이 이론은 범죄 예방을 위해 범죄에 대한 처벌이 신속하고 확실하게 이루어져야 하며, 범죄자가 처벌을 받을 가능성을 인식함으로써 범행을 억제할 수 있다는 논리를 바탕으로 합니다. 즉, 범죄의 이익보다 처벌의 위험이 더 크다는 인식을 심어주어 범죄를 예방할 수 있다고 주장합니다.

같은 맥락에서, 합리적 선택 이론(Rational Choice Theory)은 범죄자가 범행을 저지르는 과정에서 그 선택이 합리적인 결정으로 이루어진다고 설명합니다. 범죄자는 범행을 통해 얻을 수 있는 이익과 범행을 저질렀을 때의 위험을 비교하여 결정을 내립니다. 이 이론은 범죄 예방을 위해서는 범죄자가 범행을 저지르는 것이 이익보다 위험이 크다고 판단하도록 유도해야 한다고 강조합니다. 이를 위해서는 범죄가 발생할 수 있는 기회를 줄이고, 범죄에 대한 불이익을 명확히 인식시켜야 한다는 점에서 중요한 예방적 접근을 제시합니다.

끝으로, 일상활동이론(Routine Activities Theory)은 범죄가 피해자, 가해자, 범죄 기회가 특정 시간과 장소에서 만나면서 발생한다고 설명합니다. 이 이론은 범죄가 일상적인 활동 패턴과 밀접하게 연관되어 있음을 강조하며, 범죄를 예방하기 위해서는 범죄가 발생할 수 있는 기회 자체를 줄여야 한다고 주장합니다. 특히, 범죄가 발생하기 쉬운 '우범지역'을 관리하고, 피해자가 범죄에 노출되지 않도록 일상적인 환경을 개선하는 것이 핵심적인 예방 전략으로 제시됩니다.

이와 같은 이론들은 각각 범죄의 발생원인과 예방 방안을 다르게 접근하며, 범죄 예방을 위한 다각적인 방법론을 제공합니다. 이들 이론을 기반으로 한 예방 전략은 범죄를 억제하고, 사회의 안전성을 높이는 데 중요한 기여를 할 수 있습니다.

2. 상황적 범죄예방

(1) 개념

상황적 범죄예방(Situational Crime Prevention, SCP)은 범죄가 발생할 수 있는 '기회'를 근본적으로 차단하거나 축소하는 데 중점을 둔 실천적 범죄예방 전략입니다. 이 개념은 범죄가 단순히 개인의 성향이나 동기뿐만 아니라, 범행이 이루어지는 물리적·사회적 환경과 공간적 배치, 절차 등 구체적 '상황'에 의해 결정적인 영향을 받는다는 환경범죄학(Environmental Criminology)과 합리적 선택 이론에 기반을 두고 있습니다. SCP의 핵심 전제는 '범죄자는 자신의 이익과 위험을 계산해 행동하며, 범행의 용이성이 줄어들면 범죄가 예방될 수 있다'는 점입니다.

이 전략은 차량 절도, 소매치기, 주차장 범죄, 공공장소 성범죄 등 다양한 유형의 범죄에서 실제로 범죄율을 감소시키는 효과가 입증된 바 있습니다. 단순한 물리적 조치(조명 개선, 감시카메라 설치)만으로도 단기간에 범죄가 크게 줄어든 사례가 다수 존재하며, 이는 SCP가 범죄 예방에 실질적인 도움을 준다는 사실을 보여줍니다.

(2) SCP의 주요 원리

SCP는 범죄가 발생할 수 있는 기회를 근본적으로 차단하거나 축소하는 데 중점을 둡니다. 이 과정에서 다양한 전략들이 활용되며, 그 중 핵심적인 전략들은 다음과 같습니다. 우선, 기회 줄이기(Reduce Opportunities)는 범죄자가 피해자나 대상에 쉽게 접근하지 못하도록 물리적 환경과 접근 경로를 개선하는 것입니다. 예를 들어, 범죄 발생 가능성이 높은 지역에 조명을 밝히거나, 출입구를 제한하여 범죄자가 쉽게 접근할 수 없도록 방해합니다.

위험성 증가(Increase the Risks)는 CCTV 설치, 자연 감시 촉진, 출입 통제 강화 등을 통해 범죄가 적발될 위험을 높이는 전략입니다. 범죄자가 범행을 저지르기 전에 잡힐 위험이 커지면 범행을 시도할 가능성이 줄어들게 되어, 이를 통해 범죄를 예방할 수 있습니다. 같은 맥락에서 보상 감소(Reduce the Rewards)는 범죄자가 범행을 통해 얻을 수 있는 이득을 최소화하는 방법입니다. 예를 들어, 도난품에 식별 가능한 마크를 부착하거나 금고를 강화하여 범죄자가 얻을 수 있는 물리적 보상을 줄여 범죄를 유인하지 않도록 합니다.

변명 제거(Remove the Excuses)는 범죄가 정당화되는 상황을 차단하는 방식입니다. 규칙과 절차를 명확히 하여 범죄자가 범행을 합리화할 수 없도록 하고, 사회적 준법정신을 고취시키는 전략으로, 이를 통해 범죄자들이 자신의 범행을 정당화할 여지를 없애고, 범죄를 저지를 가능성을 줄입니다. 한편, 자극(충동)의 감소(Reduce Provocations)는 범죄를 유발할 수 있는 자극이나 유인을 최소화하는 전략입니다. 이 전략은 범죄자가 범행을 저지르기 전에 감정적이나 환경적 자극을 받지 않도록 하여 범죄를 예방하려는 접근입니다. 예를 들어, 사람들 간의 갈등을 일으킬 수 있는 환경적 요인(과도한 소음, 불필요한 충돌, 위험한 상황 등)을 줄여주는 방법이 포함됩니다.

이와 같은 다양한 전략들은 범죄를 예방하는 데 실질적인 효과를 주며, 범죄자들이 범행을 저지르기 전에 기회를 차단하고, 범행의 위험과 보상을 최소화하는 방향으로 작용합니다. 예를 들어, 클라크(Ronald Clarke)는 안전한 도시환경과 시설 설계를 위한 구체적 방안을 25가지 세부기법으로 제안하였습니다(제4장 참조). 이러한 기법들은 범죄가 발생할 가능성을 줄이는 데 중요한 역할을 하며, 정책 실행 결과 단기간 내에 뚜렷한 범죄 감소 효과가 관측되었습니다.

(3) 평가

SCP는 범죄 발생의 기회를 효과적으로 차단함으로써 다양한 범죄 유형에서 실질적인 감소 효과를 입증한 중요한 예방 전략입니다. 그러나 SCP에는 몇 가지 한계점도 존재합니다. 특히 '범죄전이(Crime Displacement, 풍선효과)'로 불리는 현상은 한 지역에서 범죄가 감소하더라도 범죄가 인근 지역이나 다른 시간대, 혹은 범죄 유형을 변화시켜 이동할 수 있다는 문제를 제기합니다. 이는 SCP의 예방 효과가 때때로 제한적일 수 있음을 의미합니다. 또한, SCP는 범죄 발생의 근본적이고 구조적인 사회적·심리적 원인 해결보다는 범죄 기회와 환경 차단에 초점을 맞추는 특성이 있습니다. 이는 범죄자의 내면적 동기 변화나 재범 방지 등 보다 근본적인 범죄 문제 해결과는 별개의 한계를 지니고 있습니다. 즉, 범죄 예방의 근본적 원인 해결보다는 범죄가 일어날 가능성을 줄이는 데 주력하는 방식입니다.

그럼에도 불구하고, SCP는 단순히 법 집행이나 처벌에만 의존하지 않고, 물리적 환경 개선, 사회시스템 정비, 시민 참여 및 협력을 유기적으로 결합하는 통합적 접근을 지향합니다. 이러한 접근은 현대 치안 정책의 핵심을 이루며, 도시 방범, 학교와 공공장소의 안전 설계, 지역사회의 범죄예방 강화 등 다양한 분야에서 필수적인 이론과 실무 모델로 활용되고 있습니다. SCP는 실제 범죄 예방에서 '기회 차단'이라는 명확하고 실질적인 개입 지점을 제공함으로써, 현대 사회 안전망 구축에 중요한 역할을 수행하고 있습니다.

3. 환경설계를 통한 범죄예방

(1) 개관

제프리(C. Ray Jeffery)는 그의 저서 「환경설계를 통한 범죄예방(Crime Prevention Through Environmental Design)」을 통해 셉테드(Crime Prevention Through Environmental Design)라는 용어와 이론의 기초를 최초로 체계적으로 제안했습니다. 그는 기존의 범죄학이 사회심리적 접근에 중점을 둔 것과는 달리, 범죄를 인간과 환경의 상호작용의 결과로 보았습니다. 그는 "환경(physical environment) 자체가 범죄 발생에 본질적인 영향을 미친다"며, 환경의 구조와 설계, 유지 및 관리 상태가 범죄 기회를 크게 변화시킬 수 있다는 주장을 펼쳤습니다. 예를 들어, 어두운 곳에 방치된 공간, 경계가 불분명한 지역, 접근 통제가 부족한 구조 등은 범죄가 발생할 가능성을 높이고, 범죄가 학습되고 실행될 수 있는 환경을 제공한다고 보았습니다. 이 이론은 물리적 환경을 개선함으로써 범죄를 예방할 수 있다는 실용적인 접근법을 제시하며, 사회적·심리적 요인에만 의존하는 전통적인 범죄학 이론과 차별화되는 중요한 기여를 했습니다.

셉테드 관점에서 범죄 예방은 범죄자나 피해자의 특성에만 의존하지 않고, 환경 요소를 물리적 및 심리적으로 개선함으로써 범죄 학습과 동기를 근본적으로 차단하는 데 중점을 둡니다. 그는 범죄가 발생하는 환경을 변화시킴으로써 범죄의 기회를 줄일 수 있다고 주장했으며, 범죄 예방의 핵심은 범죄를 유발하는 환경적 요인을 개선하는 것이라고 보았습니다. 따라서 건물의 배치, 출입로 설계, 공간 활용 방식, 조명 및 경계의 명확성, 시설 관리 상태 등 '환경의 질' 전반을 범죄 기회를 감소시키는 주요 변수로 간주합니다. 제프리의 셉테드 이론은 감시(surveillance), 접근 통제(access control), 영역성 강화(territorial reinforcement), 환경 유지 관리(environmental maintenance) 등을 핵심 구성 원리로 삼고 있습니다. 이 원리들은 이후 세대의 셉테드 이론이나 다양한 실무 매뉴얼에서 기본 원리로 널리 인용되고 있으며, 환경 디자인을 통해 범죄를 예방하는 데 효과적인 접근법으로 자리잡았습니다.

뉴먼(Oscar Newman)은 '방어가능한 공간(Defensible Space)'이라는 도시·건축 설계 이론을 전면적으로 도입하며 셉테드의 발전에 중대한 영향을 끼쳤습니다. 뉴먼의 주장은 미국 뉴욕 등 대도시의 대규모 아파트와 주거시설 내에서 발생한 범죄와 관리 실패 사례 분석을 통해 구체화되었습니다. 그는 "사람들이 자신의 공간에 대한 소유의식과 주체성을 갖고 스스로를 보호(방어)할 수 있게 하려면, 건축과 공간구조가 이를 촉진하도록 디자인되어야 한다"고 강조했습니다.

뉴먼은 공간을 설계할 때, 사람들이 자신의 환경에 대해 책임감을 느끼고, 자연스럽게 그 공간을 보호하려는 경향을 갖도록 유도하는 것이 중요하다고 보았습니다. 그는 물리적인 경계와 사회적 관계가 상호작용하는 방식으로 방어가능한 공간을 창출하고, 이를 통해 범죄를 예방할 수 있다고 주장했습니다. 이러한 개념은 셉테드 이론에 중요한 기초가 되었으며, 범죄 예방을 위한 공간 설계의 중요성을 강조하는 이론적 토대를 마련했습니다. 특히, 방어가능한 공간은 영역성(Territoriality), 자연적 감시(Natural Surveillance), 지역 이미지(Image), 안전한 지역의 인접한 위치(Safe Adjoining Areas) 등에 의해 형성된다고 보았습니다.

영역성은 사람들이 자신이 거주하는 공간에 대한 소유감과 책임감을 느끼도록 만들어, 자연스럽게 그 공간을 보호하려는 행동을 유도하고, 자연적 감시는 설계된 환경이 사람들이 서로를 쉽게 볼 수 있도록 해, 범죄를 예방할 수 있도록 돕는 역할을 합니다. 지역 이미지는 해당 지역의 사회적 분위기와 인식이 범죄를 예방하는 데 중요한 요소로 작용하며, 안전한 지역의 인접한 위치는 범죄가 일어날 가능성을 낮추는 안전한 환경을 제공한다고 뉴먼은 주장했습니다.

뉴먼은 특히 "고밀도 고층 아파트단지의 실패"를 예로 들어, 공간 규모가 크고 경계가 불분명할수록, 주민 간의 소유감, 감시력, 책임의식이 약화되어 범죄 취약성이 커진다고 지적했습니다. 그는 단지 설계, 주차장, 공용 공간, 진입로, 조경 등 도시의 모든 레이어가 주민의 방어적 심리와 행동을 유도하도록 명확한 구조와 동선을 가져야 한다고 주장했습니다. 이러한 접근은 주민들이 자신의 공간을 인식하고 보호할 수 있도록 하는 중요한 요소로 작용하며, 범죄를 예방하는 데 중요한 역할을 합니다.

(2) 셉테드(CPTED)의 개념

셉테드의 핵심 개념은 크게 '감시(surveillance)', '접근통제(access control)', 그리고 '공동체 강화(community building)' 세 가지 요소로 요약될 수 있습니다. 특히, 감시와 접근통제는 상호배타적인 개념이 아니라 상호보완적인 원리로 작용하며, 이 두 요소가 균형 있게 디자인에 반영될 때 효과적인 범죄예방이 가능하다고 봅니다. 예를 들어, 충분한 자연적 감시 기능을 확보한 공간에서는 접근통제를 적절히 배치해 불법 침입을 막고, 동시에 주민이나 이용자들이 적극적으로 공간을 감시하며 안전 환경을 조성합니다. 이와 같은 방식으로, 주민들은 자신의 생활 환경에 대한 책임감을 느끼며, 그 결과 안전한 환경을 조성할 수 있습니다. 따라서 감시와 접근통제는 서로 보완적인 관계에 있으며, 이를 잘 설계하고 적용하는 것이 범죄예방의 핵심적인 요소가 됩니다.

그림 18-1 CPTED 개념과 기본원리

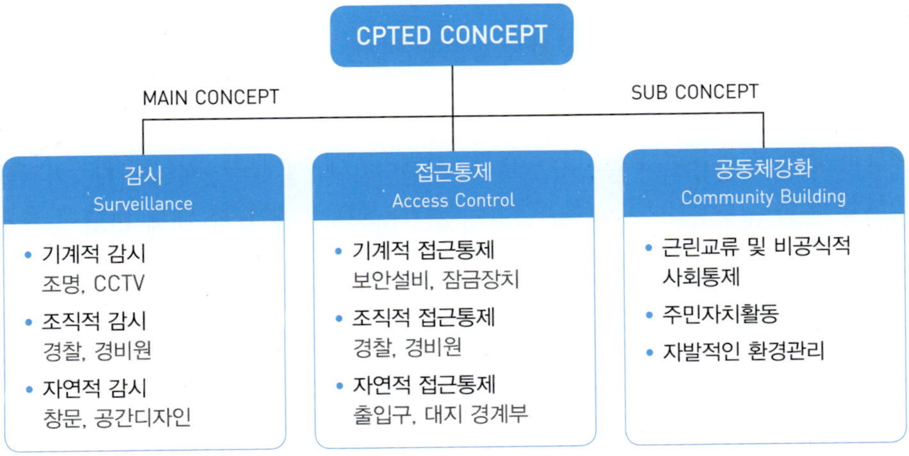

출처: 한국셉테드학회. https://www.cptedkorea.or.kr

셉테드는 기존의 범죄예방 대책과 건축, 도시계획 시범사업 중 범죄 감소에 실제로 효과가 검증된 사례들을 체계적으로 모아 통합한 이론이자 실천 전략입니다. 이 이론은 안전 인프라 구축이라는 광범위한 사회적 목적에 부합하며, 공공기관부터 민간에 이르기까지 다양한 차원에서 도시와 마을 전체에 적용할 수 있습니다. 그러나 셉테드는 범죄유형이나 지역 특성에 따라 무차별적으로 적용될 수 있는 만병통치약이 아닙니다. 범죄와 관련된 물리적·사회적 요인을 세심히 분석하여, 해당 지역과 범죄 유형에 맞는 맞춤형 전략으로 이해하는 것이 바람직합니다. 즉, 지역사회의 특성과 주민들의 특수성을 반영한 설계와 실행이 필요하며, 일반 원칙에 따른 일괄적 적용은 효과가 떨어질 수 있습니다. 특히, 셉테드의 성공은 해당 지역 주민 및 이용자의 적극적인 관심과 참여에 크게 의존합니다. 주민들이 스스로 공간을 관리하고 감시하는 참여적 공동체가 형성되어야만 범죄 억제 효과가 지속되며, 이는 단순 범죄예방을 넘어 해당 지역과 도시 전체의 재생 및 삶의 질 향상에도 긍정적인 파급 효과를 미칩니다.

(3) 적용 원리와 전략

셉테드의 기본 개념을 실천하기 위한 적용 원리와 전략은 연구자마다 약간의 차이가 있을 수 있으나, 대체로 다음 여섯 가지 범주에 포함됩니다.

① 감시강화(Surveillance)

자연적 감시(Natural Surveillance)는 건물 배치, 창문, 조명, 투명 담장, CCTV 등 다양한 방법을 활용하여 공공장소와 취약 구역을 잘 볼 수 있게 합니다. 이러한 설계를 통해 범죄자는 언제든지 노출되거나 발각될 위험을 느끼게 되어 범행을 주저하게 됩니다. 또한, 정상적인 이용자들에게는 심리적 안전감을 제공하여 범죄를 예방하는 중요한 역할을 합니다. 이와 같은 방식은 범죄자가 활동하기 어렵도록 만들고, 사회적 안전망을 강화하는 효과적인 전략으로 작용합니다.

② 접근통제(Access Control)

사람과 차량의 출입 경로를 명확히 제한하고 관리하는 전략입니다. 예를 들어, 출입문, 펜스, 경보장치, 번호키 시스템 등을 통해 비정상적인 접근을 어렵게 만듭니다. 이러한 설계를 통해 범죄자가 표적에 쉽게 접근하지 못하도록 하여 범죄 기회를 줄이고, 공간 이용의 질서를 유지하는 데 기여합니다. 접근통제는 특정 구역이나 건물에 대한 접근을 통제함으로써, 범죄를 예방하고, 해당 공간의 안전성을 높이는 중요한 역할을 합니다.

③ 영역성 강화(Territorial Reinforcement)

구역 경계, 표지판, 식생(Vegetation), 색채 등을 통해 공간에 대한 명확한 '소유감'과 '책임의식'을 부여하는 전략입니다. 이 방식은 공간별 구분을 확연히 하여 이용자가 해당 공간을 관리자로서 적극적으로 자각하게 만듭니다. 주민들은 자신의 공간을 보호하려는 의식을 가지게 되고, 이에 따라 외부인은 무단침입을 꺼리는 심리적 효과가 발생합니다. 이러한 방식은 범죄를 예방하고, 공간에 대한 책임감을 강화하여 자연스럽게 안전한 환경을 조성하는 데 중요한 역할을 합니다.

④ 명료성 강화(Legibility)

공간구조와 동선을 직관적이고 명확하게 설계하여, 이용자가 어디에서 무엇을 해야 할지 쉽게 이해할 수 있도록 합니다. 이를 "읽을 수 있는 공간"이라고 하며, 표지판, 동선 유도, 색상 구분, 공간 레이아웃 등의 방법을 활용합니다. 이러한 설계는 이용자가 자주 길을 잃거나 사각지대에 머무르는 상황을 방지하여, 이상행동이나 범죄자가 은폐되는 불리한 구조를 만들지 않도록 합니다. 직관적인 공간 설계는 이용자가 공간을 효율적으로 이용할 수 있도록 하고, 범죄 발생 가능성을 줄이는 중요한 역할을 합니다.

⑤ 활동성 증대(Activity Support)

공공장소, 거리, 공원, 광장 등에서 합법적이고 정상적인 사회적·경제적 활동

(산책, 운동, 장터, 행사 등)을 적극적으로 유도합니다. 이를 통해 다중 활용이 가능한 공간을 조성하여 '사람이 많은 환경'을 유지합니다. 많은 사람들이 모이는 공간에서는 범죄자가 쉽게 눈에 띄게 되어 범죄를 기피하게 되며, 주민들이 서로 자연스럽게 감시자 역할을 하게 됩니다. 이러한 환경은 자연스럽게 범죄를 예방하고, 지역사회 내에서 안전한 분위기를 조성하는 데 기여합니다.

⑥ **유지관리**(Management & Maintenance)

조명, CCTV, 시설물 보수, 정기 청소, 낙서 및 쓰레기 신속 처리 등 환경 관리를 일상화하여 공간을 '버리진' 상태로 두지 않도록 합니다. 방임된 환경은 잠재적 범죄자를 유인할 수 있기 때문에, 지속적인 관리와 보수는 필수적입니다. 이러한 환경 관리는 공간의 심리적 안전감을 높이고, 주민들에게 안심을 주는 역할을 합니다. 또한, 꾸준한 관리와 보수를 통해 공간의 범죄 저항력(resistance)을 증대시켜 범죄 발생을 억제하는 데 중요한 영향을 미칩니다.

(4) 국내외 셉테드 적용사례

① **해외사례**

1980년대 후반, 영국 런던의 에드먼턴(Edmonton), 햄릿츠 타워(Tower Hamlets), 해머스미스(Hammersmith) 등 세 지역에서는 가로등 조도를 기존 평균 5럭스(lux) 이하에서 10럭스(lux)로 상향하는 대대적인 조명 개선 프로젝트가 진행되었습니다. 이 사업은 도시환경의 어둡고 음침한 구역을 밝고 안전한 공간으로 탈바꿈시키는 대표적인 셉테드(CPTED) 사례로 자리잡았습니다. 조명 개선의 주요 효과로는 주민과 보행자의 심리적 안정감이 크게 증가했으며, 무질서와 범죄에 대한 두려움이 현저히 줄어들었습니다. 밝아진 조명은 범죄자의 행동을 노출시켜 범죄 억제 역할을 하며, 보행자의 야간 도로 이용률을 50% 이상 급격히 증가시키는 결과를 초래했습니다. 이로 인해 지역 내 일상 활동과 주민들의 외부 활동성이 높아지면서 자연적 감시가 크게 강화되어 범죄 발생 기회를 축소하는 선순환 구조가 형성되었습니다.

이 프로젝트는 셉테드의 핵심 원리 중 감시강화와 활동성 증대에 집중해 환경 개선이 실질적인 범죄 예방 효과를 낼 수 있음을 실증한 사례입니다. 밝고 안전한 조명 환경은 사람들이 거리를 자유롭게 이용하도록 유도하며, 이는 자연스럽게 지역사회의 자율적 감시 기능을 활성화해 범죄 억제의 사회적 기반을 튼튼히 합니다.

② 서울 마포구 염리동

2012년 서울 마포구 염리동에서는 셉테드(CPTED) 원리를 적극적으로 도입해 1.7km에 달하는 '소금길'을 조성했습니다. 이 사업은 어두운 골목길과 우범지역

그림 18-2 염리동 소금길 CPTED

출처: 범죄예방디자인연구정보센터, http://www.cpted.kr

을 대상으로 운동공간, 지킴이집, 사랑방, 초소, 담벼락 벽화 보수, 밝은 가로등, CCTV, 비상벨 등 다양한 안전 인프라를 설치하고, 지역 주민과 협력하여 커뮤니티 중심의 안전망을 구축한 점이 특징입니다.

사업 시행 이후, 소금길 일대에서는 5대 강력범죄 발생 건수가 78.6% 감소하고, 범죄에 대한 두려움도 크게 줄어들었습니다. 주민들의 체감 안전도와 만족도는 크게 향상되었으며, 마을에 대한 애착심과 공동체 소속감도 강화되었습니다. 특히, 이 프로젝트는 방범시설 설치뿐만 아니라 주민 참여형 활동을 병행하여 자연감시와 활동성을 동시에 높였습니다. 어둡고 방치된 골목이 밝고 활기찬 '생활안전 문화 공간'으로 변화했으며, 노약자와 어린이도 안전하게 다닐 수 있는 환경을 제공했습니다.

염리동 소금길 셉테드 사례는 범죄예방디자인이 지역 안전, 삶의 질 향상, 주민 공동체 활성화에 미치는 긍정적인 영향을 잘 보여주는 대표적인 모델입니다. 이는 물리적 환경 개선뿐 아니라 사회적 연대와 심리적 만족도 달성에도 큰 효과를 가져왔습니다.

③ 부산 금정구 가마실 행복마을

2014년 부산 금정구 가마실 행복마을 등에서는 안심지도, 비상벨, 아동 안전지킴이집, 치안 올레길 등 셉테드(CPTED) 기법을 적극적으로 적용한 결과, 5대 범죄(강간·추행, 절도, 폭력 등)가 65.9% 감소한 것으로 분석되었습니다.

이 사업은 골목길과 노후 주택가에 벽화, 조명, CCTV, 비상벨, 반사경 등 다층적인 안전 인프라를 도입하고, 주민과 어린이 대상 맞춤형 안전지도를 제작하며, 안심 귀갓길 안내 및 경로별 치안 시설을 확충하는 등 지역 특성에 맞춘 셉테드 전략을 실현한 대표적인 사례입니다. 실제로 어둡고 복잡한 복도형 골목이나 공공공간 곳곳에 감시와 접근통제, 영역강화 설계를 적용함으로써 주민들의 야간 활동성과 체감 안전이 크게 증가하였고, 범죄 발생 자체가 유의미하게 줄어들었습니다. 특히, 치안 올레길은 벽화, 안내판, 밝은 조명, 24시간 CCTV, 즉시 경찰 출동이 가능한 112 비상벨이 고루 배치되어 있습니다. 아동 안전 지킴이집과 지역 상점, 커뮤니티 공간도 동시에 조성되어 공동체 감시와 사회적 활동성이 활성화되었고, 자연스러운 감시와 주민 참여, 공동체 연대가 범죄 억제에 크게 기여했습니다.

4. 소결

범죄는 충분히 예방할 수 있으며, 이를 위해서는 범죄 발생 전에 그 기회를 차단하고 가능성을 줄이는 접근이 필요합니다. 다양한 이론과 전략들이 이러한 목표를 실현하는 방법을 제시하고 있으며, 실제 사례들을 통해 그 효과가 입증되었습니다.

셉테드(CPTED)는 범죄 발생 기회를 줄이는 중요한 방법으로, 자연적 감시, 접근통제, 영역성 강화 등의 설계를 통해 범죄자가 범행을 저지르기 어렵게 만들고, 주민들의 자율적 감시와 책임감을 촉진합니다. 조명 개선, CCTV 설치, 공공장소 안전 인프라 확충 등은 범죄 예방에 중요한 역할을 하며, 서울 마포구의 소금길이나 부산 금정구의 가마실 행복마을과 같은 사례에서는 환경 개선이 범죄율 감소로 이어졌습니다. 상황적 범죄예방(SCP) 전략 또한 범죄 발생 가능성을 줄이는 데 효과적입니다.

범죄예방은 단순한 범죄 발생 후 대응이 아니라, 환경적 및 사회적 개선을 통해 범죄를 미리 차단하는 것입니다. 범죄예방이 범죄를 완전히 없애지는 않지만, 범죄를 줄이는 데 중요한 효과를 발휘합니다. 범죄예방은 지역사회와 주민들의 참여가 중요하며, 공동체 감시와 사회적 연대가 강화되면 범죄를 예방할 수 있는 기반이 마련됩니다.

참고문헌

Agnew, R. (1992). Foundation for a general strain theory of crime and delinquency. *Criminology, 30*(1), 47-87.

Akers, R. L., & Sellers, C. S. (2022). *Criminological theories: Introduction, evaluation, and application* (8th ed.). Oxford University Press.

Akers, R. L., Sellers, C. S., & Jennings, W. G. (2017). *Criminological theories: introduction, evaluation, and application*, New York: Oxford University Press.

Andrews, D. A., & Bonta, J. (2020). *The psychology of criminal conduct* (7th ed.). Routledge.

Ashworth, A., & Horder, J. (2013). *Principles of criminal law* (7th ed.). Oxford University Press.

Bartol, C. R., & Bartol, A. M. (2023). *Criminal behavior: A psychological approach* (13th ed.). Pearson.

Bartol, C. R., & Bartol, A. M. (2023). *Introduction to forensic psychology: Research and application* (8th ed.). SAGE Publications.

Beccaria, C. (1980). *On crimes and punishments* (Original work published 1764).

Becker Howard, S. (1963). *Outsiders*. New York: Free Press.

Beech, A. R., Ward, T., Fisher, D., & Beech, L. (2020). *The Wiley Blackwell handbook of forensic neuroscience* (2nd ed.). Wiley Blackwell.

Begg, P. (2013). *Jack the Ripper: The facts*. Pan Macmillan.

Beirne, P., & Messerschmidt, J. W. (2015). *Criminology* (6th ed.). Oxford University Press.

Bentham, J. (1996). *An introduction to the principles of morals and legislation* (Original work published 1789). Clarendon Press.

Black, D. (2010). *The behavior of law* (Special ed.). Emerald Group.

Boba, R. (2009). *EVIL DONE. In J. D. Freilich & G. R. Newman (Eds.), Reducing terrorism through situational crime prevention*. Criminal Justice Press.

Bohnert, K. M., Ilgen, M. A., Ignacio, R. V., & Blow, F. C. (2011). Prevalence and correlates of substance use disorders among veterans. *Psychiatric Services, 62*(10), 1150-1156.

Bourdieu, Pierre. (1986). *"The forms of capital." In Handbook of theory and research for the sociology of education*, edited by Richardson J. G., 241-260. New York: Greenwood.

Bradley, R., & Raine, A. (2022). Biosocial bases of crime. In M. D. Krohn, N. Hendrix, G. P. Hall, & A. J. Lizotte (Eds.), *Handbook on crime and deviance* (2nd ed., pp. 119-144). Springer.

Burgess, E. W. (1925). The growth of the city: An introduction to a research project. In R. E. Park (Ed.), *The city* (pp. 47-62). University of Chicago Press

Bursik, Robert J. Jr. and Harold G. Grasmic. (1993). *Neighborhoods and Crime: the Dimensions of Effective Community Control*. New York: Lexington Books.

Bursik, Robert J., and Jim Webb. (1982). "Community Change and Patterns of Delinquency." *American Journal of Sociology, 88*: 24-42.

Bursik, Robert. (1988). "Social Disorganization and Theories of Crime and Delinquency: Problems and Prospects." *Criminology, 26*: 519-551.

Caspi, A., McClay, J., Moffitt, T. E., Mill, J., Martin, J., Craig, I. W., ... & Poulton, R. (2002). Role of genotype in the cycle of violence in maltreated children. *Science*, 297(5582), 851-854.

Cavadino, M., Dignan, J., & Mair, G. (2018). *Juvenile justice systems: A comparative introduction* (2nd ed.). Routledge.

Chambliss, W. J., & Seidman, R. B. (1982). *Law, order, and power*. Addison-Wesley.

Chialant, D., Edersheim, J., & Price, B. H. (2016). The dialectic between empathy and violence: An opportunity for intervention?. *The Journal of Neuropsychiatry and Clinical Neurosciences, 28*(4), 273-285.

Christiansen, K. O.(1968). *Threshold of tolerance in various population groups illustrated by results from Danish criminological twin study*. In A. V S. de Reuck& R. Porter (Eds.), Ciba Foundation Symposium on the Mentally Abnormal Offender (pp. 107-116). London: Churchill.

Clarke, R. V., & Cornish, D. B. (1987). *The reasoning criminal: Rational choice perspectives on offending*. Springer.

Clarke, R. V., & Newman, G. R. (2006). *Outsmarting the terrorists*. Praeger Security International.

Cleveland, H. H., R. P. Wiebe, D. C. Rowe. (2005). Sources of exposure to smoking and drinking friends among adolescents: A behavioral-genetic evaluation. *The Journal of Genetic Psychology, 166*, 153-169.

Clinard, M. B., & Meier, R. F. (2015). *Sociology of deviant behavior* (15th ed.). Cengage.

Cohen, L. E., & Felson, M. (1979). Social change and crime rate trends: A routine activity approach. *American Sociological Review, 44*(4), 588-608.

Coleman, James S. (1988) "Social Capital in the Creation of Human Capital," *American Journal of Sociology*, (94), S95-S120.

Collins, R. E. (2004). Onset and desistance in criminal careers: Neurobiology and the age-crime relationship. *Journal of Offender Rehabilitation, 39*, 1-19.

Cornish, D. B., & Clarke, R. V. (1986). *The reasoning criminal: Rational choice perspectives on offending*. Springer-Verlag.

Crowe, T. D. (2000). *Crime prevention through environmental design: Applications of architectural design and space management concepts* (2nd ed.). Boston, MA: Butterworth-Heinemann.

Douglas, J. E., Burgess, A. W., Burgess, A. G., & Ressler, R. K. (2013). *Crime classification manual: A standard system for investigating and classifying violent crimes* (4th ed.). Wiley.

Dowling, J. E. (1998). *Creating Mind: How the Brain Works*. New York: W. W. Norton and Company.

Dressler, J. (2022). *Understanding criminal law* (8th ed.). Wolters Kluwer.

Dugdale, R. L. (1877). "*The Jukes": A Study in Crime, Pauperism, Diseases, and Heredity; Also, Further Studies of Criminals*. GP Putnam's sons.

Durkheim, E. (2014). *The division of labor in society* (W. D. Halls, Trans.). Free Press. (Original work published 1933)

Durkheim, Emile. (1933). *The division of labor in society*. New York: Macmillan.

Faraone, S. V., A. E. Doyle, E. Mick, and J. Biederman. (2001). Meta-analysis of the association between the 7-repeat allele of the dopamine D4 receptor gene and attention deficit hyperactivity disorder. *American Journal of Psychiatry, 158*, 1052-1057.

Federal Bureau of Investigation. (2023). *Uniform crime reports 2023*. U.S. Department of Justice.

Foley, D. L., L. J. Eaves, B. Wormley, J. L. Silberg, H. H. Maes, J. Kuhn, and B. Riley. (2004). Childhood adversity, monoamine oxidase A genotype, and risk for conduct disorder. *Archives of General Psychiatry, 21*, 738-744.

Garland, D. (1990). *Punishment and modern society: A study in social theory*. University of Chicago Press.

Garland, D. (2010). *The culture of control: Crime and social order in contemporary society*. University of Chicago Press.

Garofalo, James. (1981). "The fear of crime: Causes and consequences". *Journal of Criminal Law and Criminology. 72*(2): 839-857.

Goddard, H. H. (1912). The Kallikak family: A study in the heredity of feeble-mindedness. Macmillan.

Goode, E. (2019). *Deviant behavior* (13th ed.). Routledge.

Goodman, Leo. A. (1953). "Ecological Regressions and Behavior of Individuals" *American Sociological Review 18*(6): 663-664.

Goring, C. (2001). *The English convict: A statistical study*. Montclair: Patterson Smith. (Original work published 1913)

Grove, W. M., Eckert, E. D., Heston, L., Bouchard Jr, T. J., Segal, N., & Lykken, D. T. (1990). Heritability of substance abuse and antisocial behavior: A study of monozygotic twins reared apart. Biological Psychiatry, 27(12), 1293-1304.

Harcourt, Bernard E. (1998). Reflecting on the Subject: A Critique of the Social Influence Conception of Deterrence, the Broken Windows Theory, and Order-Maintenance Policing New York Style. *Michigan Law Review, 97*(2): 291-389 The Michigan Law Review Association.

Hazelwood, R. R., & Douglas, J. E. (1980, April). *The Lust Murderer. FBI Law Enforcement Bulletin, 49*(4), 18-22. U.S. Department of Justice.

Hirschi, T. (1969). *Causes of delinquency*. University of California Press.

Hirschi, T., & Gottfredson, M. (1983). Age and the explanation of crime. *American Journal of Sociology, 89*(3), 552-584.

Hooton, E. A. (1939). *The American criminal*. Harvard University Press.

Hubel, D. H., & Wiesel, T. N. (1970), "The period of susceptibility to the physiological effects of unilateral eye closure in kittens". *The Journal of Physiology, 206*(2), 419-436.

Hutchings, B., & Mednick, S. A. (1975). Registered criminality in the adoptive and biological parents of registered male criminal adoptees. In R. R. Fieve, D. Rosenthal, & H. Brill (Eds.), *Genetic Research in Psychiatry* (pp. 105-116). Baltimore, MD: Johns Hopkins University Press.

Jeffery, C. R. (1971). *Crime prevention through environmental design*. Beverly Hills, CA: Sage Publications.

Kasarda, John D. and Morris Janowitz, (1974). "Community Attachment in Mass Society." *American Sociological Review, 39* (3), 328-339.

Kennedy, R. (2013). Early evidence of criminal profiling. *Behavioral Sciences and the Law, 31*(3), 350-365.

Kirby, T. (2019, March 18). DNA row over proof of Ripper's identity. *The Times*.

Kirley, A., Z. Hawi, M. Phil, G. Daly, M. McCarron, C. Mullins, N. Millar, I. Waldman, M. Fitzgerald, and M. Gill. (2002). Dopaminergic system genes in ADHD: Toward a biological hypothesis. *Neuropsychopharmacology, 27*, 607-619.

Kohlberg, L. (1984). *Essays on moral development, Vol. 2: The psychology of moral development*. Harper & Row.

Krohn, M. D., Hendrix, N., Hall, G. P., & Lizotte, A. J. (2019). *Handbook on crime and deviance* (2nd ed.). Springer.

Kubrin, C. E., Stucky, T. D., Krohn, M. D., & Lizotte, A. J. (2017). Crime and Justice. *Annual Review of Criminology*, 1, 79-103.

Largent, M. A. (2011). *Breeding contempt: The history of coerced sterilization in the United States*. Rutgers University Press.

Lawson, T. (2015). *Crime and deviance*. Routledge.

Loftus, E. F., & Palmer, J. C. (1974). Reconstruction of automobile destruction: An example of the interaction between language and memory. *Journal of Verbal Learning and Verbal Behavior, 13*(5), 585-589.

Lombroso, C. (1876). *L'uomo delinquente* [Illustration of physical defects of criminals]. Torino: Bocca.

Lombroso, C. (2006). *Criminal man* (M. Gibson & N. H. Rafter, Trans.). Duke University Press. (Original work published 1876)

Marlatt, G. A., & Witkiewitz, K. (2005). *Relapse Prevention for Addictive Behaviors*. Guilford Press.

Marriott, L. (2012). Thomas Bond and the Ripper investigation. *Journal of Forensic History, 3*(1), 15-29.

Mason, D. A., & Frick, P. J. (1994). The heritability of antisocial behavior: A meta-analysis of twin and adoption studies. *Journal of Psychopathology and Behavioral Assessment, 16*(4), 301-323.

McBurnett, K., Lahey, B., Rathouz, P., & Loeber, R. (2000). Low salivary cortisol and persistent aggression in boys referred for disruptive behavior. *Archives of General Psychiatry, 57*, 38-43.)

McLaughlin, E., & Muncie, J. (2019). *The SAGE dictionary of criminology* (4th ed.). SAGE Publications.

Mednick, S. A., Gabrielli, W. F., & Hutchings, B. (1984). Genetic influences in criminal convictions: Evidence from an adoption cohort. *Science, 224*(4651), 891-894.

Merton, R. K. (1938). Social structure and anomie. *American Sociological Review, 3*(5), 672-682.

Messner, S. F., & Rosenfeld, R. (2001). *Crime and the American Dream* (3rd ed.). Wadsworth.

Moffitt, T. E. (1993). Adolescence-limited and life-course persistent antisocial behavior: A developmental taxonomy. *Psychological Review, 100*, 674-701.

Moore, T. M., A. Scarpa, and A. Raine. (2002). A meta-analysis of serotonin metabolite 5-HIAA and antisocial behavior. *Aggressive Behavior, 28*, 299-316.

Morenoff, John. D., Sampson, Robert. J. and Raudenbush, Stephen. W. (2001). "Neighborhood Inequality. Collective Efficacy and The Spatial Dynamics of Urban Violence". *Criminology. 39*(3): 517-560.

Morrison, B. (2005). Restorative justice in schools. In Elliot, E. & Gordon, R. (Eds.), *New Directions in Restorative Justice*. Willan Publishing.

Nagin, D. S. (2013). Deterrence in the twenty-first century. *Crime and Justice, 42*(1), 1-42.

Nelson, C. A., Zeanah, C. H., Fox, N. A., Marshall, P. J., Smyke, A. T., & Guthrie, D. (2007). Cognitive recovery in socially deprived young children: The Bucharest Early Intervention Project. *Science, 318*(5858), 1937-1940.

Newman, O. (1972). *Defensible space: Crime prevention through urban design*. New York, NY: Macmillan.

Olweus, D. (1993). *Bullying at School: What We Know and What We Can Do*. Blackwell Publishing

Park, Robert E. (1929 [1921]). *Introduction To The Science Of Sociology*. Chicago: University of Chicago Press.

Park, Robert E., Burgess, Ernest W., and McKenzie, Roderick D. (1967). *The City: Suggestions for Investigation of Human Behavior in the Urban Environment*. Chicago: University of Chicago Press.

Perry, B. D. (2002). Childhood experience and the expression of genetic potential: What childhood neglect tells us about nature and nurture. *Brain and Mind, 3*(1), 79-100.

Petrosino, Anthony, Robert Boruch, Haluk Soydan, Lorna Duggan, and Julio Sanchez-Meca. (2001). "Meeting the Challenges of Evidence-Based Policy: The Campbell Collaboration."

ANNALS of the American Academy of Political and Social Science(578).

Plomin, R. (1990). *Nature and nurture: An introduction to human behavioral genetics.* Pacific Grove, CA: Brooks/Cole.

Pratt, T. C., Cullen, F. T., Blevins, K. R., Daigle, L. E., & Madensen, T. D. (2019). *Criminological theory: Context and consequences* (7th ed.). SAGE Publications.

Rafter, N., & Gary, L. T. (2017). *The origins of criminology*: A reader. Routledge.

Raine, A. (1993). *The Psychopathology of crime: Criminal behavior as a clinical disorder.* San Diego, CA: Academic Press.

Raine, A. (2002). Biosocial studies of antisocial and violent behavior in children and adults: A review. *Journal of Abnormal Child Psychology, 30*, 311-326.

Raine, A. (2014). *The anatomy of violence: The biological roots of crime.* Vintage.

Ramsland, K. (2010). *Inside the mind of Jack the Ripper.* Prometheus Books.

Reiner, R. (2020). *The politics of the police* (5th ed.). Oxford University Press.

Rhee, S. H., & Waldman, I. D. (2002). Genetic and environmental influences on antisocial behavior: A meta-analysis of twin and adoption studies. *Psychological Bulletin, 128*, 490-529.

Robinson, William. S. (1950). "Ecological Correlations and the Behavior of Individuals." *American Sociological Review 15*(3): 351-357.

Rujesco, D., I. Giegling, A. Gietl, A. M. Hartmann, and H-J. Möller. (2003). A functional single nucleotide in the COMT gene is associated with aggressive personality traits. *Biological Psychiatry, 54*, 34-39.

Rutter, M. (2007). Gene-environment interdependence. *Developmental Science, 10*(1), 12-18.

Sampson, R. J., Raudenbush, S. W., & Earls, F. (1997). Neighborhoods and violent crime: A multilevel study of collective efficacy. *Science, 277*(5328), 918-924.

Sapolsky, R. M. (2017). *Behave: The biology of humans at our best and worst.* Chicago: Penguin.

Scarr, S. and K. McCartney. (1983). How people make their own environments: A theory of genotype → environment effects. *Child Development, 54*, 424-435.

Science. 277: 918-924.

Shaw, C. R., & McKay, H. D. (1942). *Juvenile delinquency and urban areas.* University of Chicago Press.

Sheldon, W. H. (1940). *The varieties of human physique: An introduction to constitutional psychology.* Harper & Brothers.

Siegel, L. J., & Worrall, J. L. (2024). *Introduction to criminal justice* (16th ed.). Cengage.

Sokol, R., Delaney-Black, V., & Nordstrom, B. (2003). Fetal alcohol spectrum disorder. *Journal of the American Medical Association, 290*, 2996-2999.

Sutherland, E. H. (1939). *Principles of criminology*. J. B. Lippincott.

Sutherland, E. H., & Cressey, D. R. (1978). *Criminology* (10th ed.). Lippincott.

Swanson, J. M., P. Flodman, J. Kennedy, M. A. Spence, R. Moyzis, S. Schuck, M. Murias, J. Moriarity, C. Barr, M. Smith, and M. Posner. (2000). Dopamine genes and ADHD. *Neuroscience and Biobehavioral Reviews, 24*, 21-25.

Thapar, A., Langley, K., Fowler, T., Rice, F., Turic, D., Whittinger, N.,... & O'Donovan, M. (2005). Catechol O-methyltransferase gene variant and birth weight predict early-onset antisocial behavior in children with attentiondeficit/ hyperactivity disorder. *Archives of General Psychiatry, 62*(11), 1275-1278.

The Chimpanzee Sequencing and Analysis Consortium. (2005). Initial sequence of the chimpanzee genome and comparison with the human genome. *Nature, 437*, 69-87.

The Springfield Union. (1957, January 23). *"I'm glad I did it," "bomber" states.*

Turk, A. T. (1976). *Law, conflict, and order*. Cummings Publishing.

Turvey, B. E. (2011). *Criminal profiling: An introduction to behavioral evidence analysis* (4th ed.). Academic Press.

UK Home Office. (1989). *Lighting and Crime Prevention: The Effect of Improved Street Lighting on Crime in Three London Boroughs*. London: Home Office Crime Prevention Unit.

Uniform Crime Reporting Program. (2024). *Crime in the United States 2023*. Federal Bureau of Investigation.

United Nations Office on Drugs and Crime. (2022). *The status and role of prosecutors: A United Nations guide*. UNODC.

UNODC (2023). *World Drug Report 2023*. United Nations Office on Drugs and Crime.

Verweij, K. J. H., Zietsch, B. P., Lynskey, M. T., Medland, S. E., Neale, M. C., Martin, N. G.,... Vink, J. M. (2010). Genetic and environmental influences on cannabis use initiation and problematic use: A meta-analysis of twin studies. *Addiction, 105*(3), 417-430.

Vold, G. B., Bernard, T. J., & Snipes, J. B. (2017). *Theoretical criminology* (7th ed.). Oxford University Press.

Wakschlag, L., Pickett, K., Cook, E., Benowitz, N., & Leventhal, B. (2002). Maternal smoking during pregnancy and severe antisocial behavior in offspring: A review. *American Journal of Public Health, 92*, 966-974.

Waldman, I. D., & Rhee, S. H. (2006). *Genetic and environmental influences on psychopathy and antisocial behavior. In C. J. Patrick* (Ed.), Handbook of Psychopathy (pp. 205-228). New York, NY: Guilford.

Walker, N. (2019). *Crime and criminology*. Oxford University Press.

Walklate, S. (2019). *Criminology: The basics* (3rd ed.). Routledge.

Walsh, A. (2002). *Biosocial criminology: Introduction and integration*. Cincinnati, OH: Anderson.

Walsh, A., & Yun, I. (2014). Epigenetics and allostasis: Implications for criminology. *Criminal Justice Review, 39*(4), 411-431.

Weatherburn, D., & Lind, B. (2021). *Crime and justice: A guide to criminology* (6th ed.). Thomson Reuters.

Wright, J., Dietrich, K., Ris, M., Hornung, R., Wessel, S., & Lanphear, B. (2008).

Yun, I., Cheong, J., & Walsh, A. (2011). Genetic and environmental influences in delinquent peer affiliation: From the peer network approach. *Youth Violence and Juvenile Justice, 9*(3), 241-258.

강석구 외. (2021). 현대범죄와 형사정책. 서울: 법문사.

경찰청 국가수사본부 사이버수사국. (2023). 사이버범죄 트렌드 2023. 경찰청.

경찰청. (2022). 보이스피싱 통계자료. 내부자료(2022.6).

경찰청. (2024). 2023 범죄통계. 경찰청.

경찰청. (2024). 차세대 형사사법정보시스템 운영 현황. 경찰청.

경찰청. (2025). 국가경찰·수사본부·자치경찰 조직도. 경찰청. https://www.police.go.kr

고위공직자범죄수사처. (2025). 조직도. 공수처. https://www.cio.go.kr

고준채, 신상화. (2025). 국내 이상동기 범죄 사례 연구-신림역·서현역 흉기살상 사건 분석-. 치안정책연구, 39(1), 317-358.

교육부. (2023). 2023년 1차 학교폭력 실태조사 결과 발표. 교육부.

교육부. (2025). 제5차 학교폭력 예방 및 대책 기본계획(2025~2029). 교육부.

국가정보원. (2025). 2024년 테러정세와 2025년 전망. https://www.nis.go.kr/AF/1_6_2_2_0/list.do

국회입법조사처. (2025). 이상동기범죄 대책의 선결과제: 개념재정립 필요성을 중심으로.

김상균·신석환(2009). 교정학개론, 청목출판사.

김영진. (2019). 사회구조와 범죄의 상관관계. 형사정책연구, 30(2).

김옥현. (2024). 경행경채 범죄학 전범위 실전모의고사. 서울: 법문서적.

김지혜. (2022). 아동기 외상 경험과 청소년 비행의 상관성. 사회과학연구, 28(3), 45-67.

김창윤 외 27인. (2020). 경찰학. 제4판. 서울: 박영사.

김한균. (2022). 형사정책학. 서울: 박영사.

노성훈(2020). 노성훈 교수의 경찰학. 도서출판 푸블리우스.

대검찰청. (2023). 2023년 주요 범죄유형별 특성. 대검찰청 범죄분석 리포트. 대검찰청.

대검찰청. (2024). 범죄분석(개정판). 대검찰청.

대검찰청. (2025). 2024년 마약류 범죄백서. 대검찰청.

대법원. (2025). 법원 조직도. https://www.scourt.go.kr

대테러센터. (2025). 대테러체계. http://www.nctc.go.kr/nctc/activity/system.do

대한민국 법무부. (2023). 형사사법정책백서. 법무부.

대한민국 법원 전자민원센터. (2025). 국민참여재판 법정 구조. https://ecfs.scourt.go.kr

대한민국 법원 전자민원센터. (2025). 소년사건 처리 절차. https://ecfs.scourt.go.kr

대한민국 정책브리핑. (2025). 자치경찰제 조직도. https://www.korea.kr/special/policyCurationView.do?newsId=14886500

대한범죄학회(엮음). (2022). 범죄학개론 (4판). 박영사.

메다 체스니-린드, 리사 파스코 저; 김양민 외 역. (2021). 여성과 범죄 (The Female Offender). 서울: 박영사.

민성민, & 이영희. (2022). 청소년 비행 예방의 다층적 접근. 한국청소년연구, 33(1), 45-68.

민수홍, 조성란 (역). (2020). 범죄학 이론 (Ronald L. Akers 저). 서울: 학지사.

박상기. (2020). 범죄사회학. 세종출판사.

박철현, 김문현 (역). (2021). 범죄학 이론 (J. Robert Lilly 원저). 서울: 시그마프레스.

박현호, 강용길, & 정진성. (2009). 범죄예방론. 경기도: 경찰대학.

백상기 외. (2023). 최신 범죄심리학 (5판). 서울: 학지사.

범죄예방디자인연구정보센터. (n.d.). 범죄예방디자인연구정보센터 홈페이지 (CPTED Korea). http://www.cpted.kr

법무부 범죄예방정책국. (n.d.). 성충동 약물치료 제도 시행 사례 비교 [웹페이지]. https://www.cppb.go.kr

법무부. (2024). 형사사법정책 백서.

신호진. (2024). 범죄학요론 (2025년판). 서울: 문형사.

여성가족부. (2025, April 10). 2024 디지털성범죄 피해자 지원 보고서. 여성가족부.

이민식, 김상원 (역). (2022). 범죄학: 이론과 유형 (Larry J. Siegel 원저). 서울: 학지사.

이상우, 이민식, 김상원 등 역. (2024). 범죄학: 이론과 응용 (종합개정판). 서울: 학지사.

이순래. (2021). 이론범죄학 (2판). 서울: 한국학술정보.

이윤호. (2007). 교정학, 박영사.

이윤호. (2023). 범죄학 (개정판). 서울: 박영사.

이진국. (2018). 양형의 이론과 실제. 피엔씨미디어 박상기·손동권·이순래. (2019). 형사정책 (제12판). 한국형사정책연구원.

이황우·한상암. (2016). 경찰행정학. 파주: 법문사.

장문경 외. (2022). 한국 범죄심리학. 서울: 피앤씨미디어.

정진성 외. (2020). 스토리텔링 범죄학 1: 기초 및 이론. 서울: 솔과학.

정진성 외. (2021). 스토리텔링 범죄학 2: 유형 및 대책. 서울: 솔과학.

최병각, 민수홍, 기광도, & 전영실. (2024). 범죄학 이론 (Ronald L. Akers 원저, Criminological Theories 8판). 서울: 학지사.

최원석. (2014, February 22). 부산경찰청, 셉테드 행복마을 1호 개촌: 금정구 부곡동 '가마실마을' 선정. CNB뉴스. http://www.cnbnews.com/news/articleView.html?idxno=123729

T. Ishihara, 장현석, 홍명기, 이경아. (2021). 서울시 행정동 수준의 범죄분포에 대한 탐색적 연구. 한국범죄학, 15(1), 69-94.

한국셉테드학회. (n.d.). 한국셉테드학회 공식 홈페이지. https://www.cptedkorea.or.kr

한국형사·법무정책연구원. (2021). 일탈·범죄 구분과 정책적 시사점. 형사·법무정책연구원 보고서.

허경미. (2023). 범죄학 (8판). 서울: 에듀프로.

홍성열. (2008). 프로파일링과 범죄수사. 한국형사정책연구원.

찾아보기

ㅂ

ㅅ

ㅇ

ㅈ

기타

저자 약력

곽대훈

충남대학교 국가안보융합학부 교수
Illinois State University 범죄과학과 조교수 역임
Texas A&M International University 행동과학과 방문 조교수 역임
Michigan State University 형사사법/범죄학 박사

송영일

대전과학기술대학교 경찰경호학과 조교수
충남대학교 과학수사연구소 전문연구원 역임
충남대학교 과학수사학/범죄학 박사

완벽하게 전해주는 범죄 이야기

초판 발행 2025년 8월 30일

지은이 곽대훈·송영일
펴낸이 김중용
편 집 심성보

펴낸곳 도서출판 정독
경기도 고양시 일산서구 하이파크로 113, 102-204
등록 제406-2014-000093호

전 화 031)924-7203 팩 스 031)935-0345
홈페이지 www.jeongdok.co.kr 이메일 admin@jeongdok.co.kr
ISBN 979-11-6858-393-1 93350

정 가 20,000원